他們說我是間諜

人類學家和她的祕密警察監控檔案

KATHERINE VERDERY
凱薩琳・韋德瑞

梁永安——譯

MY LIFE AS A

SPY

Investigations in a Secret Police File

紀念四位摯友和偉大的人類學家：

格洛麗亞・戴維斯（*Gloria Jean Davis*）

歐內絲廷・弗里德爾（*Ernestine Friedl*）

西敏司（*Sidney W. Mintz*）

施堅雅（*G. William Skinner*）

目次

近年來有更多美國交流獎金得主和博士生，為了從事研究和紀錄工作的目的來到雅西（Iaşi）。在這樣的掩護下，他們的目標是蒐集羅馬尼亞社會主義共和國在社會—政治領域，原來不打算公開或者有祕密性質的資訊。他們的活動直接受到布加勒斯特美國大使館幹部和間諜的支持，後者以外交官的身分作為掩護。

——羅馬尼亞祕密警察有關美國研究人員的檔案

不可想像！我知道我在街上被跟蹤、電話被竊聽、信件被打開、公開說的話會被別人記錄下來，但我並不知道這些行動的規模、多樣性、複雜性、牽涉的軍官、線民和技術方法的數目。這支看不見的大軍，二十八年來在地下做了龐大得不得了的工作。只有杜斯妥也夫斯基的筆能夠描述這些地下人……他們是鼴鼠，躲在我們的家中，我們聽得見牠們啃噬我們的安寧，卻看不見牠們。

——作家內德爾科維奇（Bujor Nedelcovici）談讀了自己的監視檔案後的心情

導讀推薦

祕密警察的祕密與人類學者的自我田野之旅

夏克勤

這是一本很難歸類的書。這本書有好幾種可能讀法，而每種讀法都保證帶給讀者收獲與刺激。

凱薩琳．韋德瑞是美國著名的人類學家，也是研究共產主義社會實態的先驅。韋德瑞自承從小對「鐵幕」背後的生活既好奇又害怕，從研究所時因緣際會（看地圖！）對羅馬尼亞發生興趣，到成為第一批進入羅馬尼亞的美國人類學家，只有短短一、兩年。剛開始進行田野研究時，甚至對羅馬尼亞語文沒有很好的掌握。但她整個學術生涯、友誼、個人情感生活、以及自我認同，在一九七三年開始田野研究之後，很快地和羅馬尼亞無法分離。以羅馬尼亞鄉間與城市進行的田野觀察與訪談為基礎，加上歷史檔案研究，韋德瑞的研究廣及外西凡尼亞（Transylvania）的農村社會歷史變遷，羅馬尼亞共產主義社會的民族意識與認同，共產主義下實際的生活經驗（大哉問！），屍體、葬禮與一九八九年之後的東歐政治，還有共產主義時期與共產主義瓦解之後的土地改革（集體化、私有化、財產歸還）。她的著作都是研究東歐共產主義的重要參考，甚至是跨學科小經典，也毫不意外地成為英語學界不同學科中，訓練以現代東歐為研究領域的研究生時都會使用的基本教材。在英語世界的羅馬尼亞研究與東歐研究社群，她是當之無愧的帶頭學者之一。

韋德瑞在二〇〇六年得知，羅馬尼亞共產時期惡名昭彰的國安局（Securitate）不但有她的祕密監控檔案，而且她作為「被害人」還可以調閱。並不是每個前東歐共產國家都如此開放祕密警察檔案。韋德瑞在半是朋友催促，半是好奇下，於二〇〇七年申請調閱，二〇〇八年獲准拿到兩千七百多頁的檔案，比英國歷史學家賈頓艾許（Timothy Garton Ash）據以寫成《檔案：一部個人史》的東德國安部資料，足足多了兩千多頁。《他們說我是間諜》是韋德瑞讀了自己的檔案之後，進行自我民族誌（autoethnography）的反思性研究，寫成的半回憶錄。

在閱讀國安檔案時，韋德瑞發覺自己被（親密的）朋友與尊敬甚至喜愛的同事打報告，被全天候直接監控甚至偷拍半裸照片，在報告中被安全局線民與官員捏造、歪曲與醜化她的行為。韋德瑞承認讀自己的檔案是痛苦的經驗，但她的學者本色不改，決定要利用這些檔案來了解羅馬尼亞共產國家的監控體系，進而認識在這個監控體系下的社會與人際關係。

這兩千多頁的檔案，韋德瑞從頭到尾讀了四遍。從失望、憤怒、恐懼，讀到後來覺得趣味橫生，她以生動的語言和非常個人的經驗，抽絲剝繭，試圖了解如此利用並扭曲人際信任的體制，如何形塑被監視的對象（「間諜」）、打報告的線民、以及負責監控的國安局官員等所有人的內在自我認同和外在行為，還有他們之間因監控創造出的關係。國安局檔案之外，她又加上自己一九七〇與八〇年代的田野筆記、書信與回憶，以及二〇〇八年以來閱讀國安局檔案時自己當下的反應（包括心情變化），還有訪問相關人士等四重資料互相比對與綜合，將自己的經歷與反應當成民族誌與歷史研究的對象。有時她像祕密警察一樣，將過去的自己化身為第三人，創造距離，不留情地分析當時作為人際互動網絡一分子的自己。這本書是環繞被監視對象「薇拉」（韋德瑞的「邪惡分身」）所生產出的各種紀錄，延續學者韋德瑞一貫的興趣：了解共產主義下的社會與日常如何運作。

但《他們說我是間諜》也像是偵探小說。韋德瑞利用國安局的檔案，一步步揭發羅馬尼亞祕密警察眼中的美帝間諜、匈牙利民族主義支持者、危險煽動家、有中傷羅馬尼亞國際聲望可能的「薇拉」的「真實面貌」，以及她是如何以及為何需要被建構出來。自我民族誌給了韋德瑞一個機會與工具，認識天真、熱情、自以為是——以為只要自己大方坦蕩，就不會招致安全單位惡意——的一九七〇年代美國研究生凱絲。看她如何成功打入羅馬尼亞地方社會，但也惹上當時並沒意識到的長期麻煩。自我民族誌也讓韋德瑞重返一九八〇年代，回顧那位在第一本著作中因為無關緊要的細節，而無心「傷害當地人民族情感」，又因頻繁拜訪當時陷入經濟困難、對外國人充滿疑懼的羅馬尼亞，而招致當局疑慮的助理教授；更協助她理解當時悲喜參半的經驗，以及她的研究經歷神祕波折的原因。二〇一〇年代的資深學者韋德瑞，則嘗試引導她的朋友／線民解釋他們為何答應協助國安局，並辨認監視她的祕密警察，設法找到後者進行訪談。她試圖析理前祕密警察迷人、正常、甚至「樂於助人」的外表下的目的與方法。這部分讀起來最像偵探小說，而且這裡的偵探願意坦白揭露自己充滿困惑與挫折、並不總是成功的調查。

《他們說我是間諜》也是有成長小說（Bildungsroman）與懺悔錄性質的回憶錄。讀者可以看到作者如何從懵懂的研究生，逐漸變成自信的人類學家和半個本地人，探索當地社會也探索自己。但韋德瑞也很坦白地批評自己從事田野期間的天真與大意（不要像她一樣有太多性關係！）以及自己進入異文化生活時，因為原有的六〇年代左派信念與我族中心觀點，忽略美國官方對她的叮嚀（當時覺得太過冷戰心態、妖魔化東歐），低估了國安局的能力與影響，直接間接造成許多親近的朋友（甚至是愛人）與同事被國安局盯上，被迫做出困難的選擇或受到直接迫害。她非常自責自己為朋友帶來的磨難。在書裡，除了有幾位為她付出高昂代價卻仍拒絕與祕密警察合作的死忠朋友，並沒有太多英雄人物，包括她本人在內。韋德瑞自己承認，作為半個外人，她可以選擇離開羅馬尼亞；而如果她是本地人，很可能像大多數人一樣，在國安局威脅兼利誘的高明心理操弄下屈服。她的經驗提醒讀者，現實中困難的道德選擇沒有完美的答案，通常也沒有惡有惡報的結尾，只有無盡的灰色地帶和矛盾。

的確，韋德瑞在面對朋友與同事成為線民，甚至捏造謠言與不堪的謊言迎合國安局官員時，最初的反應是困惑，繼之則是憤怒，覺得被背叛。但她也注意到自己會不自主地尋找理由，想瞭解成為線民的朋友同事，並為他們開脫。她甚至會想「保護」前祕密警察，找理由不讓他們身分曝光。就因為朋友打過自己的報告，一刀斬斷數十年友情並不容易，但這並非韋德瑞心腸特別軟。一九八九年革命之後，在羅馬尼亞與其他前共產東歐國家的公眾之間，要求揭發密告者與祕密警察是主流意見；而實際的指認與公開譴責，用韋德瑞的話說，甚至成為一種公共「消遣」。韋德瑞的直覺態度，似乎與當地公眾不同。但在日常生活中，她發現很多東歐人並不願意或不想公開揭發、譴責打過報告的親戚朋友。和韋德瑞一樣，這些東歐人有很多考慮。第一，什麼是「朋友」與對認識的人有哪種道德義務，在不同文化中是不同的詮釋。第二，不是每個線民都是熱心的告密者。有些人被迫和祕密警察合作，但又不想害人，就報告無關緊要的小事，希望矇混過去。每個線民的「過錯」與造成的傷害是不能一概而論。第三，被監視的「被害人」與線民之間，並非只是孤立的友誼與信任關係，也非甲有沒有「背叛」乙這樣單純的道德問題。他們都生活在複雜而重疊的社會網路之中，都同時擁有多重的人際關係。祕密警察聰明地利用每個人在真實世界中的「社會性」：如果你不答應和國安局合作，你的家人、工作或其他關係會受到明顯壓力；而你的美國學界同行（或朋友）韋德瑞，最多也就是每年來待幾週或數月而已。大部分羅馬尼亞人（或是任何人）會覺得哪些關係比較重要、哪些人需要優先保護？其實不難猜到。在壓力下人們通常會在不同的關係與道德義務之間進行衡量取捨。對他們的行為進行沒有脈絡的價值判斷，不但劃錯重點，而且是自以為是、強人所難。

韋德瑞研究國安局監視體制得到的洞見，就在於祕密警察的「社會性」。事實上，他們並不總是祕密的。他們是社會的一分子，是鄰居、同學、親戚、朋友。許多人知道他們為誰工作，住在哪裡。有些祕密警察甚至成為線民的朋友，在一九八九年後還繼續來往。更重要的是，他們會幫忙喬事情、解決困難的問題。有些人甚至自願提供情報，成為監視體系內的「志願者」，來交換一九八〇年代普遍稀缺的生活物資與其他協助。人們也知道可以跟祕密警察討價還價，甚至協商出某種恩庇關係。作為共產政權的主要打手，祕密警察常被描繪成是利用恐怖手段與暴力，以及隱密到似乎無所不在的形象，來創造恐懼、恐嚇人民。但他們真正的祕方，是透過建立和操弄人脈來控制社會。韋德瑞提醒讀者，把祕密警察當成妖魔鬼怪，持續冷戰時期反共論述中的刻板印象（「隱形而可怕」），不但無助於了解國安局與類似監控體制的真實運作，而且還協助掩蓋一九八九年革命之後，舊共產政權的鷹犬常在新政權、資本主義經濟中找到生涯第二春的事實。他們不但覺得自己過去的行為沒有錯，甚至認為自己繼續吃香喝辣是理所當然、祕密警察被汙名化是不公平的。韋德瑞指出，他們與他們服務的體制，確實傷害了成千上萬的公民。了解他們的工作方法與動機是一回事。但他們逃避責任、甚至自視為受害者，是她不能接受的。不過，作為半個外人與學者，韋德瑞並不覺得自己有資格公開他們的名字。而對於親密朋友成為打她報告的線民，她的反應相當複雜且矛盾。她既想了解與幫朋友開脫，又無法完全釋懷。就這點來看，韋德瑞誠實地記錄自己和讀者都無法逃避的難題：處理「不義的過去」不但困難，也沒有讓所有人都滿意的作法。歷史永遠不是，也不可能是黑白二分的道德教化故事。

韋德瑞的半回憶錄／自我民族誌／偵探小說／監控體制分析，對英語世界讀者來說，主要的現實關懷是國家與大資本監控體制的威脅。尤其近十餘年來美國人意識到，他們必須檢視、提防九一一事件以來，國家反恐政策與社群媒體電子監控雙重夾擊的後果，這是本書研究與寫作的主要脈絡。對於臺灣讀者來說，本書的現實連結可能稍有不同。身處後威權社會，臺灣讀者大概會注意到韋德瑞書中討論，羅馬尼亞社會在一九八九年革命後對共產政權與其打手的態度，以及面對歷史不義和傷痕的實際做法。也一定會對本書中刻劃的祕密警察與線民報告監控體制，如何影響信任與人際互動甚至個人心理，有好奇與共鳴之處。而韋德瑞對曾經擔任線民的朋友與祕密警察的訪談，以及她提出有關祕密警察並不自外於社會、而是依賴人脈工作的洞見，更可能對討論臺灣戒嚴時期的歷史，仍然多少著重在大敘事、重大案件與高層決策、與受害者承受的傷害，但監控體制的成員與日常運作仍然形象不清，以及預設受害人與加害人清楚二元對立等盲點，有所啟發。韋德瑞自承會讓大部分羅馬尼亞人不快的決定，例如在書中不揭露祕密警察與線民的真實身分、盡量避免道德判斷、強調了解社會實作經驗與結構因素先於譴責個人行為，對於關心轉型正義相關議題的臺灣讀者來說，也是有用的參考。

對於關心歷史的讀者，這本書還有個重要的面向：情治機關監控檔案的使用與限制。以檔案為主要研究材料的職業歷史學家，多半從經驗中磨練出對於檔案資料一種健康的懷疑態度。我自己在檔案館行走得到的教訓，最重要就是「冒煙兇槍」(the smoking gun，指最關鍵且直接的證據）可遇不可求。檔案是為特定目的、特定時空、甚至各懷鬼胎的人士產出的紀錄。它們經常無法直接回答我們的問題，反而製造更多麻煩與挑戰。它們絕對不是毫無修飾地反映完整事實的鏡子。沒有太多爭議的官方日常文書已是如此；政治敏感性高又不受監督，且為了證明自身存在必要和強化影響力，而使從組織到個人都有誘因去虛構、誇大威脅的祕密警察（他們與「威脅」共生），所留下的檔案更是如此。

《他們說我是間諜》是警惕研究者如何運用此類檔案的絕佳範本。韋德瑞在讀自己的檔案時，常認不出那位祕密警察眼中危險的間諜「薇拉」，就是她自己。雖然他們有線民的詳細報告，某些時刻甚至是幾乎全天候的跟監，偷印她的筆記，攔截她的書信，竊聽她的電話，甚至偷拍她的活動。但祕密警察是帶著有色眼鏡，以先入為主的架構，蒐集關於她的大小情報，並以此建構出一個平行世界和她的分身。這還是預設線民與祕密警察都不是無能之輩，而各種收集來的情報多少可靠，沒被刻意扭曲。但是在書中有不少例子，顯示線民對國安局官員避重就輕，或是為了迎合後者而無中生有。又或是國安局人員引導線民的報告，好寫出自己想要的內容。甚至有自以為了不起的國安局官員，還常把基本資訊搞錯（到了八〇年代中還以為韋德瑞讀的是歷史學，而且研究所還沒畢業！）。線民與祕密警察在互動中各取所需，而他們又各有目的。寫下的報告成為檔案，內容到底反映了多少「事實」，而「事實」

又如何被鑲嵌入不同的脈絡中詮釋與使用，都成為研究者解讀時的挑戰。如果連當事人都認不出檔案中的自己，天真無警覺地盡信檔案字面資訊，或要求研討者、討論者必須以字面資訊作為最權威的證據，恐怕會造成意想不到的傷害。

東歐共產時期各國祕密警察有收集資料的偏執，因而生產出相當豐富的檔案。但卷宗會隨案件發展移轉，而國安局人員也會持續進行選擇性的檔案保存與汰除。韋德瑞看到的檔案雖然巨量，但已經是有意無意之間，經過選擇留存下來的部分。她使用這些檔案時已不偏聽，盡量參照自己的田野紀錄、書信，以及對線民和祕密警察的訪談與調查，用多角度編織自己的故事與分析。可是面對這些事實含量可疑的檔案，她最重要的工具，其實是研究問題與方法：使用歷史檔案做研究經驗豐富的韋德瑞，並不奢求從這些檔案中直接求取各事件的表面「事實」。她想得到的，是分析檔案紀錄所反映出檔案生產者與檔案預期讀者的心態、視角、預設、目的、運作方法，生產檔案的過程與社會關係之間的互動，以及她個人對這些紀錄的反應。問了對的問題，在歷史脈絡中解讀，精細地對比其他材料，並隨時反思和挑戰自己的反應與解讀，這些檔案仍然是認識過去的寶庫。

《他們說我是間諜》是兼具深度與好讀的著作，是臺灣罕見的羅馬尼亞社會研究，也是從親歷見聞角度出發的東南歐現代史與冷戰學術史。它提供難得的機會，鼓勵讀者從實證且反思的角度，而非抱殘守缺地繼續依賴二十世紀中某極權主義理論或是免不了虛構的文學與電影，來認識歐洲共產主義下的生活與祕密警察監控體制。無論是為了認識常被遺忘的歐洲角落，或分析在極端環境下自我身分的多重建構，或是找尋面對臺灣現代史陰影的他山之石，甚至是欣賞先驅女性學者反思來時路，《他們說我是間諜》都值得一讀。至於貫穿全文，韋德瑞與羅馬尼亞友人之間的真摯感情，與四十餘年不斷的緊密人際連結（她的美國連結反而無法如此長久），也提醒我們：祕密警察檔案雖然黑暗，但人際友誼也無比強韌。

（本文作者為美國印第安納大學歷史系助理教授）

序

沒有什麼比閱讀自己的祕密警察檔案會更讓你納悶自己究竟是誰。你的所有活動、所有動機全被記錄下來，一頁一頁地供人用一種你完全不認識的邏輯解讀。你記憶中重大的事情也許不被當一回事，而其他你認為是雞毛蒜皮的小事，卻足以構成把你驅逐出境的理由。

雖然身分的問題也許會困擾任何從事田野工作的研究者，但它們對處於監視之下工作的人來說卻是不可避免。這種情形在冷戰的脈絡特別常見，而當大環境的轉變，監視檔案落在被監視者手上的時候，更是如此。我在一九七三年去了羅馬尼亞的外西凡尼亞（Transylvanian）地區，從事鄉村生活的人類學研究，當時還是共產主義獨裁者西奧塞古（Nicolae Ceaușescu）統治的時期。一九七〇年代和一九八〇年代，我又回到過羅馬尼亞好幾次，進行進一步的研究，加起來待在那裡的時間超過三年。然後，幾十年之後，我發現羅馬尼亞的祕密警察——國安局（Securitate）——保存著一份監視我而寫成的巨大檔案，篇幅一共是兩千七百八十一頁。讀它的時候，我明白了我「其實」是個間諜、一個中情局的間諜、一個匈牙利裔的煽動者和異議分子的朋友，簡言之是羅馬尼亞的敵人。翻閱國安局軍官提出的證據，我慢慢開始質疑我的工作、我的動機，乃至我的身分。在一頁頁檔案中，我發現了一整個隱形的世界，它由事件、關係、計畫和詮釋構成，是我本來大半知覺不到的。它們讓我重新省思我人生的一整個時期，連同從裡面冒出的許多「自我」。另外，這些檔案讓我沉思何謂被懷疑從事間諜工作，以及民族誌工作——人類學家的研究活動——在何種程度上必然會讓一個人成為某種類型的間諜。

當你認為自己一無隱諱，然後卻發現何謂生活在祕密統治（rule of secrecy）之下，有可能會感到暈頭轉向和難過。這就是我要在這裡說的故事。本書的目的在於讓讀者感受，在東方集團一個高壓國家中作客是什麼感覺，以及顯示兩大超級強權的衝突，是如何折射在一個想要了解該國生活方式的年輕女子的經驗。我運用田野筆記、日記，和祕密警察報告作為材料，講述冷戰期間在羅馬尼亞當一個研究者的經驗，特別是她和隱形的祕密警察的關係。按照我進行這個研究的先後時序編排（這研究延續至二〇一六年我跟祕密警察和線民的談話），本書突出了跟我形影不離的隱形同伴——國安局軍官和協助他們的線民的聲音和工作習慣。

本書是一個有關被監視效應的故事。被監視已經成為人皆有之的經驗，雖然被監視的形式不同。我們現在全都處於監視之下，但我們大部分人對這究竟意味著什麼幾乎毫無概念。被刺探是什麼感覺？被人懷疑你是某種類的間諜或叛徒是什麼感覺？你是在很久之後，才發現你本來被包圍在祕密之中，是什麼感覺（這些祕密包括向祕密警察打你報告的朋友的名字，和警察採取來干涉你生活的行動）？一旦知道你被監視的程度，這種經驗對你的身分有什麼影響，對你認為你已經建立的信賴關係有什麼影響？在每天都有新監視方法誕生的今日世界，我希望本書能夠讓某些監視方法和它們的效應曝光。

字體、化名和讀音說明

這是一部多聲部作品，整合了國安局軍官和他們的線民的聲音、我在羅馬尼亞各次研究所寫的田野筆記和索引、我寫回美國的信、我在二〇〇八年之後訪談的人的聲音，還有我在當前對這些材料的沉思。為了幫助讀者，我把眾多的聲音簡化為三種不同文體[1]，以代表三個主要的參與者範疇：

一、我在當下的敘事聲音；

二、我從田野寫回美國的信，還有從一九七三至二〇一六年在羅馬尼亞各次研究期間所寫的田野索引或田野筆記；

三、收藏在檔研會的祕密警察報告和筆記。

另外，我對名字採取了以下的規則：在祕密警察檔案中，被跟蹤者的名字或化名，還有與他們互動的人的名字都會被加上引號，而且字母經常都是大寫（例如"VERA"和"VANESSA"）[2]，我會仿效這種做法。相似的，軍官也會一律給線民的化名加上引號（例如"Ovidiu"）。有時用的即便是線民的真名，一樣會這樣做。而雖然軍官有時會用大寫方式標示線民名字，但我不會這樣做。當我訪問出現在我檔案中的線民時，為了保護他們，我會自己為他們取一個化名而不是使用軍官取的化名。我也會用化名（有時只用姓氏縮寫）來稱呼一些受訪者，還會在第一次使用該名字時加上星號以資識別。沒有大寫、沒有引號和沒有星號的名字都是真名（例如David Prodan）。我不會注明哪些塗黑[3]是出於我，哪些是出於檔案館。最後，當我引述我和某人的一問一答時，我都會將的問題放在括弧中。

翻譯我的監視檔案時，我努力維持原文的文字風格，包括原文的公式化短語、怪里怪氣的「高蹈」（"lofty"）風格、被動句構和姓名倒裝，而且常常是用全名而不是只提名字和姓：

---

1 編按：本書將以三種版面形式，呈現這三種不同的文體。

2 編按：中譯本以括號「 」標示被跟蹤者、線民、受訪者的化名。

3 譯注：指把檔案上的一些人名塗黑，以隱其名。

例如寫成韋德瑞．凱薩琳．瑪琳[4]而非僅作凱薩琳．韋德瑞）。我還會保留拼寫錯誤。當太忠實於原文會引起含混不清時（它的那些被動句和名詞叢特別容易如此），我會選擇以清晰方式表達。我極少會標示檔案撰寫者以外的人所畫的底線（通常是他的上級軍官或檔案館人員所畫）。有時我會提供軍官的批註，以N.O.表示「辦案軍官批註」，以N.S.表示「上級軍官批註」。[5]最後，我是使用羅馬尼亞式（歐式）的日期寫法（日月年），而不是美國的寫法，所以「一九七九年九月二十三日」是23.09.79。這些文件包含的標示比我呈現的要多（例如包含檔案編號、副本數字和打字人員的姓名縮寫等等）。為了保護我的隱私和檔案中提到的其他人的隱私，我沒有指出檔研會檔案館檔案的號碼，雖然夠格的研究者一樣可以發現它們。

除了母音â、ă和î，羅馬尼亞語和義大利語的發音一般相似。前母音會軟化c和g（使它們變成č和dj）；前母音前的硬c或g拼作ch或gh；ş相當於sh，ţ相當於ts。以下是書中常出現的人名和地名的近似音：

Cluj（克盧日市）= Kloozh

Cugir（庫吉爾）= Koo JEER

Geoagiu（喬阿久村）= jo AH joo

Hunedoara（胡內多阿拉）= hoo neh DWA ra

Iași（雅西）= Yahsh

Moașa（莫阿莎）= MWA sha

Moșu（莫舒）= MO shu

Orăștie（奧勒什蒂耶）= aw rush TEE yeh

Securitate（國安局）= seh koo ree TAH tay

Vlaicu（弗拉伊庫）= VLY koo（vly—與 fly 押韻）

4 譯注：這是作者全名的「倒裝」。羅馬尼亞人習慣把出現在正式文件的人名先寫姓，再寫名。

5 譯注：原文分別作“N.O.” for “Note of the [Case] Officer” 和 “N.S.” for “Note of the Superior Officer”。

謝誌

本書是從幾百次的談話中逐漸浮現，我在這裡只能感謝其中一些人。首先是Phyllis Mack，她讀過我的文稿好多次，在超過六年的成書期間和我有過無數次沒完沒了的討論。衷心感謝她的忠告、耐性和鼓勵。以下諸位讀過我眾多草稿其中之一的一整部，給予我建議、反對和肯定，幫了我的大忙：Janet Carsten、Silvia Colfescu、Elizabeth Dunn、GillianFeeley-Harnik,、Saygun Gökariksel、Bruce Grant、William Kelly、Gail Kligman、Douglas Rogers、Anikó Szűcs和Cristina Vatulescu。同樣的，以下諸位讀過一部分草稿，提供我有用評論：Patrick Alexander、Alvia Golden、Timothy Little、Victoria Mack、Ioana Macrea-Toma和Lisa Rimbach。對於有啟發性的談話，我還要感謝Gabriel Andreescu、Sorin Antohi、Liviu Chelcea、Vincent Crapanzano、Irina Grudzinska-Gross、Puiu Lățea、Leith Mullings、Chris Myers、Maya Nadkarni、Alec Niculescu、Andrei Pleșu、Aurel Răduțiu、Zoltán Rostás、Martha

Sandweiss和Liviu Ursuțiu，以及感謝格林內爾學院（Grinnell College）的聽眾、紐約大學音樂系的聽眾、斯沃斯莫爾學院（Swarthmore College）的聽眾和密西根大學（人類學系和俄國、東歐及歐亞研究中心）的聽眾。

羅馬尼亞布加勒斯特檔研會的Florica Dobre博士是本書的接生婦。是她催我申請調閱我的安全檔案。另外，她為我理解檔案裡的文件提供了很大幫忙，又向我推薦其他很有用的資料來源。檔研會的其他同仁對我也幫忙匪淺，特別是Virgiliu Țârău和Cristina Anisescu，還有Liviu Burlacu、Silviu Moldovan和閱覽室裡總是盡責的人員。我還要感謝Gheorghe Onișoru、Claudiu Secașiu和Dragoș Petrescu三位檔研會的主任。

普林斯頓大學戴維斯歷史研究中心的學人獎（2010），還有義大利博利亞斯科（Bogliasco）的利古亞研究中心（Ligurian Study Center）的學人獎（2015），讓我有清幽的研究和寫作環境。「東歐與歐亞研究國家委員會」的補助（2012–13），還有「紐約城市大學研究生中心」的補助，讓我可以造訪羅馬尼亞。

感謝杜克大學出版社的Ken Wissoker的熱情鼓勵和Elizabeth Ault、Barbie Halaby、Liz Smith幾位幫我做的編輯工作。

最後和最必須感謝的，是那些雖然環境充滿猜疑氣氛，但仍然願意信任我的羅馬尼亞人。他們讓我能夠完成一九七三年至一九八九年之間的研究，後來又讓我能夠在改變了的環境中完成直至二〇一六年的研究。就像軍官「布利達魯」曾經希望的那樣，我逐漸愛上了羅馬尼亞和它的人民，發現它是個無比令人著迷的地方，在那裡我曾經能夠專注地工作，在餘下時間享受歡樂時光。我特別要對以下諸位致上最深的感謝：梅妮（Meri）和她在的弗拉伊庫村的家人、「班尼亞明」（"Beniamin"）和瑪麗安娜（Mariana）、西爾維婭·科爾費斯庫（Silvia Colfescu），還有被我稱為拉爾夫（Ralf）和安娜·比爾曼（Ana Bierman）的兩位朋友。對於這幾位，還有其他在書中各處提到的人，我一生感銘。

序幕

一九七三年九月二十五日，羅馬尼亞外西凡尼亞地區胡內多阿拉縣（Hunedoara County），一個明媚的秋日下午。長髮在我背後飛揚，我正騎著新買來的摩托車，從縣城德瓦（Deva）向南騎往山區的倫卡切爾尼鄉（Lunca Cernei），這個鄉位於南喀爾巴阡山脈（Southern Carpathian Alps）的最西分支。從公路上眺望，風景美不勝收——待我騎到托普力察村（Toplița），開入山間小路之後，風景會更棒。切爾納河（Cerna）在陽光照耀下水光粼粼，一群群綿羊和山羊在多石的山坡上吃草。我有一種沒由來的幸福感，一面騎車一面享受向我疾馳而過的空氣。好吧，嚴格來說不是「疾馳而過」：摩托車的最快時速也不過是五十五英里左右，而我又太顧著看風景，沒有全力騎車。

我二十五歲，對羅馬尼亞幾乎一無所知，剛從史丹佛大學來到這裡，為我的人類學博士論文進行研究。穿過鄉間的摩托車之旅是為了幫助我選擇一個田野地點。我準備在這個山區造訪大約三十個村莊，迄今進展順利。我用我仍然粗淺的羅馬尼亞語和本地人會面交談，他們都很有耐心，設法幫助我表達自己。

我買了我的「莫爾巴」摩托車（Mobra）才兩星期，還不習慣騎它，也還不習慣路上遇到的貨車，它們噴出的陣陣廢氣一再讓我慢下來。下午的天空逐漸轉入薄暮，落日就在我的正前方，讓我的視線變得不太清楚。只有這個理由解釋得了為什麼我會突然被一名警察攔下，指我闖入了一個禁區。他說禁區入口處有一個標示牌（我完全沒有看見），指出外國人禁入。我的鮮紅色摩托車車牌清楚顯示出我的外國人身分。

底下就是我的羅馬尼亞祕密警察檔案中最早的文件，它是這樣報告這場意外的：

蒂米什瓦拉地區（Timisoara Region）〇一九四二號軍事單位　最高機密
反情報科　副本二
一九七三年十月三日　〇〇一六一〇二號
存檔備查
一九七三年九月二十九日，軍事專家烏斯卡圖・格奧爾基（USCATU

GHEORGHE）[6]——在胡內多阿拉縣〇一七三六號軍事單位值勤的軍官——和倫卡切爾尼鄉的一些居民聊天，從他們那裡得知，在一九七三年九月二十五和二十六日兩天，有一名美國公民出現在該鄉，表示對他們的風俗習慣感興趣……

需要特別指出的是，在該鄉的範圍內，設有〇一七三六號軍事單位，而該單位地位特殊。通往該單位的道路入口豎有標示牌，註明「外國人禁止進入」……上述的韋德瑞．凱薩琳未予理會。

「該單位地位特殊」：換言之，我直接把摩托車騎入一個軍事基地。頁邊批註證實，這份報告已經從該軍事單位被送往國安局的縣支部主管，並引起了懷疑。其他文件透露出這份報告一路被上呈至布加勒斯特（Bucharest）的國安局總部[1]。我到胡內多阿拉縣才僅僅四天，但看來我已經變成一個我不認識的人了。

怎麼會發生這種事，後果又會是如何？起因包括一名無知的年輕女性想要了解一個遙遠地方的生活方式，而這個地方無論是她的訓練、她的成長背景（被稱為冷戰的那些年頭），

6 譯注：烏斯卡圖是他的姓。前面提過，羅馬尼亞人習慣把出現在正式文件的人名先寫姓，再寫名。

都不曾為她有過一丁點兒準備。現在，我又困惑又害怕地坐在一個共產國家山區的遙遠派出所，等那位攔下我的警察打電話向上司請示。為什麼我在德瓦的中間人要為我規劃一趟直接穿過軍事基地的行程呢？也許當他們其中一位神祕地對我說，去到托普利察村時必須小心，就是在暗示著這點。又也許，他們自己也不知道那裡有軍事基地。憑著我結結巴巴的羅馬尼亞語，我要怎麼脫離現在的困境？難道我的整個博士論文計畫就這樣泡湯了？（有任何人會在乎嗎？）

我有關這件事的田野筆記[7]被放在格奧爾基軍官的報告後面：

田野筆記，一九七三年九月二十四日

那個警察最後把我帶到派出所門廳，自己去打電話給在德瓦的上司，問該如何處理我（他說話很大聲，我聽得見每個字）。然後，他話說到一半突然高聲說：「遵命！」便掛上電話。現在，他開始鼓勵我繼續我的行程（雖然我已經打算打退堂鼓）。他說我的民族學觀點非常有趣，但我告訴他，我不知道應該留下還是回國。

當那名警察帶回我可以恢復行程的好消息時，我認為這說不通：身為一個美國公民，我怎麼可能在一個蘇聯衛星國家的軍事基地邊沿進行研究？由於我深入胡內多阿拉縣的整個目的就是要選擇一個研究地點，我應該乾脆下山到別的地方去找。然而，如今更加讓人困惑的是，那名警察變得很堅持，急著催我繼續下去。他說山上很漂亮，有些很有趣的民俗；那裡的人很親切，期待我過去；我應該堅守我的既定計畫，等等。不幸的是，我讓自己被他說服，結果就是烏斯卡圖軍官聽說我來到倫卡切爾尼鄉，而寫了他的報告。這份報告提供一名國安局軍官口實，讓他之後有理由對我發起監視行動。

我的間諜人生就此開始。我被監控的經驗，是由以下幾條不同的線索編織在一起而造成：我企圖在一個充滿祕密和捏造的共產主義環境從事人類學工作、國安局軍官和他們的線民的工作任務，最後還有在機緣巧合下我犯了這樣一個愚蠢的錯誤，讓烏斯卡圖軍官的報告跳出來接管我的博士論文研究。而這還不是我犯下的最後一個錯誤。

7　譯注：嚴格來說應該是國安局偷印的影印本。

邪惡分身

二〇〇八年六月，我在布加勒斯特翻閱我的監視檔案，看到如下的文件。

內政部　最高機密

克盧日縣分局第三科（反間諜科）一九八四年十二月五日

對最終解決「薇拉」（"VERA"）[8]個案的建議

韋德瑞．凱薩琳，三十六歲，美國巴爾的摩「約翰霍普金斯」大學人類學系教授，獲得I.R.E.X.研究獎金[9]，在一九八四年八月抵達羅馬尼亞社會主義共和國，住在克盧日—納波卡（Cluj-Napoca）[10]。

從對她採取的複雜監視措施，可知她聲稱的研究計畫只是用來掩飾她對社會—政治資訊的密集蒐集活動，嚴格說來，這活動和學術研究沒有任何關係……

從影印本「我的田野筆記的影印本」看來，「薇拉」獲得的資訊對我國有著敵意性質，因為她不斷煽動她為了套取情報目的而利用的人，讓他們對我們的黨和國家政策採取一種不滿和對抗態度。

要記住，她出現在我國的目的是要蒐集有社會—政治性質的偏頗資訊，與此同時去刺激敵對分子的活動。所以，我們認為有必要終止這種活動，為此我們建議……終止她在這個國家的逗留。

（由克盧日縣分局、國安局、第三科、布加勒斯特和全羅馬尼亞反間諜部門主管簽署）

讀了這個，我突然發現原來自己擁有一個「邪惡分身」（doppelganger）——十八世紀晚期的民間傳說用這個概念來指一個人的邪惡孿生兄弟，或會對人的自我平衡構成威脅的挑戰者。你可以從上面的報告中看見她的依稀模樣。她是一個企圖動搖政權穩定性的陰謀策畫者。她的名字「薇拉」在拉丁文中的意思是「真」；因此，她和我（韋德瑞・凱薩琳）競爭著真實本尊的地位。事實上，我的分身不只一個，每個「我」（self）都有一個不同的名字，不

8 譯注：「薇拉」為「國安局」給作者取的化名。
9 編按：I.R.E.X.為「國際研究與交流委員會」（International Research and Exchanges Board）。
10 譯注：克盧日—納波卡為克盧日縣縣城，一般稱克盧日市。

過她們全都被認為致力於同一項任務：為美國刺探羅馬尼亞。這些不同的名字分屬不同時期，也跟國安局（我的邪惡分身創造者）認為我是哪一種類的間諜有關。例如，在一九七三至七四年間，我是「民俗學家」（"FOLCLORISTA"），負責刺探軍事情報；在一九八四至八六年間，我是「薇拉」，住在克盧日縣，為美國的匈牙利僑民進行刺探；在一九八七至八八年間，我是「瓦內莎」（"VANESSA"），因為勾結羅馬尼亞的異議分子而在美國的巴爾的摩被監視[2]。很明顯，這些刺探是好幾種不同的活動，而釐清它們則是我自己的事。對於我的第一項犯行，國安局制定了一個逮捕我的計畫；對於第二項犯行，有人建議把我驅逐出境；而對於第三項，他們則準備採取法律行動。

對我的家人、朋友和同事來說，這些指控都很不可思議。然而，國安局認識的我的邪惡分身（在他們看來是我的「本尊」），和我在家鄉的熟人認識的我不同：她更加大膽、更遮遮掩掩，也更加欺瞞。我賣力地去看她身上是不是有我的影子，每當看見這些影子就會覺得

「間諜薇拉」，一九八四年。
檔研會資訊組提供。

有點尷尬。由於我作為「薇拉」在檔案中占據的篇幅，比其他九個化名更多，所以為了簡化起見，我會用「薇拉」來稱我的邪惡分身，並按照國安局的習慣，把名字加上大寫和引號，表示那是一個化名。

當人處於被監視的狀態下，核心特徵之一就是他會獲得一個分身（和一個新身分）[3]。傳統西方的自我概念告訴我們，我們有著獨一無二的身分（不過我將有理由對此起疑），而我們的國家也會在書面文件上穩固我們的身分、並一絲不苟地驗證。我們造訪的國家也經常會如此。就此而言，「薇拉」幾乎就像ＫＶ[11]一樣的真實：ＫＶ在二〇一七年的全部著作只比「薇拉」的檔案篇幅多一點點。而在「薇拉」真正和ＫＶ在書面文件上競爭的當時，「薇拉」的書面紀錄遠比ＫＶ多，因此從國家的觀點來看，「薇拉」甚至比ＫＶ更真實。

「薇拉」是個間諜嗎？我不認為。事實上，我本想給書名中的間諜二字加上引號，但最後決定讓書名流暢一點。當我在一九七三年七月底初到羅馬尼亞之時，我想像自己是個初生的民族學家，目的是書寫其他社會和人民——在我的情況下是羅馬尼亞社會和人民。我受到「國際研究與交流委員會」（IREX）資助，參與了學術交流計畫，要在羅馬尼亞待上十七個月，

11　譯注：作者姓名 Katherine Verdery 的縮寫。

為我的博士論文蒐集資料[4]。在我交給羅馬尼亞方面的研究申請書中，我提出一個我打算進行的計畫。也就是說，我的計畫完全不是隨便說說，儘管這個計畫後來被證明為不可行而必須更改。我向來認為自己是個正直的人，感覺自己沒有事情需要隱藏：我相信只要我光明正大地工作，就不會碰到任何問題。所以當我在二〇〇八年讀到我的國安局檔案，發現他們對我有截然不同的觀感時，不禁大為震驚。他們認為他們發現了我各種不同祕密分身，認定我絕對有意圖傷害羅馬尼亞，並主張把我驅逐出境。

「邪惡分身」這個意象，我是從其他已經為文談論他們監視檔案的人那裡借來的。我第一次讀到這個概念是在諾貝爾文學獎得主赫塔．米勒（Herta Müller）二〇〇九年接受的一次訪談。她生於羅馬尼亞，但後來因為國安局對她家庭施加的壓力大到她無法承受，最後移居德國。她這樣描寫自己被分身化的情況：

在我的檔案裡，我是兩個不同的人，一個被稱為「克里斯蒂娜」（Cristina），她是必須予以痛擊的國家敵人。為了貶低這位「克里斯蒂娜」，D單位（負責造謠的單位）用所有最能（在她在西德的新家）傷害我的元素，虛構出一個邪惡分身：對黨忠誠的共產黨人、肆無忌憚的祕密間諜。不管去到哪裡，我都不得不和這個邪惡分身生活在一起。它不只會在我去到一地之後被派去該處，還會搶在我面前先到。它有了自己的生命。[5]

我們兩人的情況當然很不同。赫塔・米勒是世界知名作家，是國安局騷擾和迫害的直接目標，她定期得和她的壓迫者面對面，我則不會。然而我們的共同點是，我們都有被倍數化（multiplied）的經驗，曾遭變形為我們自己不認得的東西。我們被一個組織用一種特定的方式雕琢，它一方面有先見之明地秉持一個後現代假設，認定人的身分是不穩定的，不會把我們統一在一起，另一方則面秉持一個現代主義假設，認定表象是騙人的，真相必需要到表象底下找去。這兩個假設的結合給了國安局軍官很多有力的工具，讓他們可以把標靶（target）的行為——他們稱被他們監視的人為「標靶」——當作符號來分析，尋找隱藏的真相。

另一個國安局的標靶是羅馬尼亞哲學家利恰努（Gabriel Liiceanu），他也有一個邪惡分身。當他被問到他為什麼在檔案裡發現自己的人生被複製時會感到那麼難過，他回答說：

> 這個廉價的歪曲不只是惡劣、醜陋的，還是危險的，因為（在我被分派到的「標靶」角色中）這個角色同時也是用來不利於我的人生。它是我的「邪惡分身」，我的複製品（double），準備好要消滅我。它確實是我，但卻是一個負面（negative）的我，是一個「我的

敵人」(I-enemy),最終必須要被消滅……檔案裡的這個複製品(Clone)記錄和拷貝了本尊的細胞,但又按照它自己的邏輯予以徵用。[6]

簡言之,國安局的運作方式很像病毒。因為複製品和利恰努相似,國安局可以用它來取代他的真我,改變他的命運,讓他像是犯了什麼罪而可能被送進羅馬尼亞勞改營受苦。

我的反應沒有利恰努那麼尖銳。發現我有一個邪惡分身之後,我的感覺是困惑。當我讀到他們形容我是一名間諜時,我開始懷疑自己會不會真的是間諜。人類學家的研究可以有多像是在刺探情報?然後我問自己,他們為我刻畫的那幅讓人不敢恭維的畫像,會不會也許是事實,或至少是有幾分道理。從好的方面看,我在那位勇敢堅定的「薇拉」身上發現一些性格特徵,是能被現在正在經歷這些的我所採用的,相較於表現得沮喪與惱怒,從那個更有力量的「薇拉」身上取來一點拉康式的鏡像,可以在我身上發揮奇蹟。不過你們看,那個邪惡分身已經對我產生影響,它讓我必須重寫最後一個句子,寫成「現在正在經歷這些的我」。我的分身們不只沒有為我的性格庫存添光加彩,還瓦解了我的自我知覺。

二〇〇八年我開始大略翻閱我的檔案不久,便由於檔案的組織方式,引發這種自我知覺的瓦解。十一本檔案中,沒有兩份文件是按照日期先後順序排列,有時放在較後面的文件反而日期較早。整疊同類型的文件被歸在一起，無論日期先後。有些是對我不同日子的跟蹤報告，有些是我電話談話的逐字稿，有些是對我書信的翻譯，有些是我的朋友和熟人提供有關我的「情報筆記」[12]，還有些是辦案軍官或他們上級寫的報告。那是一個讓人糊塗的大雜燴。

當我開始更仔細讀我的檔案後，只覺得天旋地轉。我正在讀的東西不是為它的研究對象而寫（這種情形和很多人類學書籍相似），也不需要是她能理解的。我無法弄懂這個時間和地點的大雜燴，其編排方式只對辦案的祕密警察有用，其他人卻參透不了。因為我覺得自己已無法按照它編排的方式研究它，於是我就像其他把他們的檔案出版成書的人那樣，把全部檔案影印下來，按照時間順序重新編排。這有助於我辨識一份檔案記述內容的時間和地點，讓它和我的記憶能搭在一起。這種自以為是的方式當然違反了國安局詮釋我的方法，而且也許可以起到讓我和堆積如山的文件保持一定距離的有益效果。不過這些檔案的組織方式清楚表明，它不代表一部個人傳記，頂多只代表一部個人傳記的線索。

＊＊＊

12 譯注：這些朋友或熟人是國安局的線民。

然而，我是怎麼獲得我的祕密檔案的？這不是一位人類學家研究工作的普遍特徵[7]。答案分為兩部分，而且必須放在二十世紀極權主義一絲不苟地大量生產檔案的脈絡看。首先是在一九九九年，也就是共產主義獨裁者西奧塞古被處決的革命後十年（西奧塞古從一九六五年起，以蘇聯的不情願盟友身分統治這個國家），羅馬尼亞議會通過一條法律（有些東歐國家早前也通過類似法律），允許人民調閱他們的安全檔案，並公開出現在檔案上的國安局軍官和線民身分。經過多次而且持續的法律訴訟後，這條法律終於開始被運用於一個在羅馬尼亞被稱為「淨化」（purification）的過程，也就是被用來審查有心從政的人。他們的檔案會被檢查，看他們有沒有曾經和國安局合作（這和共產主義時代的揭發儀式驚人地相互呼應）。這種做法是為了防止共產體制的受益人在新的體制中掌權。許多國家選擇不以這種方式開放他們的祕密警察檔案：有些國家較早這樣做，有些國家晚些，有些國家又更晚[8]。我能夠寫這本書，部分是因為我的田野地點是羅馬尼亞（它允許查閱全部檔案）而不是別的地方。這些檔案曾經被用來改寫這個國家的過去，和鞏固一個反共政權的霸權，可惜這個主題我無法在此探討[9]。

祕密警察檔案的用處並不是只有「淨化」。單純想知道共產主義時期在自己身上發生什麼事的人，特別是想知道有誰舉報過自己的人，都可以要求調閱檔案。另外，像我這樣被認定合格的研究者，可以基於學術目的查閱任何數量的檔案。所以我有兩種身分可以接近我的檔案：一是我作為國安局監視行動的「受害者」（羅馬尼亞人都這樣稱被監視的人），二是我在研究外國學者於冷戰期間所受到的監視，並且以自己為例子來看這種監視是怎樣進行。

對於我是如何獲得我的檔案的第二個答案是：在國安局檔案庫對外開放不久，我就用它來進行我和加州大學洛杉磯分校的社會學家蓋兒．克利格曼（Gail Kligman）合作研究的課題：共產黨如何創造羅馬尼亞的集體農場。這項研究成果是我們合著的《被圍困的農民》（*Peasants under Siege*）一書。負責管理祕密檔案的機構是「安全檔案研究國家委員會」（National Council for the Study of the Securitate Archives），簡稱檔研會（CNSAS）。因為我和蓋兒發現檔研會檔案館藏有大量有用的材料，所以有好幾年時間，我們每年夏天會到那裡工作兩到三星期，也逐漸與館方人員熟悉。二〇〇六年我造訪羅馬尼亞期間，已經和我熟悉的閱覽室主任問我為什麼不申請調閱我的檔案看看。我本來不知道非羅馬尼亞人有資格這樣做，所以從來沒有想過要申請，但現在卻得知法律允許任何北約成員國的公民申請調閱自己的檔案。當我告訴她我不太確定是否想知道我的檔案裡有什麼時，她回答說，我的申請不一定會通過，而且找起來可能會花很長一段時間。如果最終被批准，我可以到那時再決定要不要讀它。

所以帶著一點惶恐，我提出了調閱檔案的申請。而在二〇〇七年晚秋，我被告知檔案已準備就緒（我猜館方事前把檔案細讀了一遍，並可能對內容做出一些刪節）。第二年五月，我去到閱覽室，看見桌子上放著三個發黃的大卷宗，外加一個小卷宗。我一共有十一冊檔案。每個卷宗都包含好幾冊三到四百頁的檔案，用硬紙板包覆，綁著繩子。我坐下來開始閱讀，瀏覽了好幾個小時，完全忘記吃午餐的事。當我最終抬起頭呼吸時，我望向四周的人，覺得他們全是祕密警察的線民，而不是（像我一樣）曾遭監視和正在閱讀自己檔案的人。檔案的祕密世界是何其有魅惑力啊！它會把你吸進去，靜悄悄地把它的標準塞進你的思

檔研會檔案庫。Cristina Anisescu提供。

想裡（一個同事告訴我，她因為感到自己中毒了而終止在檔案館裡的研究）。讀夠了那些既引人好奇又教人驚恐的檔案後，我提出影印全部檔案的要求。為了把這件兩千七百八十一頁的東西帶回美國，我不得不額外買了一個旅行袋——整個棕色的全新手提旅行袋完全被檔案塞滿。

接下來兩年，在我投入撰寫另一本書時，裝在箱子裡的檔案便充滿威脅性地待在書房一個角落。接著我花了一點時間琢磨，是不是真想知道箱子裡東西的內容，最後在二〇一〇年秋天仔細閱讀了檔案。這次閱讀激起我非常複雜的感情：看見我只穿著內衣褲的照片被用隱藏式攝影機拍攝讓我感到憤怒；得知我被一些我視為親密朋友的人打報告讓我失望和生氣；當我曉得自己出於不小心，讓一些朋友身分被洩漏給國安局時我感到懊惱；看見國安局軍官對一些重要事實斷章取義讓我莞爾；而從這些檔案中浮現的我的醜陋形象（冷若冰霜、愛操控人和滿肚子詭計）讓我生氣。最重要的是，我就像讀了自己檔案的其他讀者那樣，對超乎尋常密集的監視程度感到驚訝：一天十六到十八個小時的跟蹤、書信攔截、偷聽和電話竊聽……視覺監視和聽覺監視幾乎是一樣分量。在讀檔案時生起的各式各樣情緒，還有隱隱感覺國安局對包括我最私密想法在內的一切都知道得一清二楚，這些事都讓我覺得非常累。

這些情緒構成我要述說這個監視故事的一個挑戰。我必須設法把它們理出來，向它們學習，馴化它們、馴化檔案本身。我必須擺脫我對國安局軍官所作所為的憤怒和憂鬱，改為對他們如何做到的問題著迷。另一個挑戰是我要把自己的隱私披露到何種程度的問題——這種顧慮是當國安局軍官在檔案上貼上我近乎全裸的照片、寫上我情人的名字，並呈報給他們上司享用時不會有的。如果國安局沒有任何隱私權的觀念，我又怎麼能指望現在能要回一些隱私？其他難題包括，我應該透露出現在我檔案中的人的姓名，還是應該保護他們，以換取他們答應和我談這件事的意願（我選擇了後者），以及是不是要「糾正」檔案中在我看來失實的資訊（我決定大體不要）。這些全是複雜的挑戰。

＊＊＊

為了回應我的檔案，我參與一個層次複雜的研究鏈。首先，我進行了田野工作（參與、觀察、與人談話），並把結果寫在田野筆記裡。這些構成第一層次的研究鏈。與此同時發生的，是國安局對我的研究工作進行的研究。他們利用線民的報告、我的活動、我的電話和信件內容、我的田野筆記和私密日記做這件事，把結果寫在軍官的卷宗和線民報告裡。這是第二層次的研究鏈。現在，我要研究他們對我的研究進行的研究，我的方法是檢視他們的批註、跟他們的一些線民談話，甚至（如後面會看見的）跟他們本人談話。這是第三層研究鏈。另外，我也有充分理由猜想，國安局的後繼者「羅馬尼亞情報局」（Romanian Information Service）正在鋪設第四層研究，因為我的作品以出版品形式（例如二〇一四年的《祕密與真相》[*Secrets and Truths*]）為他們提供了新的「資料」[10]，而他們還可以透過我在羅馬尼亞發表的演講和接受的訪談，研究我在搞些什麼。只不過，這一次我搆不著他們的研究筆記：我只有權限調閱我在一九八九年之前的安全檔案。

我的安全檔案。檔研會提供。

檔案的特徵

在一九七三年七月至一九八八年十一月間，我在羅馬尼亞共進行了四十個月的研究，在四個地方停留長短不同的時間，所以對國安局構成協調上的困難。我待得最久的是外西凡尼亞的胡內多阿拉縣的奧萊爾・弗拉伊庫村（Aurel Vlaicu），那是一九七〇年代的事。其次是外西凡尼亞西北部城市克盧日（Cluj），另外也在摩爾達維亞（Moldavia）東北部的雅西（Iaşi）待了一陣，這都是在一九八〇年代。這二十年間，我定期會到位於南方的布加勒斯特領取郵件。雖然有些我認為國安局應該會知道的事沒有出現在我的檔案中，但整體而言，這個檔案對我在羅馬尼亞生活的追蹤，從時間上和空間上都大體周全。它是不是如某些人所說的那樣「被清理過」，我不得而知。

布加勒斯特國安局的高層將軍們所關切的問題因地區和時

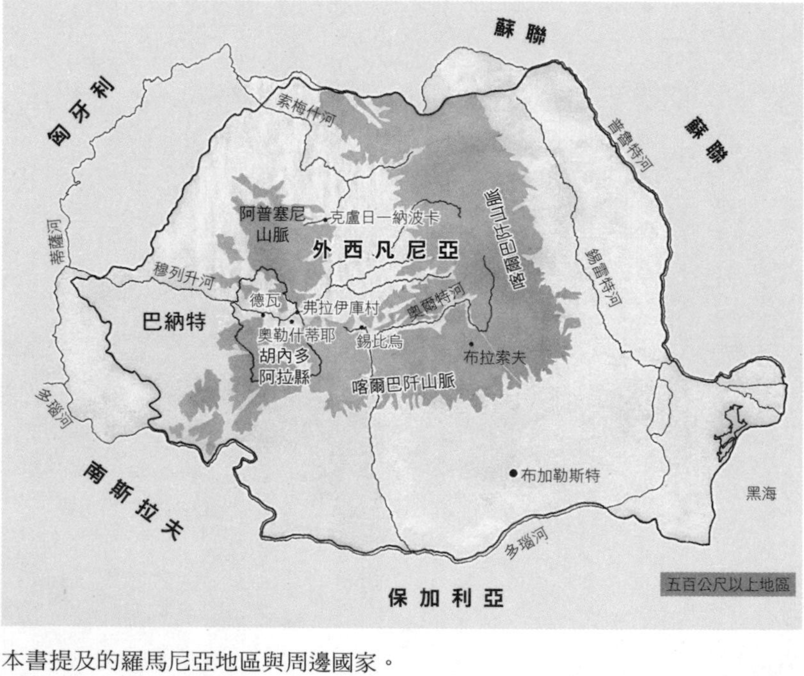

本書提及的羅馬尼亞地區與周邊國家。

間而異，檔案內的用語和針對的事情亦有變化。在十一本檔案中的每一本上面，都有四個識別號的其中一種，代表的是我住過的地點。克盧日市的檔案（篇幅最多的一份）和弗拉伊庫村的檔案使用不同代號。其中有三分之一的文件包括來自前兩個地點的一些副本，還有來自布加勒斯特和雅西的材料。第四種代號只有一小冊（九十四頁），涵蓋時間只有從一九八七至一九八九年，那是由「對外情報中心」(Foreign Intelligence Service，相當於羅馬尼亞的中央情報局）製作，不像其他十本檔案那樣是由國安局製作。

檔研會的維爾吉柳（Virgiliu）這樣對我說明檔研會和它的檔案的性質：「檔案館不是一間圖書館，一個卷宗的生命也和一本被固定在封面和封底之間的書不同。它的內容不斷變化，有些文件會被辦案軍官或檔案製作者抽掉，所以現有的檔案內容不包括它曾經有過的全部。軍官有自己的詮釋，有一套正當化或合法化自己行動的說詞，但他也承受著來自上層的其他壓力。」這表示，讀自己的檔案時有點像是考古挖掘。你知道你從檔案得到的只是一些碎片，另外還有一些關於不在裡面的東西的線索。另外，檔案會因為編輯它們的軍官和定期剔除它們內容的管理員不同，而有巨大差異。所以一個人的檔案具有相當大的獨特性：這不只是因為它處理的是一個個體，更是因為有好幾位軍官參與同一個案，每人都會以不同的手法對待這個檔案。

＊＊＊

安全檔案最奇怪的特徵之一是化名滿天飛。這是所有情報組織都會做的事：把執行不同任務的小組分隔開，以保護他們的祕密。跟蹤我的人會為我取一個化名，審查我信件的人會取另一個，竊聽我電話或偷聽我在餐廳裡談話的人又取另一個，然後收到這些報告的不同辦案軍官再用另一個化名稱呼我（標靶有時也會以本名出現在檔案裡，調查的早期階段尤其如此）。軍官會根據標靶的特殊之處取化名（例如稱我為「民俗學家」），又或者從名或姓取一個字母或音節，用它來創造一個新的名字。所以，我會被稱為"VERA"（「薇拉」），就是從我的姓Verdery取出Ver，再加一個a。我還被稱為"VIKY"、"VALY"、"KORA"、"KITTY"、"KATY"、"VANESSA"、"VADU"或"VERONA"（最後三個是對外情報中心使用），一共有十個化名。在羅馬尼亞，洗禮時為受洗者命名的人會成為對方的「教父母」。所以，我有那麼多教父母關愛，得到的祝福顯然多別人好幾倍。

除少數例外，打我報告的人也有化名，他們很多和祕密警察見面的地點也是化名。創造線民化名的方法，通常和創造標靶化名一樣。不過如果一個線民只是被用於特殊個案，沒有被吸收和簽署保密誓言，那也許就不會有化名。軍官會用他們的真名，但加上引號以表示他們的線民身分。一般來說，在檔案內沒有用化名的人只有國安局軍官本身（他們被通稱為Secus或securiști，我會交替使用這兩個用語[13]）。檔案因此創造出一個自己的世界，在其中，軍官是「本地人」（natives），因此不需要新的名字，而其他所有人都必需重新受洗[14]。

這個世界的典型特徵是使用異質性的語言，包括把被監視的人稱為「分子」（element）、「標靶」或軍事意義下的「目標」（objective）。一旦國安局有了懷疑一個標靶的充分理由，就會展開全面調查，而一個稱為DUI的特殊種類檔案就會建立起來（DUI意指「資訊追查卷宗」）。我的十一本檔案中有八本分屬兩個DUI檔案，一個是由胡內多阿拉縣建立，一個是克盧日市建立。另外兩本則屬於不同種類的檔案：針對某些「麻煩事」而建立的檔案。這些「麻煩事」可能有關宗教教派、羅馬尼亞的德裔或匈牙利裔少數民族，或者外國學生或研究人員。其中有關美國學者、博士生研究人員和學生的「麻煩事」檔案共有二十六人冊，裡面幾乎包含了所有到過共產主義羅馬尼亞的美國學者，有的人只有幾頁，有的人可多達幾百頁。我在這二十六冊檔案中占了兩大冊，比迄今任何美國學者都多。為什麼會這樣，一些理

13 譯注：下文有時會翻譯為「安全官」。
14 譯注：西方人多是出生不久在受洗時取名字。

由將會在下面看到，其中理由包括我涉嫌從事的間諜活動種類和我待過的地方都比較多。

當我第一次讀到我的巨大檔案時，我感覺自己很重要，但翻過那二十六冊檔案後，我被當頭棒喝。我在研究所所受的訓練完全沒有讓我為此做好準備。幾乎每個學者都被認定是間諜。我唯一的獨特之處就是佔得篇幅特別多。他們很多人被宣告為不受歡迎人物，被拒絕准予再次入境，有時還會被驅逐出境（負責我個案的軍官就是這樣建議）[11]。一個前安全官在二〇一四年向我這樣說明：「那些年有很多外國人來這裡。我們必須弄懂你們在搞什麼。那畢竟是冷戰的年代！」在安全檔案中，我和其他美國人老是被指為「中情局間諜」。由此看來，在國安局的心目中，間諜是西方學者的預設值。

其實，國安局假定我的間諜邪惡分身「薇拉」就是我的「真我」，並不算太離譜。很多大使館人員（特別是政務專員）都跟情報機關有瓜葛，那些到蘇維埃集團的學者可能也是如此（有一位獲得「傅爾布萊特」（Fulbright）獎金的演講者告訴我他就是）。近期研究顯示，很多美國組織（特別是文化組織）都是中情局的代理人。很多被捲入的人都不知道中情局是他們的金主。中情局資助「美國國際開發署」（USAID），又反覆接近準備進行學術交流的學者[12]。雖然有些個別學者抗議這種對待，但最激烈的反對是在二十一世紀初年，當軍方在阿富汗企圖把人類學家整合進「人文環境系統」（Human Terrain System）時，所引發的反彈。

皮爾斯（David Price）探討過許多人類學家被指控當間諜，還有些情報人員用人類學家身分作為掩護[13]。共產國家祕密警察懷疑的，正是這一類的學者與中情局的關聯。他們一再在美國研究人員的檔案中指出：「我們有資料顯示，學術交流計畫中的美國人是中情局的人，而他們的研究計畫是蒐集我國情資總計畫的一部分。」

我們不應該對此感到驚訝：我們自己的情報機構對來自蘇聯集團的學者也是採取完全一樣的假定。一九八三年，一個從美國回國的羅馬尼亞人向他的直屬軍官[16]提到，當時的中情局局長凱西（William Casey）在一次訪談中：

> 呼籲公眾要提防社會主義國家的科學和技術專家，這些人靠著文化和科學交流計畫來到美國的大學、研究機構和其他機構。在中情局看來，這些專家絕大部分都是以刺探技術和科學情報為目的。特別危險的是「傅爾布萊特」獎金得主，他們幾乎無一例外是別有目的。凱西博士代表中情局呼籲大眾避免和這些來自共產國家的專家有密切個人接觸。[14]

15 編按：「人文環境系統」為美國陸軍與準則司令部（United States Army Training and Doctrine Command，簡稱 TRADOC）的一項支援計畫，僱用來自社會科學學科的人員，提供軍事指揮官了解軍隊駐紮地的人口與文化知識。

16 譯注：羅馬尼亞每個機構都有國安局派駐的軍官負責國家安全事宜。

扯平。事實上，一些學者當初之所以要組織IREX交流基金會（贊助我研究的機構），就是為了防止它前身機構的主席用交流活動來促進間諜活動，而不是學術研究。

＊＊＊

讓我看起來像個間諜的理由——亦即，我的邪惡分身之所以看起來就像真正的我的理由——遍布在檔案各處。首先，我在一九七三年來羅馬尼亞時，自稱是個對民俗感興趣的民族學家，而民族誌學是任何有大學學位的羅馬尼亞人都不陌生的學科（大部分在一九七〇年之後受僱的安全官都有大學學位）。在共產政權登場的前幾十年，以及某種程度上在共產政權剛開始時也是如此，羅馬尼亞的民族學家對鄉村地區有第一流的研究。然而，他們使用的方法獨樹一幟，和美國的人類學家判然有別。在進行田野工作時，一隊學者會前往一個村莊待兩星期，每個學者負責調查特定事項（風俗、衣著、民間傳說、儀式、方言等），每人只找幾個村莊中的「專家」查詢。然後他們會把調查成果匯集在一起，合作寫出報告。他們沒有人像我那樣是獨行俠，一個人在一個村莊裡待超過一年。他們沒有人會跟村裡很多人乃至所有人談話，問各種各樣的問題（從村莊在哈布斯堡帝國時期的歷史，到德國人和羅馬尼亞人在一九三〇年代養豬和養牛的方法，再到一九七〇年代的族間通婚）。我會這樣做意味著我已經超出原定的研究計畫，所以讓我看起來更有可能是在撒謊，更有可能是在進行間諜活動而不是民族學研究。不管如何，我所做的事和任何安全官所認得的民族學都沒有多少相似之處。更要命的是，根據羅馬尼亞社會學家格奧爾格（Nicolae Gheorghe）的說法，祕密警察根本就看不出田野研究和間諜活動的分別。他曾花費無數小時向他的國安局直屬軍官解釋這種分別，卻徒勞無功[15]。

其次，我的行為舉止本身就很可疑——至少在我的朋友埃米莉婭（Emilia）看來是這樣。她告訴我，當她在一九九〇年剛認識我的時候，馬上猜我可能是個間諜：「妳穿得好樸素，沒有一種高我們一等的態度。妳的行事風格是要泯滅妳和羅馬尼亞人之間的差異，要淡化這種差異。」簡言之，我的穿著方式被認為是一種掩飾的方法。她後來終於認為我的做法是在設法和村民建立良好關係，但她最初想的是：「她可能是個間諜。妳不像個來自完全不同世界的人，反而看起來是我們其中一人。」她認為我是受過融入人群之中的特別訓練。

我還用其他方式隱藏身分。坐火車時，我常常不會在一開始就透露我的美國人身分，而是會參與其他乘客的談話，直至終於有人問我「妳究竟是哪裡人」為止。這有時讓我可以不用談美國生活的無聊話題，以及讓我知道人們在沒有外國人在場時會談些什麼。我現在了解到，這種隱藏和聆聽讓我非常像一個祕密警察。事實上下文將會提到，國安局軍官會把我的民族誌研究工作和情報工作相提並論。他們認為我是一名間諜，是因為我的做事方式和他們相同。例如，我提到「報導人」[17]時會使用化名，以及我們都會蒐集所有種類的「社會－政治資訊」(socio-political information)，不是只專注在某個特定課題。所以，試問間諜刺探和民族誌研究這兩種不同的資訊蒐集方式差異何在？當我讀到我的檔案中說我「為了情報目的而剝削他人」時，我能否認人類學家不是像國安局軍官一樣常這麼做嗎？這種對我學科的批判，難道不是和殖民主義會受到的批判相同嗎？

事實上，當我讀我的檔案時，我開始感覺我的邪惡分身逐漸佔上了風：我發現自己變成了一個間諜，至少我看得出來為什麼國安局認為我是間諜。當然，我們的目標和方法是不同的，不過閱讀檔案確實讓我開始捫心自問：我是一名間諜嗎？是什麼樣的間諜？我現在和國安局靠得夠近足以讓我查明這些嗎？

＊＊＊

讀自己的安全檔案有何益處？那是一個讓人痛苦的過程，可以毀掉友誼，甚至毀掉婚姻。和我最初的猶豫相同，我要求調閱我的檔案是沒有特殊目的的。我模糊地想過用它來寫些東西，但對於寫什麼沒有清楚概念。在我開始讀檔案之後，眾多向我襲來的反應逐漸融合成一個想法：我可以藉著這些檔案，同時了解共產主義政權與在其中被監視的經驗。我的檔案將會幫助我重新捕捉我在羅馬尼亞的歷史，而透過這段歷史，我可以靠近上述兩個比較大的課題。

描述被監視的經過也讓我可以探索，監視會如何影響我們對另一種生活方式的瞭解過程，也就是說會如何影響民族誌的研究過程。我的檔案引出的問題是祕密警察的身影和干涉對研究過程產生什麼衝擊？在一種冷戰的氣候中，一個人要如何和「另一個人」協商出一種關係？雖然當時我沒有充分意識到，但不間斷的監視大大地改變田野研究的地形，因為田野研究非常依賴「信任」這種脆弱的關係。雖然沒有信任仍有可能進行民族誌研究，但我們最好的作品都少不了信任關係。在監視的脈絡中，恆常的不信任和懷疑會腐蝕掉信賴。每一次與別人談話，都會有個通常隱藏的第三者從中作梗，而這個第三者，是我最初幾乎沒有察覺也無法發展關係的人，也就是國安局官員。這個第三者會影響一切關係，對新關係不斷施壓，讓每一段新關係重心偏移，一如外遇會讓一個人的婚姻失去重心。有時這隱藏的第三者真的會找上我的訪談對

17 譯注：人類學家把向他們提供資訊的在地人稱為報導人。

象[18]，有時他（極少是「她」[19]）沒有現身，而只作為一種會讓他們心生恐懼的潛在可能[20]。他可以造謠破壞別人對我的觀感或破壞他們的安全感，因而摧毀我與他人建立關係的可能性。透過強調這一點，我可以用我的檔案把全球的權力關係帶到田野互動的親密領域，讓原本主要聚焦於人際協商和對話的一種特定人類學風格，變得複雜一點[16]。

保密與國家

要掌握另一種生活方式本來就不容易，但在充滿遮掩的環境中又更是如此。在祕密和謊言瀰漫的環境中進行的田野工作會是什麼模樣？遮掩的文化和機制會如何影響我與我的研究、我的書寫和我的關係[17]？在美國，坦率透明（transparency）的觀念在我們對個人行為的想法上占有一席根本性的重要地位，在我們對民主實務的觀念上也是如此（雖然很可惜的，不是在民主行為本身）。這讓我在充滿祕密的森林中特別寸步難行，因為那時候我是對「實話實說」的行為未做太多反省的信徒。

保密是國安局活動的基本培養基（essential medium）。在一九八〇年代西奧塞古和共產黨的「英明領導」下，它也瀰漫在羅馬尼亞各領域。當時，獨裁政府立法禁止人民洩露「國家機密」，但又幾乎沒有指明哪些事情是機密。用哲學家基拉伊（István Király）的話來說，透過把國家機密弄成一種抽象事物，法律「讓機密的範疇以在其他環境中無法想像的方式大肆增殖。」[18] 這在國安局特別是如此，因為很多軍官的身分和工作都是祕密，唯一知道者是被他們吸收的線民，而這些人又被命令不得洩露他們所知道的。因為國安局軍官假定我的真正目的是隱藏起來的，為了查出這些目的，他們本身也必須隱藏起來。他們也對其他隱藏起來的東西癡迷：例如，我的跟蹤者在報告中總是不忘提起我提著袋子或包包。這是因為包包或袋子可以用來藏東西，而他們渴望知道我藏了些什麼東西。另外，他們對於無法打開我的上鎖行李箱、揭發裡面的祕密內容感到沮喪。

但有監視活動存在本身不是祕密。它人盡皆知，至少是在理論上知道。克里斯蒂娜・瓦圖萊斯庫（Cristina Vatulescu）指出，祕密在蘇聯已經變成一種景觀，由內務人民委員部

18 譯注：找他們當線民或盤問。
19 譯注：指極少祕密警察是女性。
20 譯注：指作者的受訪者會因為唯恐有祕密警察監視而心生恐懼。

／格別烏[21]細心擺設，供大眾膜拜。在「作秀式的審判」（show trials）[22]中，人們可以看見一大疊的警察卷宗放在桌子上，以象徵它們埋藏的祕密[19]。我檔案中的大部分文件右上角都有STRICT SECRET字樣，以示為「最高機密」（較低級別的「機密」字樣極其少見）。這表示它們確實是機密文件嗎？或表示它們是象徵機密的擺設？還是說它們就像一個地點和日期的印戳那樣，只是這類文件的例行標記？

我將要描寫的保密現象滲透整個羅馬尼亞，但它是扎根在一個具體的社會地點：由羅馬尼亞共產黨占據的國家機器。使用「國家」這個字眼就是進入一個概念雷區，而我將不企圖清理這個雷區。我只會攤開我的一些工作假設（working assumptions）。「國家」一詞意指某種有組織、地域和意識形態層面的東西。一方面，它有物質性的存在，這表現在建築物、立法機構和官僚體系，而這一切都和具體的領土相關。另一方面，它裡面的群體所進行的廣泛意識形態工作會創造出一種印象，讓人覺得國家是一個真正的行動者，會「做」事情。一個更加有用的方法是把國家視為一種虛構、一種想像物，可以提供統一行動的表象。社會學家布迪厄（Pierre Bourdieu）給國家下定義時，首先是說國家擁有對合法的身體暴力和象徵性暴力的壟斷權，然後又說國家是「一種正統的原則，一種對世界意義的共識」，是「一種集體的虛構和根深蒂固的錯覺」，其最基本的功能之一是「產生和聖化社會的階級分化」。他指出，人民被國家編碼，由此產生出合法的身分[20]。社會學家阿布拉姆斯（Philip Abrams）有著相同思路，他追隨傅柯（Foucault）的見解，把國家看成「一種意識形態的力量」、「一種想像性的建構」。因為它並不存在，所以「我們把它當做一種事物來研究的努力，只會助長一種錯覺的持續……國家不是站在政治實踐的面具背後的真實（reality）。它本身就是阻止我們按照政治實踐原樣去看待政治實踐的面具。」[21]如果讀者對這些觀念感到抗拒，只證明了國家主義的意識形態有多麼巨大。

保密（Secrecy，我在《祕密與真相》中對此有更長篇的探討）是這些遮蔽過程（masking processes）的基本要素。隨著安全至上國家（security state）的出現，和對公民的廣泛電子監視，保密在國家實務中的地位於西方國家獲得增值。那讓原先從歷史和比較層面出發，關注於國家安全的人類學研究變得欣欣向榮，並跟早期有關保密的討論、和從一九八〇年代開始興盛的國家人類學（anthropology of the state）攜手並進。阿布拉姆斯簡潔地說出這種關連性：「真正的官方祕密就是……國家並不存在。」[22]保密因此服務了「國家」，它協助創造「國

21 譯注：內務人民委員部是蘇聯政治警察機構，為格別烏的前身。

22 譯注：史達林對政敵的審判被稱為「作秀式審判」，因為判決都是提前確定，並透過拷打、威脅被害人及其家屬方式正當化罪名。

家」的錯覺。這種說法非常適用於描述國安局的工作，因為它是靠著遮蔽實際的情況而發達繁榮。國安局雖然被賦予評估客觀威脅的責任，但卻經常創造出具有「高度臆測性的隱蔽危險」，把一些無足輕重的人物說成是「全球陰謀的有力推手」，這就讓祕密警察的存在變得必要，也讓他們擁有更大的權力[23]。

如果保密工作一方面很明顯易見，但又是一種和隱藏祕密有關的工作，那便經常會需要讓那些處理祕密的人是隱形的。國安局的任務是阻遏敵人（包括我們這些外國人），是揭發敵人的祕密但又不讓自己被看見。為達這個目的，他們吸收線民來幫助他們揭發標靶的基本祕密——他或她是否是敵人，是敵人的話又是如何從事他們的邪惡工作？但在實踐上，他們假定外國研究人員都是敵人這件事對他們而言不是祕密。相反地，對我來說，我被一大群線民和許多處理我案子的軍官追蹤過卻是祕密。對我而言最高的祕密便是最基本的祕密，即追蹤我的人的身分：他們是誰？他們（如果是軍官的話）長什麼樣子？他們的聲音如何？我哪些朋友可能會向國安局報告我的活動？這些人之中誰是純粹出於好奇或好玩，又有誰是受到脅迫？在我從事田野工作期間，又特別是在一九七〇年代，我極少想這些問題，理由有三。首先，不斷想著誰可信任、誰不可信任的問題會讓人不可能工作。其次，我絕對低估我的受監視程度。第三，我以為我可以透過坦率透明和光明正大贏得國安局的信任。這是何等

國安局的監視照片：提著大包小包的「薇拉」，一九八五年。檔研會資訊組提供。

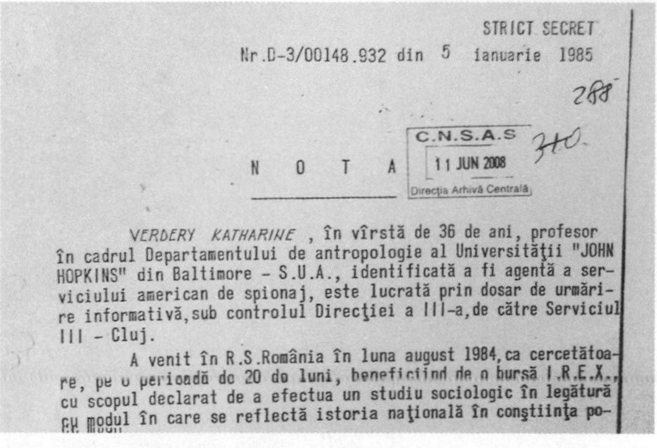

STRICT SECRET

Nr.D-3/00148.932 din 5 ianuarie 1985

288

C.N.S.A.S
11 JUN 2008
Direcţia Arhivă Centrală

310

N O T A

VERDERY KATHARINE , în vîrstă de 36 de ani, profesor în cadrul Departamentului de antropologie al Universităţii "JOHN HOPKINS" din Baltimore - S.U.A., identificată a fi agentă a serviciului american de spionaj, este lucrată prin dosar de urmărire informativă, sub controlul Direcţiei a III-a, de către Serviciul III - Cluj.

A venit în R.S.România în luna august 1984, ca cercetătoare, pe o perioadă de 20 de luni, beneficiind de o bursă I.R.E.X., cu scopul declarat de a efectua un studiu sociologic în legătură cu modul în care se reflectă istoria naţională în conştiinţa po-

建議把作者驅逐出境的最高機密文件，一九八五年。檔研會資訊組提供。

愚蠢和天真！我又是何等的我族中心，竟然幻想坦率透明會被一個共產主義的情報機構視為優點！我知道得何其少。

於是，我在被祕密包圍的情況下工作，許多祕密包含在我的檔案裡。然而，祕密的命運會因為你接近它的方式不同而異。有些人認為祕密存在於表面之下，需要透過保密和揭發的辯證來挖掘。這些人會閱讀檔案（和我這本書）來揭發祕密及其內容。其他人則不認為有位於表面底下的祕密真相可供揭發，有的只是一個碎片的集合，而這些碎片太碎散，不可能讓人讀出祕密。我擁有可揭發的祕密嗎，還是只擁有我賴以撰寫這部書的一連串小碎片（它們的「碎」反映在我檔案的構成上）？

身分

從事田野的人類學家扮演著類似「外國遊人」（foreign visitor）的角色。我們去到某個地方（通常是有別於自己國家的地方），和新認識的人互動，設法了解他們是如何看待世界和如何在世界中行動。在這個過程中，我們給他們帶來挑戰：他們要搞懂我們是什麼人、正在做什麼。這當中有很大的空間，足以相互創造身分。有時我們會被視為設法遊說在地人皈依的傳教士，有時會被視為盜獵他們神聖知識的人。在很多地方，我們被視為間諜，並因為這個原因遭到監視[24]。

如果說我的檔案編派給我很多身分（其中之一是間諜），那國安局並不是唯一的始作俑者。我遇到的羅馬尼亞人也會為我創造身分。例如，有一天我到布加勒斯特的大學圖書館看書。圖書管理員在報告上[23]除了列出我借了哪些書外，還附帶說我是「出生在一個匈牙利裔與猶太裔家庭」（這自然讓在英法新教徒家庭出生的我大感意外）。雖然國安局把我描繪為一個敵人，但在我住過的村鎮，很多羅馬尼亞人漸漸把我看成是朋友，或至少認為我不太有傷害性。有些人把我看成地方爭吵的源頭，或外國貨的來源（意思是我可以帶給他們優質咖啡、藍色牛仔褲、健牌香菸（Kent cigarettes），甚至美元）。在我拿到博士學位之後，還有些人視我為「教授女士」，也就是擁有尊貴頭銜因此難以親近的人。不過也有人把我當成親人對待，這是我所得到最珍貴的身分，也因為這個緣故，我時至今日還會不時回到奧萊爾．弗拉伊庫村，我是要回去探親。

23 譯注：寫給國安局的報告。

某種意義上，我們所有人都會因為我們遇到的人而增加多重身分，我們遇到的人會創造出不同版本的我們，很可能和我們自己的版本不太相像。雖然這種現象具有普世性，但它在跨過重大文化界線時特別強烈。當一個人從一個文化傳統，進入另一個非常不同的文化傳統（這是人類學家的家常便飯），又尤其是這條界線具有濃濃政治性時，這種情形尤為突出。那麼，我為什麼還要對我被假定的間諜身分大驚小怪？

大部分的人類學家，和我們這些從一九六〇年至一九八九年之間，在鐵幕背後做田野工作的人類學家有極大差異，而這個差異是由冷戰這個重要的原因所造成。冷戰環境要求美國人一定要反共、要表現得反共。它塑造在共產國家工作的人類學家的身分，把我們拉到兩大超級強權對峙的核心，讓我們在雙方情報機構的眼中看來都是間諜。在這種環境下，任何行為都不會被按照一般方法詮釋，而是會依據非常不同的方法。阿薩德（Talas Asad）[24]曾經主張，因為國家安全政策讓一系列社會行為變得具有潛在可疑性，所有行為都變成一種可能的意符（sign）。如此，「日常生活變成一種追尋危險的隱藏意義的領域。」[25]我相信，這段話對冷戰期間在其他地域工作的人類學家而言並不適用，或沒那麼適用。

而結果就是，在共產國家進行田野工作的研究者會被直接塞入全球脈絡，讓他們每個行為得到一種在別的地方不會得到的意義。一位在「鐵幕背後」工作的人類學家是一個全球政治力量的交會點，任何她所做的事都能按照這種方式來詮釋。舉一個瑣碎的例子：一九八八年，一名布加勒斯特的安全官得知我打電話到克盧日市之後，認定我是打給一位叫多伊娜·科尼亞（Doina Cornea）的女人：她是當時屈指可數的知名羅馬尼亞異議分子之一。在那名軍官看來，一個有中情局特務嫌疑的人自然會想要和多伊娜·科尼亞聯絡（我至今不認識她），其實我當時打電話是要找一位歷史學家同仁聊天。但是那名軍官的假設，卻把我的友善電話轉化為一個政治可疑的行為。

除卻冷戰背景，在蘇聯集團國家從事田野的人類學家，相較於在其他地方的人類學家所獲得的身分還有另一項重要區別：共產黨祕密警察本身擅於進行身分創造（identity-creation）的工作到不同尋常的程度。他們創造的分身擁有一致性，並經過一定程度的精細化。那些分身作為勞動密集的產物，相較於其他地區的研究員因為被懷疑是傳教士或其他人物而被賦予的身分都來的強大。因此，儘管所有人類學家在某種程度上都被我們的工作環境所「塑造」（produced），但那些年在蘇聯集團從事研究的我們比起大多數人，被「塑造」更為徹底。

* * *

24 譯注：沙烏地阿拉伯裔美國文化人類學家。

當一個美國出版商找上佛洛伊德，表示想要出版他的自傳時，據說佛洛伊德這樣回答：「讓所有自傳一文不值的是它們的不實。」「不實」當然正是我這本書的特徵之一（雖然我這裡所說的不實，不完全是佛洛伊德意義下的「不實」），因為它是根據我的檔案寫成，而我的檔案是國安局所虛構的。在我看來，寫這本書的挑戰是找到虛構與事實的中間位置。我的其中的一個「不實」，是我經常會用引號標出別人的話，這些話我並沒有錄音（在高度被監視的羅馬尼亞社會中，很多人對於被錄音很反感），所以我提供的不是原話，只是近似的對話。

我的另一個不實是我決定不透露大部分被我提到的人的身分。有些是應他們的要求，其他則是我認為他們會希望這樣，或者是出於我的專業倫理。所以，就像國安局的做法，我被迫給朋友、線民和我訪談過的軍官取化名，隱藏他們的底細，而對打過我報告的人尤其如此。如此一來，我便要為取什麼樣的化名傷腦筋。我不能直接沿用我檔案中使用的化名，因為至少有些研究人員和前安全官會認得這些化名，所以我得創造新的。提到線民或祕密警察時，我採取安全官的做法，給化名加上引號。在另一些情況，我會在一個名字第一次被提到時在後面加上星號，以表示它是一個化名。對一些朋友，我直接用他們的名字而不加上特殊的標點符號——我是得到他們的批准才這樣做。然後還有檔案中順帶提到的人物名字，這些名字以姓名首字母表示。在少數情況，我的虛構會延伸至當事人的生活背景，這讓我在各方面都成了像祕密警察一樣的造物主。這雖然有點令人煩惱，但卻是必要的。

＊＊＊

身分的問題也以另一種方式進入這個故事，這和我們進行田野調查的方式有關。田野調查常常涵蓋一種向童年的倒退，特別是在調查剛開始時。當人類學家去到一個陌生的地方，他們會發現自己就像兒童一樣，對怎樣在社會中生活必須從頭學起：他們語言不靈光、他們對象徵語言（language of symbols）的掌控充其量是粗淺的、他們不知道正確行為的規則，也還沒建立可以幫助他們應付日常生活的社會聯盟體系。成年人類學家這種準襁褓化（quasi-infantilization）的狀態，可能會使我們容易陷入各種退化形式中（我的情況就是這樣），改變「我們是誰」的知覺。

有一件事大概與此有關：雖然田野工作經常很困難，一般時候我卻覺得它令人振奮。這部分是因為在做田野時，我感覺自己不像平日那麼受到人格個性的約束。除了身在異地讓我興奮以外，我就像許多遠離家鄉的外國人般，會做一些平常不會做的事、有一些平常不會有的感知。我會帶著一顆孩子的心去接近別人，對一個又一個人感到癡迷，情感界線變得比平時薄弱。我培養出一個「內在的羅馬尼亞人」（Inner Romanian）（我自己創造的邪惡分身？）她喜歡跨過界線，以我平常禁止自己越界的方式。田野情境中有些成分讓我比平常更容易接受別人，就像有些人顯然也更容易接受我。這部分反映在我們對彼此感興趣這件事上，我們都想從對方身上得到東西（例如資訊、西方商品和人脈關係），而相互喜歡可以促進我們得到這些東西。

因此，本書一個適切的主題，是有關束縛著我，並且與國安局軍官和其他我遇到的羅馬尼亞人同行、持續不斷被重塑的多重身分。這個主題在我書寫的形式中延續，而我有時也會創造分身，把我現在的敘事聲音和從前做田野工作的我、那個「凱絲」（Kathy）分離開來[25]——通常是當「她」正做著一些「我」不喜歡的事情時。這種角色的滋生正符合我檔案的虛構性，安全官們在檔案中用片片段段的證據拼湊出一種意識，然後把這種意識賦予給我，讓我成為他們的角色。在日後，他們會有一個和他們的創造物四目相對的「比馬龍」時刻（"Pygmalion" moment）嗎[26]？

如果說國安局創造的身分在這個故事中佔了主導地位，那是因為它們影響了我很多其他身分，也因為國安局為它們留下了更豐富的證據。另外，也是國安局的檔案刺激我重新省思我在羅馬尼亞的整段歷史，檔案提供我這樣做的基礎。因為記憶力欠佳和缺少田野日記，能提醒我在羅馬尼亞做過些什麼和我是誰的只有這部檔案、我的田野筆記（內容主要是我訪談了誰和讀過什麼）和一些書信。現在，我的檔案（以及編纂它的國安局軍官視角）大大左右了我的記憶。所以，這本書並不真正是「我」的書；與其說是我的，毋寧說是我們的。有時我在談到自己時甚至會用第三人稱，以突出安全官們的視角和他們作為共同作者的地位。由於這樣的緣故，這是一部有許多聲音的作品，同時隱含質疑單一作者或一部回憶錄的概念。

如果說身分是本書的主題之一，那麼保密就是另一個主題。它是我的全部努力的前提。沒有保密就不會有檔案，不會有邪惡分身，不會有被出賣的可能性，不會有被揭發的前景。是什麼樣的祕密主導著這趟書寫，它們要怎樣才能被揭發出來？這些祕密和我為什麼沒有被驅逐出境有關嗎（既然有好幾份文件都建議驅逐我）？和我被視為危險人物的理由有關嗎？這些祕密和揭發隱祕的祕密警察有關嗎？還是它們在我終於開始對我的田野經驗進行人類學研究時，與我得到始料未及的發現有關？

＊＊＊

25 譯注：作者的暱稱，以下用來指她在一九七〇年代從事田野工作時的自己。

26 譯注：比馬龍為古希臘神話中的雕刻家，他根據自己心中理想的女性形象創作出一個象牙雕像，卻不意愛上了它。愛神同情他，賦予了雕像生命。所以「比馬龍時刻」指和自己活起來的作品面對面的時刻。

在羅馬尼亞做研究的美國學者中，幾乎人人都被建了檔，而且喜歡搞笑地互相比較檔案大小。有自己的檔案讓我們覺得自己重要。然而在開完玩笑之後，我們就得面對檔案為我們創造的各個不同自我，想辦法和它們相處。賈頓艾許（Timothy Garton Ash）[27]在讀了東德國家安全部（「史塔西」Stasi）為他建的檔案後，納悶自己是否真的就是被他們稱為「羅密歐」的那個人，是否真的那麼笨手笨腳、自命不凡和勢利眼[26]。讀國安局的資料有點像是進入社交媒體，資料像雲一樣環繞著我旋轉，塑造我的形象，但這些形象和我對自己的觀感沒有多少共通處。

我的檔案交給我的一項任務，就是更好去了解檔案把我塑造成怎樣的一個人，去稍微親近我的邪惡分身，好讓她不再是個邪惡孿生子。另一項任務是利用我和檔案的接觸，去揭發更多國安局的運作方式（我們對它本來只有相當單一的觀點），以及更加揭露共產主義的運作方式。這個目標也和回憶錄的文類抵觸。老實說，我並不知道這本書屬於什麼文類，因為它是有關我的人生的一部分。它算是某種回憶錄，但其中也包含研究結果，這些研究有一部分是針對我自己，是把民族學家的方法應用在我的經驗上。雖然如此一來，這會讓本書成為一種「自我民族誌」(autoethnography)，但其中許多研究也是關於其他人，例如關於祕密警察和線民[27]。由於這本書試圖把兩個通常是分開處理的目標放在一起，即分析社會主義底下的監視，和講述該種監視對象之一的人生故事，它成為一個混種類型的作品。它對祕密警察採取的進路不同於我前一本書《祕密與真相》，後者附有大量的學術註腳。這一部比較感性，儘管它也有一些事實性主張。

所以在以下篇幅中，我將會回顧我作為一名研究者被監視的過程。這過程把我分裂為一系列分身，有些分身是由祕密警察創造，有些是我的訪談對象和我自己所創造。在當時，我並沒有特別意識到這一點，我最沒有想到的就是「我的身分」和那些我研究的人們的關係。一九七〇年代的人類學不習慣多想這種事，而且不管如何，我的學術興趣更多是在政治和經濟，不在「每個人都在觀察別人、每個人都在為別人是誰創造假說」這樣的事實上。我理論上知道國安局對我也對其他人感興趣，但在最初，我對於我被監視的程度有多全面沒有概念。我當時完全服膺於坦率透明的美國價值觀，後來才逐漸明白，我賣力表現的老實被認為是在隱瞞什麼。

所以，以下會講述一個未經世故的年輕學者，最初是如何體驗共產主義的羅馬尼亞，如何試圖在一個充滿祕密和捏造的地方進行研究；會講述她在最剛開始與保密的文化和機制

27 譯注：牛津大學歷史學教授，在中東歐史研究領域有知名地位。

之間的糾葛，如何影響她接下來十六年和更後來的工作方向；會講述當她意識到這個事實時，她對自己成就的觀感如何改變，以及她怎麼去評估她與他人之間的關係。漸漸地，她看出她並不是一個獨行俠式的研究者，而是總有一個祕密身影尾隨著她，設法破壞她建立的信賴關係，設法揭發她的祕密——一如她嘗試要揭發共產主義國家生活的祕密。

與此同時，這個故事也是關於國安局的軍官——他們是羅馬尼亞國家的左右手，專門負責監視內外之間（即「朋友」與「敵人」之間）的界線。國安局軍官是如何做他們的工作，以及如何想像他們監視的敵人。在這個過程中，他們執行了創造人類（creating human beings）的國家工作——用哈金（Ian Hacking）的話來說，就是「以類造人」（making up people），包括創造國家的敵人[28]。有關祕密警察的想像是多重的；組織並不是按照一個單一大敘事運作，組織本身就分裂四散在各個地點和時間，並因為它習慣區隔監視單位，而造成自身的碎散。探索這些檔案有助於瓦解國安局嚴密整合、「渾然一體」的形象，而在這過程中，我也可以把那些構成我自己身分的碎片聚攏起來。

第一部分：被監視下的研究工作

第一章　一九七〇年代：作為軍事間諜的「民俗學家」

被響尾蛇咬穩死，
騎莫爾巴死得更穩。

——羅馬尼亞人對「莫爾巴」摩托車的調侃

正如早前提過，祕密檔案的日期先後順序毫無章法，記錄著我第一次跨過邊界進入羅馬尼亞的文件，頁碼是在第二三四頁。文件上說，我拿著遊客簽證在一九七三年七月二十二日入境，將會在讓妮・瓊利納太太（Mrs. Jana Cionila）家住一個月（她是我在史丹佛羅馬尼亞語家教老師的媽媽）。期間我將會拿到一年的研究簽證。然後我會搬去一個田野地點，接著再回布加勒斯特進行進一步的準備，最終在十一月安頓在某個村莊。雖然這段期間國安局在我四周進行了大量的活動，但直到一九七四年三月，也就是我到達羅馬尼亞的八個月後，他們對我的監視檔案才正式建立起來。對此，我的倒楣摩托車之旅貢獻匪淺。

到達與誤闖

抵達布加勒斯特

我是從希臘和保加利亞坐火車前往羅馬尼亞，途中在索菲亞停留了幾小時，等待前往布加勒斯特的接駁火車。利用這個空檔，我和一位在火車上和我坐同一個包廂的開朗利比亞人在城中到處逛。我們也坐在公園裡，看祖母們在照顧孫子女，孫子女的父母們都上班去了。夜幕低垂後，我們站在月臺上等待。突然間，一個火車頭幾乎無聲地開入火車站，後面拖著一長串火車廂。火車頭上的標識牌用大大的西里爾字母寫著「莫斯科」幾個字。我不禁打了一個冷顫，直到此時我才意識到，自己將會坐上一列火車，朝蘇聯帝國的腹地而去。我至今仍記得那種感覺：那是出自我從小受的冷戰教育，一個發自肺腑的表現。

值得在此重申的是，我對我將要去的國家相當無知，而這部分也拜冷戰所賜。在我的學術領域，完全沒有有關羅馬尼亞的英語文獻，幾乎從來沒有操英語的人類學家在那裡工作過。我讀過幾本寫於一九三〇年代的法語著作（時隔四十年後對我有一點幫助），也讀過羅馬尼亞社會學家塞尼亞（Mihail Cernea）用法語和英語所寫的少許文章。但在當時，我的羅馬尼亞語還沒好到可以讀懂用該語言寫成的著作。我幾乎是一塊白板。

讓妮・瓊利納帶著一大束花來迎接我，把我帶到她的小公寓（一個沒隔間的空間，裡面擠滿傢具和小玩意兒）。她以機關槍似的羅馬尼亞語嘰嘰喳喳，我卻幾乎一個字都聽不懂。她是個小塊頭，身材圓胖、有一頭短白髮，咧嘴笑時會閃現一顆金牙。後來我努力逗她笑，好多看看她的金牙。倘若沒有她的熱情歡迎，我會更加孤苦，因為我在這個可怕的異國裡不認識半個人。

過不了多久，我就對自己的身分進行實驗，像國安局後來對我做的那樣為自己創造分身。在布加勒斯特，我在讓妮的建議和其他兩三個人的附議下，決定假裝已婚。這樣做可以幫我擋開一些我不想要的注意（火車上的驗票員已經對我獻殷勤）。我當時的伴侶、人類學家比爾・施堅雅[1]（Bill Skinner，以下簡稱Wm[2]）打算來探望我，到時向別人介紹說他是我丈夫會讓我們更方便。讓妮有好些結婚戒指（這是她的「儲蓄計畫」的一部分），而她樂於借我一枚。我將會一路戴著戒指回到美國，再將戒指交給她在史丹佛的女兒。我慢慢發現，羅馬尼亞人（又特別是羅馬尼亞男人）對未婚的年輕女子和已婚的年輕女子有著截然不同的態度。看來已婚的身分可以讓一名年輕女子變得更有分量，而我發現我很喜歡自己有分量。唯一的麻煩是我的結婚戒指尺寸太大，常常滑脫讓我穿幫。

給Wm的信，一九七三年九月

吃晚餐時我突然意識到（大概是因為假扮已婚的關係）我自視為一個婦人多於一個女孩。但這更多是有關我的自我觀感，而不是客觀行為。我感覺自己擁有一種平等的地位，而不是低人一等，特別是和男人相比的時候。[1]

如果說，身處在羅馬尼亞的經驗包括我接下來會在國安局眼中「變成」一個間諜，那麼在那之前，我的身分已經處於流變之中。

還有另一個造成我新的自我觀感的因素：身高。在當時，我是一六三公分，在美國的

1　編按：施堅雅（G. William Skinner），美國人類學家與漢學家，以統計人類學與亞洲人家族體系為專長領域，重要著作包含《中國農村的市場和社會結構》、《中華帝國晚期的城市》等。

2　譯注：Wm是William（威廉）的縮寫。William是Bill的變體。

同齡女生中略矮。但在羅馬尼亞，男女的平均身高都比美國矮上一些（毫無疑問，這是由於二戰期間和之後的營養不良所導致）。現在我的身高相對較高，而這影響我如何去感覺我與別人的關係。我現在可以平視別人，甚至俯視他們，這讓我在社會互動中占有一些優勢。我感覺自己更有地位，更加像個「大人」（我一直努力想變成大人）。回國後我很難過，我又變矮了。

軍官對線民報告所寫的批註（一九七四年）：她與美國大使館連繫的某些方面，激起特殊行動的興趣。給線民的指令：注意她在做些什麼，特別是在大使館的支持下所做的事。

我的 IREX 交流獎金部分是透過布加勒斯特的美國大使館發放，這讓我享受某些特權（最重要的是可以從一家免稅商店訂貨和利用外交郵袋寄信），還讓我和大使館人員（特別是文化專員和政務專員）建立交情。「傅爾布萊特」學人與大使館的聯繫，甚至比我們 IREX 的得獎人更強。就像其他得獎人那樣，我沒有多想就直接接受這種安排。不過不奇怪的是，我將會從我的檔案得知，我與大使館的這種關係引起了國安局的懷疑。你們會問，我怎麼會沒有料到呢？首先是因為我從沒有多想國安局會如何看事情。其次，我八成認為他們知道我們的安排，因為我們的獎金是得到羅馬尼亞政府機構的同意（事實上，負責我案子的軍官在他的報告裡有提到這些機構）。

克盧日市的祕密警察將會認為，我偶爾跟來到克盧日市的大使館人員碰面這點非常可疑，其實我是要託他們把我的田野筆記帶回布加勒斯特郵寄，這可以省掉我為了郵寄而每個月往返布加勒斯特兩次的行程。其中一位文化專員是我的大學同班同學梅蕊・布洛克爾（Merrie Blocker），另一位是琪琪・芒西（Kiki Murshi），她是個了不起的女人，我們至今仍然有通信。這些關係總是讓人感到愉快，也非常有幫助。雖然現在回想起當時我竟然沒有質疑這種安排時，我也覺得很奇怪，因為我現在已經知道，當時就是這種安排讓我被加強監視。但總體而言，我和大使館的關聯是有益的，而我也把它視為是交流獎金得主理所當然的情況。

我懷疑讓我沒有多想這些安排的另一個理由，是我的研究所教育有短板——不管是它本身的不足，還是我對它的吸收有所不足。早在一九一九年，著名人類學家鮑亞士（Franz Boas）就以「作為間諜的科學家」為題向《國家》雜誌投書，提出一個先知性的警告，要人類學切忌和國家權力掛鉤。他寫道：「一個人如果利用科學作為政治間諜活動的掩護，如果他表面上請求一個外國政府為他的研究提供幫忙，但暗地裡卻另有目的……那麼這個人就不配被稱為科學家。」[2]雖然他的話被當作耳邊風，但人類學後來的歷史，就包含了好幾次人們對人類學為政治服務的批判，包括一九六〇年代對人類學家在東南亞所作所為的憤怒[3]。我在讀鮑亞士文章時，沒有把它當一回事，因為我並不打算像一些人類學家那樣為中情局工作。除了比爾・施堅雅以外，我其他研究所導師對羅馬尼亞田野工作環境都知道得太少，無法提供我忠告。施堅雅在毛澤東時期的中國做研究時，所有田野筆記都被沒收，這讓我學會將我的田野筆記製作成好幾份，放在不同地方，並且定期透過外交郵袋寄回國。不過，無論是因為天真或是自負，我仍然沒有逃出監視的魔掌。

* * *

雖然本書的主要內容是講述國安局，有關國安局的機器（apparatus）和保密文化，如何形塑我和我的工作，但我應該首先介紹一些讓我在羅馬尼亞的生活過得愉快的朋友。他們大部分都和我被監視這件事有些關係，即便有的關係只在他們聽說我考慮寫這本書時有的反應。我先從西爾維婭（Silvia）和瑪麗娜（Marina）說起。

我在羅馬尼亞第一個星期的週末，大使館負責照應IREX獎金得主的員工安潔拉（Angela）邀請我跟她和她的一票朋友到黑海去玩。她們固定班底的其中一人最近退出了，所以有多餘的床位，需要人分攤費用。連我在內一共是七個人，其中兩個就是西爾維婭和瑪麗娜，她們至今仍然是我的好朋友。我們在黑海享受了一系列的冒險活動，包括每日想辦法掩護我進出飯店而不被櫃檯人員看見（如果他們向我要身分證明文件、看了我的護照，就會向我額外收費）。這是我偶爾會習慣隱藏美國人身分和假裝是羅馬尼亞人的開始。

瑪麗娜是徹頭徹尾的時髦專家，她穿戴考究，總是注意巴黎時裝雜誌。她也是非常有天分的裁縫（正職是藝術老師），那一年她為我做了好幾套很棒的洋裝。在一九九〇年出逃到美國之後，她的天分幫助她從人賣場的成衣區裁縫

發現有衛生紙可買而喜孜孜的西爾維婭。Silvia Colfescu 提供。

變成了薩克斯第五大道[3]的頂級採購員。我和西爾維婭的友誼（她也是藝術老師）在瑪麗娜去國之後變得更堅定。每次我到布加勒斯特，她和丈夫就會開車來接我，我們不再是泛泛之交。另外，她為我寫的東西做了很多寶貴的事實查核，又以化名的方式出現在本書中。她有著一張小精靈似的臉和尖銳而風趣的幽默感，是個有天分的說故事人，二十五年來她用各種故事來娛樂我。她的一些故事出版成書，包括《神奇大媽》（*Mătuşi minunate*），內容講述她出身的舊特權階級命運——他們在出獄後學會為共產主義企業粉刷暖氣管油漆。

從這兩個朋友身上，我明白了羅馬尼亞人是如何保護自己不讓國安局盯上，並且不怕私自接觸外國人。基本上除非主動向警察報告，否則羅馬尼亞人和外國人接觸是違法的（不過我認識的羅馬尼亞人很少人理會這條法律）。在一九七〇年代，每逢我從鄉村地區返回布加勒斯特，瑪麗娜就會邀我在星期六到她家和其他人共進晚餐。不過她交代我坐車到離她家幾條街之前就好，剩下的路用走的（國安局沒有被騙到）。在布加勒斯特，我從不會在飯店房間打電話，而是一律使用公共電話。不過我後來在我的檔案裡發現，公共電話一樣受到密切監控。當我們聚在一起時，她們會把電視或留聲機開到非常大聲，讓偷聽的國安局軍官不可能聽見我們在說什麼。我的文件顯示這一招是成功的，不幸的是，因為我的羅馬尼亞語起初只有幼兒院級，所以這招也讓我根本聽不懂大家在說什麼。不過這帶給我的訊息是清楚的：我的新朋友們的行為舉止，就像是有一個看不見、不受歡迎的第三者加入了我們的聚會。

雖然受到這種教育，我現在回想起來還是很驚訝。當時的我就像其他交流獎金得主一樣，對大使館人員的提醒充耳不聞。大使館人員提醒我們有可能會受到眾多不同的人員監視，而我們認為他們疑神疑鬼，是相信陰謀和監視無所不在的冷戰心態作祟。我相當自以為是地認定那是出於恐共症的誇大，並且嗤之以鼻。雖然我的研究主題不是有關共產主義，但我和一些其他得獎人都有把握，我們的工作也許會改變美國人對共產體制的理解方式，創造出一種較合乎現實和較不疑神疑鬼的觀點。但我在多年後讀到的檔案表明——借莉莉．湯琳（Lily Tomlin）一句話來說——不管我們疑心病有多重，其實都還不夠[4]。

米哈伊．波普教授

我從黑海回來之後，便去見那個將會是我的研究指導的人：米哈伊．波普教授（Professor Mihai Pop）。波普教授身形魁武、留著帥氣的波浪形白髮，他帶著厚重的黑眼鏡並有著幾乎長駐的笑容。他是羅馬尼亞最知名的民俗學和民族誌學專家。他是為了幫 IREX 主席卡索夫

3 譯注：Saks Fifth Avenue，一家美國奢侈品連鎖百貨公司。

（Allen Kassof）的忙才答應收我，因為儘管美國方把我的計畫書評為第一名，羅馬尼亞方卻苦於找不到機構讓我去，因為羅馬尼亞不存在西方式的人類學。它們的人類學家說我太像民俗學家，而民俗學家又說我太像社會學家。所以我的申請受到拒絕。後來是卡索夫插手，他從早年的學術交流起就和波普教授很熟，所以直接拜託波普教授，讓由他擔任所長的民族誌和民俗研究所收留我。波普教授答應請託，他很習慣在他的機構裡保護各式各樣的學術畸零人，他也有那個政治手腕和人脈可以這樣做。

我異常幸運，因為波普教授是個了不起的導師。他定期邀我到他的辦公室和家中作客，把鄉村地區的社會組織和發展進程等引人入勝的事向我娓娓道來。他讓當代羅馬尼亞生活的研究活了起來，但沒提到太多共產黨的衝擊。他介紹我認識一些他認為我會感興趣的人，兩次帶我去羅馬尼亞最漂亮的地區參加民俗節慶，後來當我惹上麻煩時，他又遠赴我原定的田野地點（要坐八小時火車），設法扭轉形勢。我不能說我對我的學生做過同樣的事。另外，他也是熱愛人生的絕佳榜樣。他享受

波普教授，攝於一九七〇年左右。Zoltán Rostás 提供。

自己的工作，又知道如何利用體系讓他圈子裡的人得利。他的政治靈巧反映在我的安全檔案上，他在我的檔案內只出現過一次（一起出現的是我的博士論文長篇摘要）。直到他在二〇〇〇年以九十三歲高齡去世為止，我們一直是好朋友，而我至今仍然與他的家人保持聯絡。認識波普教授不久，我給在美國的伴侶寫了以下的讚美：

和波普一起吃午餐。我真正喜歡他的是，他談到自己在人生中做過的事情時，每件事都像一個遊戲，各有自己的規則和獎勵，但最終是一種享受，而不是正經八百嚴肅得要死的事情。他聲稱這就是讓他在羅馬尼亞得到自由的方法，反觀很多人都認為自由在羅馬尼亞不可得。這並不是說他沒有嚴肅對待他的工作：他愛他的工作，但他從來不失去赤子之心。

「民俗學家」騎著她的摩托車出發

波普教授在讀過我的研究計畫書和與我深入討論過之後，認定我的最佳田野地點是胡內多阿拉縣，特別是該縣的南部。那裡有我計畫要求的條件：有許多差異的民族誌微型區（ethnographic microzones），亦即好幾個因彼此風俗、禮儀、方言和傳統不同（更簡單說即是「風俗」不同），而互相有別的小地區。我的計畫是設法解釋這些微型圈的分布，說明為什麼在那麼小的空間裡會存在這些差異。我的假設是這件事和遷徙模式有關，而且大概是以經濟行為為基礎。所以我不會只在同一地方做研究，而是會在同一地區的多個不同村莊進行。這會讓任何想要持續監視我的人一個頭兩個大。波普教授建議我先去胡內多阿拉縣做一些偵察工作。由於當地的交通工具不可靠，我決定騎我新買的「莫爾巴」摩托車去探索那些村莊。摩托車上掛著鮮紅色車牌，車牌號碼是T.C.—二九六四（T.C.是「領事館運輸」的縮寫）。鮮紅色車牌想必可以幫助當局將我收入他們眼底。

我的「莫爾巴」是一臺非常特殊的摩托車，值得離題一談，因為正如我們已經知道的，它是我作為「間諜」第一次冒險行動所使用的工具。我在布加勒斯特的美元商店買下了它，那絕對是我一生中最累人和最引人發笑的購物經驗。整件事情花了三天，我在不同的辦公室轉來轉去，無盡地等待，對和我同樣在辦公室裡枯候的幾位無奈買家愈來愈有感情，最終才在第三天結束時，依靠很多好人從遙遠的貨倉幫我把摩托車找出來和運過來。每一站的人都會指示我到下一站，但沒有人願意說出整個過程好讓我心裡有譜（這正好就是用意所在？）最重要的是，任何知道這件事的羅馬尼亞人都非常氣憤，因為我是用珍貴的強勢貨幣購買摩托車。「莫爾巴」出了名的不可靠，所以才會有「被響尾蛇咬穩死／騎莫爾巴死得更穩」的打油詩，但現在我竟然用美元來買它！在我拿到摩托車時，大家都圍攏過來，看了幾眼之後放聲大笑，難以置信地直搖頭。

在將摩托車搬上開往胡內多阿拉縣的火車之前，我在免稅商店買了一頂酷炫的安全帽，帽上有閃光片和一片時髦的塑膠面罩，面罩拉下來時會發出喀噠一聲。此後十六個月不斷有人纏著我要跟我購買——不是買摩托車，而是買安全帽。我戴著安全帽、穿上黃色的橡膠雨衣，加上飄逸的長髮，讓我看起來非常帥氣，至今仍然有村民對這事津津樂道。但這當然也讓我更加容易被警察認出來。我變得對我的「莫爾巴」很有感情，哪怕它的最高時速只有九十公里（還是要在下坡和順風的情況下）。就像我的結婚戒指和新長高的身高一樣，它讓我對我自己有不同感覺：現在只要跨上摩托車，我想去哪裡便去哪裡，不用理會時間不準的大眾運輸系統。它讓我有一種駕馭感，特別是在我掌握如何控制它之後。

波普教授給了我兩個他在胡內多阿拉縣教育局工作的前學生的名字（S和C），並在我出發前先知會他們。當我抵達縣城德瓦後，我從S那裡得知，C已經被降職。取代他位置的人（R）和我打了個冷冰冰的招呼，我在後來的田野筆記裡給他取名為「討厭鬼」。R除了有一點點鬼祟，還有斜視，讓人很難和他產生連繫感。S和C聯手為我策畫一趟行程：先是前往縣西部邊界上的一些村莊，然後折返，去西南面的一些村莊。要走訪的村莊加起來有三十個，行程預計兩星期多一點。他們在每個村莊都幫我安排了住處，事先跟他們認識的人打過招呼。

我幾乎還沒有到達胡內多阿拉縣境，就已經受到了監視。

情報來源：「尤利婭」(Iulia)[4]

日期：一九七三年九月十三日

情報筆記

……在一二〇號房間（指德瓦的薩米斯飯店）住著上述的韋德瑞・凱薩琳・瑪琳，她來自美國，目前是布加勒斯特大學的學生，擁有上述大學編號一五九的學生證。她來我們的市和縣是為了研究民俗，由城中「民眾創造和民俗中心」指導。她會待大約一個月。

姑且不管這份資料的失實之處，讓我們跳到報告最後面的「軍官批示」(N.O.)，看他給「尤利婭」(一位飯店的櫃檯接待員)編派什麼工作。

將美國學生瑪琳・凱薩琳住在飯店期間的活動和行為記錄下來，要特別注意：

——她進出飯店的時間
——陪同她的人
——有沒有人到飯店找她
——她有沒有和「薩米斯」飯店內的人員建立關係，或者和外頭的人（羅馬尼亞公民）建立關係
——她談論的話題。

尤利婭被交代以想學習英語為藉口，努力接近該學生，以這種方法獲得有關她的更多資料。

將會透過竊聽方式採取措施……

瓦西里少校（Maj. Lung Vasile）

在那段期間被安排盯著我的其他飯店櫃檯接待員，也發現我有可疑的行為模式：

4 譯注：「情報來源」（source）是線民的自稱。以下的情報是由尤利婭提供。

情報來源：普洛佩亞努（Plopeanu）
日期：一九七三年九月二十一日

情報來源通知您關於美國公民凱薩琳・韋德瑞的事情……

在過去這段時間以來，她被注意到深夜時間（十點至十一點）不在飯店內，房間鑰匙留在櫃檯，而她的摩托車沒有像平時那樣停在飯店前面。目前情報來源不知道那段時間她可能去了哪裡。

另外，國安局軍官也仔細地知會我將造訪的各個聚落的警察，要他們查明以下列舉的事項。這是一條包含很多事項的清單。

內政部　最高機密
胡內多阿拉縣分局第三科　一九七三年九月二十四日

批示

在對美國公民凱薩琳・韋德瑞所作的情報性監視中，我們要求注意以下事項：

——在她到訪的地點中，她感興趣的是哪方面資料；

——她和誰接觸過，如何引導話題；

——她打算怎樣利用蒐集來的資料；

——她對她到過的地點說了什麼，如何看待她的資料和與她談過話的人；

——除胡內多阿拉縣之外，她還去過哪裡，對那些地方有什麼看法；

——她對自己的家庭處境、物質環境和職業環境說過些什麼；

——她與縣中的哪些人有關係，她打算和誰通信；

——她如何度過在德瓦的空閒時間，和誰一起度過。

這些資料要透過地方警察從與ＶＫ[5]談過話的當地人以及線民網絡獲得。

應該把線民部署在她尚未到訪的地點。

科爾內爾少校（Maj. Andreşescu Cornel）

5 編按：這裡的ＶＫ即指作者。

接下來的報告內容便是有關我造訪過的每個村落。警察所遞交的詳細報告，對於我所做的事提供了全面性的交代。而我對這些監視活動渾然不覺。

我的「間諜活動」開始了

大部分來到羅馬尼亞的美國學者，要不是擔任傅爾布萊特講學學人，就是在圖書館裡做研究，這表示他們一般都是住在大城市，沒有什麼機會發現軍事設施或其他祕密設施，也不會闖入對這些設施進行刺探。我這位人類學家卻不一樣。如果祕密警察認為我是間諜，他們的確是有很好的理由。我在本書開始時講述的莽撞冒險，就是我如何從無知走向愚蠢的絕佳例子，它導致我此後多年的研究都受到影響。

我在胡內多阿拉縣的探勘需要沿著西部一個山群移動，所以有時會經過一些山谷。我很快就會知道，波普教授在推薦我到這個地方做研究時，並沒有考慮到這座山群的重要性。它是羅馬尼亞跟匈牙利與南斯拉夫接壤的最遠山區，而這兩個國家在第二次世界大戰之後都曾經是羅馬尼亞的敵人。認為這些山脈可能設有軍事基地是合理的猜測。我當時寫的信和田野筆記透露我逐漸發現這件事。

給Wm的信，一九七三年九月二十八日（透過羅馬尼亞郵政寄出）

目前我在胡內多阿拉縣西部兩個半星期的無厘頭亂跑已經結束了，行程因為下雨而提早兩天收場。我的摩托車真是天賜的禮物，我騎著它去到三十個村莊，最後甚至不必返回德瓦而可以在當地人家過夜。雖然我特別喜歡切爾納山谷（Cerna Valley），但我可能無法在那裡工作，因為雖然我原本計畫從德瓦出發到那裡，卻在去到托普力察村時被一名警察截停。他告訴我山谷入口有一個標示牌，寫著「外國人禁止進入」。我發誓那裡根本就沒有什麼告示牌。但我還是得坐在那裡，等他打電話到德瓦，完整報告我「騎著掛外國車牌的摩托車在禁區被逮捕」的經過。不過，最後上頭交代他放我走。我研究計畫中最關鍵的聚落中竟然有一個最高機密軍事基地，我的媽啊！

（你們也許會想：她究竟在搞什麼鬼，竟然用正規管道寄出這封信！我顯然忘記我的信有可能會被攔截。我怎麼沒想到這種可能呢？大使館不是提醒過國安局的行徑嗎？對，他們是提醒過我，但我忘光了。）

幾日後我又寫信給Wm（這一次用外交郵袋投遞），內容顯示出我在德瓦有多口無遮攔：

我可能從一開始就犯下一個致命錯誤……波普曾經交代我，向他朋友C打聽古拉薩達（Gurasada）的情況，那是我有興趣去做田野的其中一個村莊（而且有可能是位在一個禁區之內）。但當我策畫行程時，我卻沒有去問C，而是問了「討厭鬼」，我直接了當地問他：那個村莊有沒有軍事設施。一剎那間，房間閃過一陣讓人眼花的電光；他面露不懷好意的微笑，和S同時回答：「我們不知道。」這時電話響起，那個不懷好意的傢伙出去接電話。S用手指著我地圖上的古拉薩達說：「妳問得很對，避開那裡。」……在那之後，我盡了最大努力讓自己顯得循規蹈矩，但一星期後我又因為進入另一個禁區而被攔下[6]，這無疑對我很有殺傷力。我的朋友「大熊」（Bear）指出，經過這件事後，我應該預期自己會受到比本來更為密切的監視。〔「大熊」是社會學家切爾內亞（Mihail Cernea）的暱稱，他對我的研究有重要幫忙。〕

他的話顯然是嚴重低估了情況。

我天真地信仰著坦率透明，而這就是這種信仰最具殺傷力的地方。我顯然以為先搞清楚古拉薩達的狀況，對於選擇我要在哪個村莊做田野會更有效率：先把有軍事基地的村莊排除，再來考慮其他條件。但我詢問的對象卻是一位不值得信任的忠黨愛國分子，他對有效率解決學術目標的方法完全不感興趣。假如有人懷疑我對共產羅馬尼亞的政治茫然無知，這段插曲已經證明我真的就是這麼無知。它也顯示出我對自己的正直有多麼深信不疑，以及我有多容易相信別人就像我一樣看重正直。

田野筆記，一九七三年九月十三日

S醉醺醺地來到我房間，用一個理由解釋他的不請自來：他說他相信直覺，從看一個人第一眼就知道對方信不信得過。他想要幫助我。他說我製造出一種對於往後發展不完全有利的處境，因為「討厭鬼」已經非常疑心了。這顯然是我提出那個有關古拉薩達的問題造成的……然後他給了我忠告：每次問問題時都要把話說得非常清楚，不要讓人有誤會的可能。在托普利察村的時候要特別小心，因為那裡很多人都在胡內多阿拉工作，胡內多阿拉是一個對國民發展非常重要的城市。

6　譯注：指騎摩托車去到托普力察村時被警察攔下。

我記得當時我對他說的話感到很困惑，但我很快就會明白過來——就在那名坐在貨車上的托普力察村警察要我把摩托車停到路邊的時候。這起意外由○一七三六號軍事單位的軍官烏斯卡圖報告給上級，如同我在本書一開始提到：我不小心把摩托車騎到一個軍事基地，從此開啟被懷疑從事間諜活動的旅程。

抵達奧萊爾．弗拉伊庫村

經過這次災難，我又是怎麼繼續在胡內多阿拉縣做研究的？一封寫給比爾的信道出波普教授如何坐著長途火車來到德瓦，幫我擺平了這件事：

給Wm的信，一九七三年十一月二十一日

波普在德瓦和兩名縣政府官員談了大約兩小時後，出來告訴我他們決定把我送到哪裡去。我將會去奧勒什蒂耶（Orăştie）附近的喬阿久鄉（Geoagiu commune）。那裏的兩個民族誌區的分布延伸到阿爾巴縣（Alba County）。我之前在做準備時完全沒有讀過這方面的資料，這也和我來羅馬尼亞時制定的研究計畫沒有任何關係。

這個地點的抵定宣告我原先的計畫將毫無用武之地，因為當地條件並不符合我原本計畫的要求。不過當時我沒想到，我有必要把這點告訴我博士論文口委和波普教授以外的任何人。但國安局會注意到這個差異，指出我問的問題老是超出我被正式批准的研究計畫範圍之外。

負責把我安頓在喬阿久鄉的人是M太太，她是該鄉的公務員，當天也在德瓦。M太太多話而精力充沛，她四十中旬，衣著講究，有一頭時髦的黑髮。她多年後告訴我，她當時是帶著極惶恐的心情接受這個指派，唯恐這件事對她的工作和家庭會有不利後果。她駕駛一輛綠色廂型老爺車，把我和波普教授吃力地載到離德瓦大約三十公里遠的喬阿久村。我在車上偷看一位同事在布加勒斯特給我的一九六六年胡內多阿拉縣人口普查結果（這些數字被視為最高機密，但他似乎不以為意），內容包括每個村落的總人口和民族比例。喬阿久村是喬阿久鄉的行政中心，喬阿久鄉有大約兩千五百人人口，除了喬阿久村外，包含十個其他村莊。其中只有四個村莊集體化，這對我而言很重要：既然來到一個共產國家，怎麼能錯過它最突出的特徵之一——集體農場！我後來知道，縣政府官員當時認定，即使不交代M太太，她也會把我安置在鄉的中心。但我卻不願意，喬阿久村太大了，而且它的集體農場是和另一個村莊共有。我希望在一個小一點、比較自給自足的地方做田野。剩下的兩個集體村莊中，有一個太小，而且很難到達。最後一個奧萊爾．弗拉伊庫村則看來剛剛好。奧萊爾．弗拉伊庫村共有九百一十五名居民，其中有兩成是德裔羅馬尼亞人[5]。M太太被我的選擇嚇了一跳，她激烈反對，但沒能讓我改變主意，於是她只好讓步說：「好吧，我們在那裡有親戚，妳可以和他們住在一起。他們人很好。」

事實上，我是命中註定要選擇這個村莊，這在我剛來羅馬尼亞時就有預兆。有一個星期天，我的女主人讓娜帶我去找一些朋友，她們正在看電視，其中一個節目和一位名叫奧萊爾．弗拉伊庫的羅馬尼亞人有關。所以在我去奧萊爾．弗拉伊庫村之前便已經知道他是誰。他是羅馬尼亞航空領域的兩名天才其中之一，也是羅馬尼亞第一架飛機的發明者，他在一八八二年出生於一個小村莊，一九一三年在他飛機失事殞命後幾年，那座村莊被以他的名字命名。就像大部分村民一樣，我把這個村簡稱為弗拉伊庫村，稱村民為「弗拉伊庫人」（Vlaiceni; 單數：Vlaicean）。

不過，我選擇弗拉伊庫村作為田野地點有一些不幸的後果，因為它離庫吉爾（Cugir）只有二十四公里，而在庫吉爾有很多家工廠（好些還是軍火工廠）。甚至在我離開德瓦之前，那裡的黨委就交代波普教授提醒我，不要到庫吉爾去。通往那裡的路上豎立著一面告示牌，就和我之前曾忽視過的告示牌一樣，上面寫著：「外國人禁止進入」。有大量弗拉伊庫村居民每日通勤到庫吉爾工作。我前往弗拉伊庫村這件事在國安局引發的焦慮，明顯可見於我檔案中的一批文件。它們包含四份一九七三年的清單（沒有註明日期），第一份稱為「在庫吉爾冶金廠的工作人員名單」，上面有一百二十二個名字，然後是另外三個村莊的工人名單。弗拉伊庫村的通勤人數最多。名單上每個名字都伴隨著父母姓名、出生日期和地點，有時還會提到「線民檔案庫裡有其檔

二〇〇〇年的奧萊爾・弗拉伊庫村。Karin Steinbrueck拍攝。

案」[7]。要蒐集這些資料需要花費大量時間精力，而這一切不過是為了根據名單聯絡到村人，提醒他們要提防我。除了先前誤闖禁區，我接近庫吉爾這個城鎮也加深我被懷疑的程度，並在我待在弗拉伊庫村整段期間都是如此。因為除了我自己以外，每個人似乎都忘了我不是自己選擇來弗拉伊庫村，而是被編派到那裡去的。

而事實證明，我的邪惡分身跟隨我一道去了這個村莊。雖然我在那裡斷斷續續生活和研究很多年，我從來無法完全平息村裡持續有人說我是間諜的謠言。我的一些訪問對象告訴我，在一九八九年共產政權倒臺之前和之後，每個村民都知道我是間諜，只是不知道我要刺探什麼。因為每個人都這樣說，每個人也就相信了。偶爾有人會當著我面說我是間諜，但大部分時候這個謠言都是在我背後流傳。一九八九年後，一個朋友告訴我，之前當她邀請我吃午餐時別人會責備她：「不要和她說話，她是個間諜！為什麼妳不害怕還邀請她？」另一個人的兒子被我僱來做一些訪談工作，結果她受到姊夫（一名軍人）的責備：「不要讓妳的兒子為她工作！她是個間諜！」[6]

我的間諜名聲有一部分是拜共產黨賣力傳播資訊和假消息所賜，它就像西方國家一樣，用電影和文學在內的手段來推廣間諜觀念。事實上，我是間諜的說法八成是國安局的「謠言工廠」製造。他們首先利用他們吸收的線民散播謠言，這些線民受過辨認間諜的訓練。我在一九八五年有一天得知他們也透過地方警察這樣做，這當時有個訪談對象告訴我：有名警察提醒每個人對我說話時務必謹慎，因為我是個間諜，身上藏著錄音機。

如果我對羅馬尼亞教育體制比較有了解，說不定就會預料到這一套。這體制非常強調保密防諜，又把偵破間諜描繪為一種刺激冒險。例如，在一九七〇年代出版的童書《白色太空船》（*The White Spaceship*）裡有一個場景，一群小孩成功破譯一通有關國家安全的訊息。這訊息透露出，外國間諜正在密謀盜竊一件對羅馬尼亞人身分認同至關重要的古代寶物，而這些小孩是先經歷好幾名外國間諜準備盜竊其他羅馬尼亞寶物的疑案，才最終推理出這個真相。這本書後來被拍成電視影集，並大受好評。有個熟人告訴我，學校是灌輸提防外國間諜意識的大本營：「學校裡的孩子和其他人都被灌輸一個觀念：外國組織的滲透是我們所有麻煩的根源。現在有妳在這裡，警察就可以說：『間諜就是長這個樣子。她就是有血有肉的間諜。』妳對他們而言是天上掉下來的禮物。」既然如此，那就不奇怪我住的村莊會有那麼多人認為我是間諜。

7 譯注：指有一部分的村人是國安局的線民。

梅妮、莫阿莎和「阿公」

M太太在一九七三年十一月二十一日的濕冷下午，把我和波普教授載到弗拉伊庫村。和其他座落於附近山丘、可以眺望穆列什河（Mureș）及其氾濫平原的如詩如畫村莊不同，弗拉伊庫村就位在平原上面，以穆列什河為界。連接外西凡尼亞中部和匈牙利的鐵路和高速公路，都沿著村莊邊緣通過，提供要去庫吉爾和其他城鎮工作的通勤者現成的運輸設施。進入村莊的主街道要穿越鐵軌，然後兩旁就會出現各種顏色的房子（有棕色、灰色、黃色、綠色，甚至橙色），它們的造型也各自不同。然後道路會蜿蜒通過一間老麵粉工廠、路德會教堂和集體農場的外圍建築。再下去是航空家奧萊爾・弗拉伊庫村出生的房子、東正教教堂和小學。

我們在過了集體農場之後下車，一群人擠進M太太親戚的房子，看到一對夫妻正吃飯到一半。女的名叫瑪麗亞，她四十中旬，模樣親切，面帶微笑，有一頭爽利捲曲的灰髮。（我將會得知，她和大部分村婦不一樣，幾乎從不用頭巾包頭，除非在最冷的天氣。）她微微瞇起眼睛的樣子讓她有一種吸引人的聖徒神情，所以我在心裡把她稱為Meri（梅妮——唸作英文的Mary）[8]，以此把她和她的妯娌（名字也叫瑪麗亞）區分開[9]。她丈夫——恰如其分地名叫「約瑟」（Iosif）——也是四十中旬，身強體壯，戴著厚鏡片眼鏡，臉蛋愉快年輕，頭髮白得讓人驚訝（他兒子了繼承了這個遺傳特質）。約瑟在庫吉爾當工頭，這點很快就會被證明是一個障礙。

波普教授向他們說明我是美國人，拿到學術交流獎金來這裡做博士論文研究，我得到布加勒斯特方和縣政府的所有支持，希望可以找到一戶好人家寄住。看見他們不知所措的樣子，波普教授技巧地把話題轉移到他們最近嫁到布加勒斯特的女兒、他們在弗拉伊庫村的親戚等等，最後才問：「好吧，你們怎麼說？」梅妮望向丈夫，問道：「我們怎麼決定？」而約瑟夫回答：「我看我們就接待她吧。」當時我還不知道我剛中了樂透。

第二天，在波普教授的建議下，梅妮找來她的年邁父母和村裡的小學老師。波普教授有技巧而詳細地詢問他們村中的婚姻習俗、親屬關係、村莊史、地方菁英和其他課題，為我提供如何和這些人互動的絕佳榜樣。我在田野技術方面的訓練很少，所以他的示範彌足珍貴。他願意大老遠從布加勒斯特坐火車來幫忙我，花兩天時間讓我安頓下來，贏得我一輩子的感激。他在第二天早上離開，走前提醒我遠離庫吉爾，且不要打聽集體農場的事。他走後

8　譯注：這裡是指《聖經》中的聖母馬利亞。所以接著才會說她丈夫「恰如其分」名叫約瑟。

9　譯注：作者不久後將會改搬到這位妯娌家住。

我感到相當寂寞。

不過這種感覺並不持久，因為我新的女房東牽著我的手，和我談了一天的話。我馬上就喜歡上她，而這種喜歡是相互的。我們變成緊密的朋友，友誼維持了四十多年。我已經把全村各戶人家畫在小紙片上，而她看著紙片告訴我每戶人家是來自哪裡、他們在本地的暱稱、他們的教父母是誰（教父母是羅馬尼亞親屬關係一個重要面向）以及他們做什麼工作等等。如果他們有什麼有趣的八卦，她也會津津有味地告訴我。她帶我拜訪好幾戶人家，而他們變成我田野工作中的最佳訪談對象。另外她又介紹她的五、六個朋友給我認識。每當冬天傍晚，她們會聚在一起打毛線、做針線活、吃蛋糕和說一些黃色故事。我很快證明除了針線活以外，她們做的事我都做得來，我於是成為她們的榮譽會員。除此以外，我也成為她兒子弗洛林（Florin）一家人的好朋友（他們至今還住在弗拉伊庫村），我也是她住在布加勒斯特的女兒安潔拉（Angela）的好友。我如假包換是中了樂透。

為聖靈降臨節而打扮的梅妮和凱絲，攝於一九七四年。作者收藏照片。

＊＊＊

不幸的是，我的這種住宿安排很快便結束（幸好不包括我和梅妮的友誼）。入住兩星期後，梅妮告訴我，她要把我轉手到她好朋友薇卡（Veca）那裡去。薇卡就住在同一條路上不遠處，她家也常是舉行傍晚聚會的場所。梅妮解釋說，這樣做是因為她之後計畫要常常去探望剛嫁到布加勒斯特的女兒，恐怕無法周道地招待我。當我告訴M太太這事時，她要我先等一下，等她向村長查過薇卡一家的底細後再搬。沒想到村長激烈反對，理由是薇卡的丈夫在二戰期間是活躍的法西斯分子，不能被信賴（過了一段時間後我才得知這種指控很常見，而且常常毫無根據）。其實毫無疑問地，這意思是說他們無法確定是否能從薇卡丈夫那裡得到有關我的情報，而這對國安局來說當然攸關重大。

經過一輪幕後操作後（我沒有打聽過程），我被轉手到梅妮的妯娌手中。她這位妯娌有「莫阿莎」（Moașa）之稱（意指「產婦」），因為在醫院建成以前，她曾為村中很多人接生。這讓她在被她接生的人面前很有地位。所以雖然無兒無女，她在弗拉伊庫村卻有很多乾子女。當我在梅妮家初認識她時，莫阿莎六十歲，有一張嫩臉蛋、一雙青碧色的眼睛和嫣紅的雙頰，她給我的最初印象是相當冷淡和沉默寡言。她來自另一個村莊，因為受過產婦訓練和在工廠工作過幾年，她顯然認為自己比集體農場的人高一等。而受到她職業影響，大家都喊她的丈夫拉澤爾（Lazar）為「莫舒」（Moşu），意指「阿公」。他本來和梅妮丈夫約瑟在庫吉爾同一間工廠工作，但最近退休。「莫舒」略胖、頭髮漸禿，大約也是六十歲。他的脾氣很好，喜愛社交（我已有機會見識過這點一次）。他也愛喝酒，會試著說服每個人和他喝兩杯。他的酒友包括喬阿久鄉人民委員會的副主席和其他地方政委。我常常在傍晚回家時看到他與朋友混了一整天後，獨自對著收音機說話。他和他較不合群的妻子不同，有一大堆朋友。

由於別無選擇，我接受了新的住宿安排。不過我一住下來就逐漸和莫阿莎變得非常要好。她是少數讓我感到可以完全信賴的人之一。她和「阿公」似乎都樂於看到家裡多了一個「女兒」。

我是到看了我的檔案之後，才明白什麼原因促使我搬家。共產黨領導階層和國安局在一九五〇年代曾發生權力鬥爭，導致一條法律規定的產生：國安局除非得到黨內官員批准，否則不可對約瑟之類的黨員進行監視。檔案中相關的部分這樣說：「因為約瑟是黨員，為了為了避免受到國家機構監視，他把美國公民改安置到他哥哥拉澤爾家。」在我的案例中，由於約瑟在軍火工廠工作，國安局更寧願讓我搬家，而不是向黨內申請監視約瑟。所以，他的黨員身分和軍火工廠工人身分讓他同時免於受我和國安局的騷擾。我當時當然不知道這些，

▲莫阿莎從她的臥室窗戶往外眺望，攝於一九七四年。作者收藏照片。

▶莫阿莎和「阿公」，攝於一九七〇年左右。

▼我在弗拉伊庫村的傳統風格臥室。Nicolae Mărgineanu 拍攝。

但現在得知後，我明白了國安局的監視也有限制。他們不是想監視誰就能監視誰。這從我在弗拉伊庫村生活一開始就反映出來。不過，那些後來才來的地方警察，因為不知道我的住宿最初是由M太太透過她的親戚關係安排，所以始終懷疑我是因為約瑟和他哥哥在庫吉爾工作，才刻意選擇寄住在他們家裡。我早前騎摩托車闖下的禍持續影響別人對我的觀感。

莫阿莎和梅妮都是出生在弗拉伊庫村的體面人家，而她們對我的好感讓她們能抵抗國安局散播讓人迴避我的謠言。而頗受愛戴的小學老師波佩斯庫（Ştefan Popescu）和他太太馬麗瓦拉（Mărioara）也是如此，他們公開對我表示歡迎，我也常常探望他們。對我表現好感的另一個人，是我可敬的鄰居博塔（Petru Bota），梅妮在我一搬進她家之後就帶我去拜訪他，此後我每星期都會去他家坐幾小時。我也在不同年齡的女性之間交到朋友，包括裁縫海爾嘉（Helga）、她的鄰居朵麗卡（Dorica）、瑪麗亞・魯・雷盧（Maria lu' Relu）和馬麗瓦拉・魯・龐拜（Mărioara lu'Pompi）[7]。最後兩位在我後來二十年的研究工作中，成為我重要的報導人。在德裔村民中，和我特別要好的是施密特家（the Schmidts）、舍恩家（the Schöns）和黑勒曼家（the Hellermans）。我在弗拉伊庫村的人際圈逐漸擴大，足以抗衡國安局招募和部署來密切注意我的線民網絡。我的人際網絡是由下向上培養，而安全局部署的線民網絡是由政治中心培養。這兩個網絡有多少重疊之處，將會始終是個謎（我沒有做什麼去解謎）。不過我如今明白，我去到弗拉伊庫村（還有七〇年代後期去到那裡的其他美國人類學家）對國安局大有好處：他們本來不容易滲透鄉村，但憑藉著我們，他們可以像流浪狗身上的跳蚤那樣大舉進入。

如果說國安局會提供我作為一名間諜的多重身分，那梅妮和莫阿莎帶給我的卻是一種不同的、更有吸引力的身分：親人。在二〇一二年一齣關於我的紀錄片中，梅妮談到我們友誼中一層我本來沒有意識到的成分，她說：「我從看到她的第一眼就真心喜歡她。那時我的女兒剛出嫁，搬到布加勒斯特。她的離開讓我若有所失。所以見到她（指我）之後，我覺得有個人來陪我真好。」[8]她常說她就像愛女兒一樣愛我，而事實上有一段時間我也是真的在她面前扮演女兒的角色。莫阿莎也會像對待女兒一樣對我，而我的朋友朵麗卡和瑪麗亞·雷盧，還有梅妮的女兒安潔拉，也會說我像她們的姊妹。這是民族誌學帶給人的最大快樂之一，我們被招待我們的主人看成親人。

凱絲

現在讓我們停下來，看看在一九七三年十一月抵達羅馬尼亞，展開為期一年研究的那個人。關於她，我們知道些什麼？她二十五歲，名叫凱薩琳·韋德瑞，又被暱稱為「凱絲」。她將會在一九七七年獲得第一份工作，當時她認定，她是時候應該長大了。和很多同年齡的人不同，她並沒有在念大學期間或畢業之後出國旅行，而是一畢業就去念研究所。她只有在一個暑假去過蘇格蘭和威爾斯，做了些家家酒式的田野工作。那次旅行主要是讓她學會喝蘇格蘭威士忌這種烈酒。她以前不怎麼愛喝烈酒，而這種新習慣對她在羅馬尼亞的工作很有幫助，因為當她在田野中想要建立信任關係時，有時要部分地借助喝酒。蘇格蘭之旅也讓她認識到，田野工作有時會很寂寞。這點在她翌年（一九七一年）夏天於希臘進行為期兩個月的研究時得到了印證。

雖然認為自己有一點反叛（例如會參加反越戰的活動），但凱絲算是社會化得很完整，是一位信奉美國聖公會家庭中負責任的大姊。她秉持很多未經檢視的典型美國人假設（沒有被她的人類學訓練動搖太多），例如不信任共產主義。不過她對共產主義感到好奇，而且也保持開放態度，容許自己可能會改變觀點。就像許多美國人一樣，她自視為一個善良的人，個性十分老實和正直，也預期別人會以這種方式看待她。這種預期將會讓她在羅馬尼亞陷入真正的麻煩。她對於真誠、開放和透明的執著也是如此（我們在前面已經看到了）。對於她個性中隱藏著的自欺成分，她幾乎察覺不到，這讓她有點自以為是。這種自以為是將偶爾對她的田野工作構成障礙。

凱絲是個在一九六〇年代長大的小孩，習慣穿得非常不正式，心態上仍然是個大學生。

在弗拉伊庫村，她主要穿牛仔褲和運動衫，及腰的長髮一般是鬆開。如果頭髮很油，她就會像羅馬尼亞女人般用一塊紮染印花大手帕包起頭髮（只要妳試過在一個小水盆裡洗長頭髮，妳就會少洗頭一些）。村民對她這種穿著感到有點困惑，因為在羅馬尼亞，一個即將拿到博士學位、被稱為doctorand（博士候選人）的人具有相當高的地位，應該穿得比較講究。但凱絲並不在乎，另外她也認為，她的這個樣子會讓村民比較願意對她說話。事實上，在一九七九年時，她曾經召開一個村民大會，告訴人們她在克盧日市的外西凡尼亞檔案館找到哪些關於弗拉伊庫村的檔案。當時她穿上她最好的套裝和高跟鞋。之後人們便說：幸好她不是一天到晚穿成那樣，否則他們會不敢跟她說話。

凱絲的家庭是殷實的中產階級家庭，但並不富有（他們曾經有過的財富在一九二九年的股市崩盤中被一掃而空）。她父親最近辭掉大公司的工作，成為科德角的房地產經紀。她媽媽辭掉小學老師的工作，在家裡相夫教子。她弟弟大衛主動從大學退學，在紐約綺色佳（Ithaca）玩搖滾樂。最小的妹妹瑪格麗特仍然在學（後來她會成為練馬師，然後再成為財務規劃師）。雖然國安局熱衷於知道這些細節，但他們的線民（特別是「拉澤爾」[10]和「西爾維

10　譯注：即她的新房東「阿公」。國安局習慣給線民的名字加上引號。

鳥」，詳下文）將會反覆給他們錯誤資訊。或許這反映她家人的職業選擇，和這些作為線民的男人認定可以被當作職業的工作差距相當遠。

然而凱絲是怎麼選擇當一名人類學家的？這是她媽媽B幹得好事。為了結婚，B在一九四四年從大學輟學，之後做過許多祕書和銷售員工作。到了一九五六年，她決定完成學位，以便可以當老師。為了完成選修社會學科目的課業要求，她報讀人類學的暑期課程，結果一讀就愛上人類學。凱絲的媽媽本來是個陰晴不定和難相處的人，但那個夏天卻整天笑瞇瞇的，而且還跟孩子們大談皮爾當人（Piltdown Man）、南方古猿、新幾內亞和瑪格麗特．米德（Margaret Mead）[11]的故事。這讓凱絲有一些精彩話題可以講給她的三年級和四年級同班同學聽。凱絲當下就決定，等她上了大學，至少要修一門這個讓她媽媽改變那麼多的學科。後來她上的大學剛好是以人類學見長的里德學院（Reed College），她修了一門人類學，結果又再修一門，然後再一門。雖然她想要畢業後當社工，但兩個對她最有影響力的教授卻吐槽這個主意，力促她去念研究所。最後她認定人類學是這個世界上最棒的學科，因為不管妳研究什麼，幾乎都可以稱自己為人類學家。

但為什麼世界上有那麼多田野地點可以選，她偏偏選擇羅馬尼亞？雖然她到凱爾特外緣地區（the Celtic fringe）做暑期田野，已經顯示她對歐洲邊緣地區的興趣，但她選擇羅馬尼亞的開端大概要追溯到一九七二年。某天，有個研究生同學因為知道她喜愛地圖，帶了一幅東歐大地圖去找她。他把地圖攤開在地上，接下來幾小時，兩人細細察看地圖上那些奇奇怪怪的匈牙利文、塞爾維亞—克羅埃西亞文、捷克文、斯洛伐克文、波蘭文和羅馬尼亞文地名，這些地名很多都沒有母音卻又有一堆變音符號（這讓人想到南斯拉夫戰爭時期流傳的一則笑話：「柯林頓下令為波士尼亞投擲母音」[12]）。她看地圖越久，視線越接近黑海，她就越興奮，想到能在一個有那麼多好玩地名的「共產主義」國家進行田野工作會多有趣。另外，她對共產主義的觀念長久以來都感到既害怕又好奇，她曾經在高中寫過兩篇談共產主義的文章，這些都顯示她和東歐的關係是命中註定。

由於心裡還沒有特定的研究題目（她只是好奇「鐵幕背後」的生活是什麼樣子），她去哪一個東歐國家進行研究本來就沒什麼分別。她之所以在一九七〇年代初選擇羅馬尼亞，只是因為那是比較有可能批准外國人進行田野研究的東歐國家。其他國家出於不同理由，都把

11　編按：瑪格麗特．米德（Margaret Mead，一九〇一—一九七八），美國人類學家，推動美國現代人類學的重要學者，其著作《薩摩亞人的成年》、《三個原始部落的性別與氣質》等，將人類學帶入大眾視野，瑪格麗特並作為女性主義者的先驅。

12　譯注：原句為“Clinton orders vowel drop for Bosnia.”，這是戲仿「柯林頓下令為波士尼亞投擲炸彈。」表示柯林頓看到波士尼亞文地名太缺母音，要加以補救。

自己封閉起來。但在那些年，羅馬尼亞卻選擇較大程度地對外開放。根據傅爾布萊特基金會手冊所述，羅馬尼亞政府不只批准人類學田野研究，甚至還歡迎這種研究。由於她的一位教授總是主張田野地點的選擇基本上是偶然的，羅馬尼亞這種歡迎的態度，看來已經足以成為她去當地的充分理由。於是她開始學羅馬尼亞語，一學之下又寬心地發現，羅馬尼亞語比其他東歐語言容易不少。只有到了一九八〇年代，羅馬尼亞才收緊對外政策。在七〇年代時，當局顯然不認為對外開放和廣泛的監視有什麼衝突。

以下是凱絲研究所時代和大學時代朋友對她的一些印象。首先，他們說她是個聰明的女孩（她和這種聰明評價的關係是矛盾的，就像許多女性學者一樣，她常常覺得自己笨。幾十年後她將會得知，這種缺乏自信的根源是一種閱讀障礙症，那種症狀讓她記憶欠佳，導致她在整個學術生涯都備感沮喪）。她熱愛音樂，喜歡團體合跳的民間舞蹈和團體合唱的民謠。朋友記憶中的她熱情有趣，喜歡開懷大笑、愛說黃色笑話（這種習慣是繼承自她機智風趣的父親）。她有些魯莽，有時沒有耐心。她傾向於訴諸理智，這讓她更容易用理論或理性來解釋事情，而不是透過社會關係或情感來解釋（我想這部分是因為她常受到強烈的感情擺布，而她不能了解、或不知道該如何處理這些情感）。結果就是，有些人也許會覺得她冷淡或孤傲。這種特質在田野對她沒有幫助，但另一方面，真正見過她的人會對她的豐沛活力、她對和他們談話的興趣，以及她熱烈的笑容反應良好。

凱絲是個情緒化的人，不時會出現情緒波動，但在那些年間，她一般來說是個快樂和正面的人。她會對人發展出強烈的依戀情感，容易被他們分散注意力。不過總體來說，她保持著前進的動力和外向的價值取向。當然，這些是我對自己的看法，未必可盡信，但它們還是可以提供一種不同視角，平衡國安局那種冷冰冰、不友善的觀點。

我有時形容凱絲「天真」(naive)，但更好的說法大概是「單純」(innocent)：祕密警察和他們的幫手在她四周進行各種活動，但她卻渾然不知。由於她一直以來都生活優渥，沒有吃過什麼苦頭，是一個對世界所知甚少的理想主義者和浪漫主義者。人生至今待她不薄，她如願去了羅馬尼亞，找到一位指導教授，弗拉伊庫村村民似乎又喜歡她，她只要寫出論文就能找到一份好工作。她習慣了事事順遂，而在碰到不如意時未必能保持和顏悅色。但稍後她將會發現羅馬尼亞是一個相當大的挑戰，並且被迫更深入反省她自己，以及她與工作的關係。

一九七三年的凱絲。作者收藏照片。

新手民族誌學家

我不是天生的田野工作者。這點我是從真正的天生好手身上看出來的，特別是從格洛麗亞．戴維斯（Gloria Davis）身上。她是我在史丹佛的同班同學和最好的朋友，是一個田野天才。她來弗拉伊庫村探望我，幾天之內就知道我花了好幾個星期才知道的事情，而她甚至不會說羅馬尼亞語。蓋兒．克利格曼（Gail Kligman）是另一個天生好手，她親切的笑容和高度的聆聽能力讓她可以從一塊石頭得到資訊（她的田野能力甚至讓國安局驚艷，而為她特別記下一筆）。雖然我從來沒看見我的霍普金斯同事吉蓮．菲利—哈尼克（Gillian Feeley-Harnik）做田野的樣子，但從她的著作和談話來看，她明顯是另一個天才。對我來說，田野研究雖然讓人受益，卻總是有一點需要咬緊牙關的成分。我待在弗拉伊庫村第一年特別是如此，當時我正在探索「民族學家」的身分，設法要長成這種人。這不只是因為我本性是個靦腆的人，不容易接近別人，還因為我總是被理論的問題糾纏，不懂如何實際運作。我要如何找出一件事？我該要問什麼樣的問題？當我開始在霍普金斯大學教書後，我發覺艾蜜莉．馬丁（Emily Martin）是另一名了不起的民族學家，她精通隨機應變的提問。我還困擾於如何解釋我蒐集到的資料的問題。我的霍普金斯同事甘尼（Ashraf Ghani，後來的阿富汗總統）正好精通民族誌的詮釋之道。所以我是從經驗得知民族誌學天才長什麼樣子。

不過到了今日，我同樣明白這一類的天才是稀少的，所以像我這樣磕磕碰碰摸索成為一名民族誌學家的人，一定大有人在。主要對我有利的條件是我前面提過的那些正面特質：活力、有幽默感、開放和接受度高，我還有一種強烈的情感特質，是很多認識我的人似乎覺得有吸引力的部分。在我為了成為民族誌學家而付出的努力中，有些例子顯示，我為自己創造的身分以及運用的方式，最後會跟國安局在那二十年的實驗中創造出來的某些邪惡分身相互吻合。我的例子不只來自國安局的檔案和我的田野筆記，還來自我從田野寄給伴侶比爾的信件。

在我開始追求成為一名田野工作者時，我身處的環境有一些對我不利之處。首先是羅馬尼亞在一九七一年通過一條法律，要求任何和外國人談過話的羅馬尼亞公民都必須向自己的工作單位報告談話內容。雖然這條法律在一九七〇年代很少執行，而很多羅馬尼亞人也不予理會，但警察卻可以在有需要時加以引用，特別是作為招募線民的一種手段。另一條在一九七四年通過的禁制性法律則規定，除非得到特別批准，外國人不得住在羅馬尼亞人家。在一九八五年，一九七一年通過的那條法律又被以更嚴厲的措辭翻新。其次，我從我的檔案得知，國安局反覆透過羅馬尼亞郵政系統拆閱我寄的信（不過我主要是用大使館郵袋投遞）

和攔截別人寄給我的信（有些還直接沒收）；他們定期在我外出時搜查我房間、偷聽我從弗拉伊庫村、公共電話或飯店房間打出的任何電話。第三，有好幾位我經常接觸的人被吸收為線民，向國安局遞交定期與完整的或報告。最後，國安局會派人影響我對事情的看法，並設法叫他們的人打入我的內部圈子（例如一則國安局軍官的批示寫道：「將會嘗試讓線民『保羅』滲透K．W的親密關係圈」）。

我有意識到我的信件可能會被檢查，但渾然不知國安局的其他活動。當我在一九七〇年代晚期再次造訪羅馬尼亞時，這些活動甚至更加劇烈。如果後面描寫我在羅馬尼亞的插曲中提到有關監視的部分很少，那正是反映當時我的感覺。祕密警察擅長隱藏行蹤，而我也沒有認真想把他們揪出來。環繞我的監視活動是看不見的，至少我沒有選擇去留意。

雖然當時似乎只有兩種實際或潛在的刺探在進行（一種是我對羅馬尼亞人生活的刺探，一種是國安局對我的刺探），但實際上還存在第三種刺探：村民對我的刺探。他們有些人是為了向國安局報告而接近我，有些則是為了知道多一點鄰居還不知道的事以此為樂。地方性的社會控制是以閒聊為基礎，又被稱為「村莊嘴」（the village mouth）。它可能是以在街上碰到面時的標準招呼語作為開端，像：「妳要去哪裡？」或者「妳剛去了哪裡？」然後，如果人們看見我騎著摩托車外出（這種事他們一定不會看不見），就會議論紛紛，猜我是去哪裡和為了什麼。如果一名英俊男子開著一輛陌生汽車來到村裡（一個例子是我在布達佩斯認識的丹麥工程師），「村莊嘴」就會好好品嘗這件事。有關我的謠言很多，有些是祕密警察捏造，有些是村民自己猜測。簡言之，每個人都在用不同方法、為了不同目的而蒐集資訊。人類學家本來就常被置於這種檢視之下——雖然不常是受到警察線民檢視。我當時對這種檢視毫無知覺。

＊　＊　＊

那我究竟為什麼要來羅馬尼亞？在我一九七一年檔案的前面，放著我第一份研究計畫書，除了有英文正本外還有國安局翻譯的羅馬尼亞文譯本。我自己本來有另一個譯本，他們的譯本錯誤很多。有一名安全官在他認為重要的譯文部分畫上底線。以下是部分譯文（由我再翻譯成英文），底線同原件：

> 我的調查指出兩個問題：文化霸權的基本單位是什麼？社會或文化的疆界如何和社會的團結性連接？我相信，當環繞著一個聚落或一群聚落的文化特徵，和聚落的邊界吻合時，也就是當標示一種獨特房屋風格的邊界，和標示衣著、方言等的界線吻合時，

就會產生最大的團結性和強烈的在地認同感。而當這些界線不吻合時，我則會假定這群人沒有一個穩定的文化身分……

我強調我的計畫不應該把居住地設定在大城市，而是應該設在中型城市或村莊。另外，我計畫要常在我研究地區的不同聚落之間來去。

這篇不知所云的翻譯，讓我那個本來就混沌的計畫更加混沌。讀這份計畫書的安全官中不可能有人知道我計畫做些什麼和如何做。的確，當初我為了努力想出一個在政治上不會有問題的研究（結果弄出的計畫還是有政治問題），我把民俗和傳統文化摻和進來，而把自己搞得一團亂，因為這些本來就不是我關心的主題。我想把這一切塞入一種空間分析中，這樣會比較有意思，但我缺乏足夠寬廣的羅馬尼亞民族誌知識。

不管如何，我被排除在讓我的計畫唯一有一點成功可能的地區之外，這已經扼殺整件事情，我最後落入的喬阿久鄉周邊地區完全不適合這個計畫。雖然有一陣子我繼續使用計畫中的字眼（例如：文化、傳統），但我的田野調查很快就偏離計畫。負責我案子的安全官首先將線民報告中得知這點，因為在第一年時，他們還無法影印我的田野筆記，只影印了一些信和其他文件（一九八〇年代的國安局官員運氣比較好，成功打開我裝有特別鎖的行李箱。

每當我離開布加勒斯特，我就會把田野筆記收在這個行李箱裡）。

和「共產主義」相遇

為了描述我成為民族學家的過程，我需要講一些和國安局無直接關係的故事，可能會有點離題，但它們對了解什麼事會讓國安局軍官憂慮，以及了解羅馬尼亞人如何生活相當重要。這些片段有許多都和那個讓冷戰期間長大的美國人害怕的幽靈有關，也就是和共產主義有關——不管那是羅馬尼亞人日常生活中的共產主義，還是意識形態的，又或是我們美國人想像的。如果說我的檔案並沒有提到這些事，那並不表示國安局不知道它們發生過。相關的報告有可能是在例行保養時被清除掉了，又或是在一九八九年「革命」期間丟失了。

我第一個「從事田野工作」的努力出現在八月二十三日，也就是在我抵達布加勒斯特的一個月後，但我的研究對象不是村民，而是都市的勞工。共產黨把這一天當成獨立紀念日來慶祝，因為二次世界大戰時羅馬尼亞就是在這一天從納粹陣營改投盟軍陣營。我在信裡跟伴侶比爾描述那天的見聞：

給Wm的信，一九七三年八月二十二至二十三日這城市的裝飾一天比一天多，每個廣場都布滿橫幅、標語和肖像，有一半房屋上掛著國旗……我今天早上在公車上遇到一個有趣的插曲。當巴士經過掛著馬克思、恩格斯和列寧巨大肖像畫的一棟建築時，我背後一個小孩子問他奶奶這三個人是誰。她說了他們的名字。然後小孩問他們做過什麼，得到的答案是：「他們寫了很多很多東西。」

我似乎是唯一有興趣觀看節慶活動的人。每一個被我問到我應該在八月二十三日做些什麼的人，不是回答「到山上走走吧」，就是說「留在家裡讀一本好書吧」。不過，二十三日那天我在大約八點十五分時朝主大道走去，看人們集合參加義務遊行。然後我又向檢閱臺的方向走，路程大概是一．五英里至兩英里。走到一半時，我被警察和秩序維護員攔住，說我不可以走在人行道上……一個秩序維護員聽我說我想看遊行，就低聲說：「如果想看，就走到遊行隊伍中，那妳就什麼都能看見。」所以我就插隊到遊行隊伍邊緣幾個和我交談的人中間。他們是一間食物工廠的工人。有些人站在飛行員廣場的人像上，不斷用擴音器呼籲遊行隊伍要練習喝彩，引起和我在一起的幾個人低聲咕噥。最後，遊行隊伍用微弱聲音勉強喊出：「西奧塞古萬歲！羅馬尼亞共產黨萬歲！西奧塞古萬歲！羅馬尼亞共產黨萬歲！」我把西奧塞古看得清清楚楚（距離大約一百五十碼），也把整個中央委員會看得清清楚楚，但卻太膽小不敢拍照。

最有趣的是，我問其中一位工人他住在哪裡，他說第二區（布加勒斯特八個住宅區之一），然後他反問我住在那裡。當我說加州時，前後左右的人都嚇了一跳。他們顯然沒有想過我是外國人，這主要是因為非羅馬尼亞人參加遊行隊伍是超乎他們想像的。他們大部分人都不想遊行，聽說剛開始排隊時，就有一半人設法開溜回家了。

這是我從「共產主義者意識」中上到的早期一課，它顯示勞工階級（至少是我碰到的那一小部分）不太熱衷為黨和領袖們歡呼。如果國安局軍官找到這些筆記，我猜他們一定會相當震驚。十年後我又在克盧日市參加另一次八月二十三日的遊行，經驗也類似。

不可免俗地，我過去也會把共產主義和危險聯想在一起，有時並意識到我的反應大有冷戰的經典制約味道。以下是一個例子。

給Wm的信，一九七三年九月八日

和「大熊」（前述提及「大熊」為社會學家切爾內亞（Mihail Cernea））的一段談話讓我

大吃一驚，那談話是我在這裡上到的第一堂政治課。先前我讀了一篇他談農民意識轉化的文章，便去找他談這個問題。談話中我問他，他的「社會主義者意識」一語具體來說是指什麼。然後我覺得我有必要問他是否為一位共產黨員，而他回答說是。在那一剎那，我有一種觸電的感覺。不過他接著堅稱，那不是一件很重要的事，每個在學術界居高位的人都是共產黨員，而且要成為黨員也很容易。但對我來說（我生長在麥卡錫和後麥卡錫恐共症的環境，又曾經寫過論共產主義威脅的高中作文），這一刻卻感到難以描述的驚悚和恐怖，我感覺自己以前對共產黨的認知包袱，和我近期對它的理智認識，在我內心發生一微秒的衝撞。

我幾乎聽了一輩子共產主義者有多可怕的故事，現在卻突然發現自己被共產主義者重重圍繞。這需要去習慣。

＊＊＊

我必須學會一些技巧以應付日常生活，其中最重要的一項是給別人一點「小恩惠」：這種行為在社會主義中被認為是不需要的，但卻是一個人想達到目標的必要手段。「小恩惠」對於那些沒有門路卻想得到較佳服務的人而言特別必要。這裡所說的「較佳服務」包括獲得一間飯店房間，或買到一張火車票（方法是把錢夾在護照裡，遞給櫃檯接待員或火車售票員），又或是讓店員「找到」本來找不到的商品（方法是把一個手掌按在櫃檯上，下面壓著一張隱約可見的鈔票）。我時常覺得做這件事很困難，我深蒂固的資本主義反射神經告訴我，不應該用錢來買特權（我花了很長時間才理解我這種態度有什麼不對）。所以我試圖以非常友好的態度，或以透露我美國人身分的方法來打動對方，而這一招常一樣有效。

只不過有時靠這招是不夠的。在我住進弗拉伊庫村不到一個月，我就學會賄賂一名列車長，當時我想要買一張從胡內多阿拉縣最西邊到最東邊的車票。

田野筆記，一九七三年十二月二十日。弗拉伊庫村。我學會了賄賂。

我去買回弗拉伊庫村的火車票，卻得知我無法買一張全程票。我必須在中間站錫梅里亞（Simeria）下車，買另一張票，然後再回到車上。但火車只會停靠兩分鐘。我問售票員如果我在火車到達之後繼續留在車上會怎樣，他說我會被罰七十五列伊[13]（我的交流獎金不多，

13　譯注：「列伊」（lei）為羅馬尼亞貨幣單位。

這對我來說不是一筆小錢）。我問她要怎麼辦，她說：「上車後找列車長談談。」

幸好，有一位在排隊的年輕婦人主動幫忙。她叫我拿出十列伊。我們上了車，在兩輛車廂之間攔截列車長，她向他說明我的難題，列車長回答他明白，「沒有到弗拉伊庫村的車票，又沒有時間在錫梅里亞買一張。」他咧嘴而笑。怎麼辦，我說，賣一張票給我好嗎？他說：「罰款七十五列伊。但假如我閉上我的眼睛……」「給他錢。」我的朋友對我耳語。列車長收錢後有禮地鞠躬一笑，就往下一個車廂走去。從那之後，我明白了「閉上我的眼睛」意指「給我一些錢」。

雖然金錢是表示小恩惠的常見方式，但小恩惠最重要手段是一包健牌香菸（如果要求別人施更大的恩惠就需要一整盒香菸或更多）。健牌作為二次大戰之後第一個進入羅馬尼亞的美國香菸品牌，在整個共產主義時期都是羅馬尼亞地位最高的菸，這有一部分是因為它的名字比另一個較早進入市場的品牌「柴斯特菲爾德」（Chesterfield）好念。人們買這種煙常常不是拿來抽而是拿來送禮，也只有用強勢貨幣才能在專賣店買到（羅馬尼亞人持有強勢貨幣是不合法的）。在大城市常常可以看見有人抽健牌，但這種景象在村莊難得一見。雖然我的強勢貨幣預算吃緊，我仍然成為村民取得健牌的主要來源。我和健牌香菸的關係昂貴但有用，因為我固定會買幾條健牌用來施惠、獲得關注或者脫困。在一個盛行不信任文化的公民社會裡，小施恩惠有時候代表猜疑和友好的狹窄界線，是打造信賴關係的基礎。因為我本人不抽煙，所以我養成一種假動作：從香菸包中為自己抖出一根之後，把剩下的整包送給那個我想要施加影響力的人。我變成用吐煙圈以阻止吸入尼古丁的專家。

社會主義的不平等

現在我要轉而去談村莊生活，向你們展示那些在一九七〇年代最常和我作伴的人們的特點，以及我對他們所做的田調工作。縣政府官員曾經透過波普教授提醒我不要打聽集體農場的事（弗拉伊庫村的集體農場並不成功）。我大體聽從了這個建議——某種程度上也是不得不然——因為農場主席老是拒我於千里之外。但這並沒有阻止我用其他方式撿拾一些資訊碎屑。這方面很多資訊都是由我第一任女房東梅妮提供。例如關於集體農場中的政治、農場主席如何鞏固地位，有一部分方法是透過把女性排除在領導階層之外（社會主義式的民主與性別平等之說可以休矣）。另外還有一個深藏在羅馬尼亞社會主義下的課題：不平等。這是一個我大感興趣的題目，我在研究所課程中讀過大量談論社會階層的文章。最終我將會研究弗拉伊庫村的村民是怎麼評論彼此等級，並由此證明二十五年的社會主義並未創造出一個平等無分別的「無階級社會」。

給Wm的信，一九七三年十二月二十四日

和人們談論戰前組織時，我多次問他們哪些家庭曾擁有大量土地、曾經受人尊敬等，我發現他們非常不願意回答現在是哪些家庭、哪些人受到尊敬。他們會回答是哪種特性的人，但不會回答名字。我得到最具體的答案是，今日最受到尊敬的是集體農場主席、那裡的技術人員和老師等。換言之我得到的都是職位而不是名字。而在這個村莊占有這些職位的人一般來說都很少。然後我問提供我主要資訊的德裔家庭，每一個德裔人過去和現在的地位，他們也一樣不願回答。不過他們會興高采烈地補充說：「我們不像那些羅馬尼亞人。他們總是說：『我死也不要跟某某某一家吃飯』或『我女兒和某某家的人訂婚，對方是一個重要家庭。』」他們起初猶豫不決，但最終給了我那些非常在意地位的羅馬尼亞家庭名字。當我問羅馬尼亞人誰是最受尊敬的德裔村民時，他們給我的答案和德裔人說的相比，只有一對夫婦是重疊的（讓人萬分驚訝的是，羅馬尼亞人喜歡那些有族間通婚的德裔家庭）。稍後我問梅妮，如果我給她一些名字，要她把他們按地位高低排列，這種做法會不會是愚蠢的。她回答說不愚蠢，但她不特別想做。

我在接下來幾個月會繼續探討這個課題。

給Wm的信，一九七四年一月二十日

我找到一件有趣的工作：抄下墓園裡墓碑的所有碑文。這工作不用訪談任何人，不需要進行印象管理、沒有任何麻煩，只是有時字跡難以辨認。至今我找到最棒的墓碑不只刻有N家族所有成員的名字，還刻著活著一代的成員的職業！這村莊裡有兩處墓地，一處在一座山丘上，一處在教堂旁邊。當我問一個人它們差別何在時，他說：「沒什麼特別的。教堂的墓地葬滿之後，後來死的人就葬在山上。」這不是事實，因為教堂還沒有葬滿人。所以我就改問梅妮。她帶著她一貫胸無城府的微笑回答說：「葬在教堂的人一般是有錢人，因為那裡是要收費的。山上卻是免費。」於是我快樂地回去做蒐集碑文的工作。

有這件事作為鼓勵並利用一些從墓碑得到的資訊，我再次嘗試做地位評等的實驗。梅妮答應把一疊寫有村民姓名的索引卡按照他們在村中地位分為幾組。她很快完成，似乎樂在其中。她又做了很多其他類似的評比，但最後說：「拜託千萬別告訴我丈夫！如果他知道我把全村分成很多不同階級，會勃然大怒。」在這之前，我花了六星期想說服她談談村中的社會階級，但沒有成功。現在看來，我只要讓自己和村民變得更熟悉，就能問他們身分地位之類的禁忌話題。我的關係網絡正在擴大。

由於社會不平等是一種羅馬尼亞政府號稱已經消除的現象，所以國安局軍官密切注意我在這方面的研究成果。儘管他們的批註顯示，他們不覺得這個課題和我的研究計畫有關。例如在一九七四年十月的一份線民筆記中，一位線民詳細報告我的地位評比實驗，指出我用索引卡把村民分成不同群組（例如鰥夫寡婦、有一份薪水的核心家庭、有兩份薪水的核心家庭和大家庭等），然後要求受試者按照不同準則把這些群組排出高低，最後我會問他們哪些家庭裡有共產黨員。我主要是找女性做這個實驗，因為正如我對上述線民解釋的：「她們會慢慢偏離正題，開始說一些非常重要的事。有時她們會不自覺地談論起八卦來，這讓我能對她們的評比有更好了解。」

以上的線民筆記驚動了四個層級的國安局軍官，他們把它轉給縣黨部的第一副主席過目。

辦案軍官批示（N. O.）：這份筆記引起我們機構的興趣，特別是她蒐集和分類資料的方法。情報來源被指示繼續對她留意……可能的話進入她住處取得她的手稿。

貝爾久少校（Maj. Belgiu）

上級軍官批示（N. S.）：值得注意的是她從有地位、高薪和有好工作的人中找出黨員。標靶可能會從她知道的情形中做出偏頗猜測。把這份筆記上呈給國安局領導層。

彼得雷斯庫中校（Lt. Col. Petrescu）

縣國安局主管寫給第三科主管的頁邊批示（M.N.）：本筆記引起行動的興趣。看看拉澤爾同志有沒有VK的工作計畫，還是她目前所做的事已超過她得到的授權。

戈萊亞上校（Col. Colea）

換言之，我並沒有留在原定研究計畫的範圍，而是闖入他們後來稱之為「社會—政治資訊」（socio-political information）的領域。我必需被監視了。

我是在幹嘛？

到了新一年的開始，我已經適應得比較好，但也開始意識到我仍然沒有一個研究計畫，也不知道要怎麼做出研究計畫。我本來有過兩個研究計畫，但它們都因為我被編派到的田野地點而變得不可行（這個編派當然是因為我冒失的「莫爾巴」之旅而引起）。我在二月寫給朋友格洛麗亞的信中說：「妳問我有什麼研究計畫。我他媽的知道就好！」我也和比爾討論過這件事：

給Wm的信，一九七四年一月二十日

我正被可怕的呆滯所困擾，想不出來我要如何研究這裡的人。我只想待在房間裡看書，不想找人說話。我老是感覺我已經問過一切問題，卻看不出問幾百人同一個問題的意義何在。然後在一天無所作為後，我又責備自己浪費時間，一想到還有那麼多事必需要做，我就感到恐慌。這讓我的心情更加低落。

我的問題將會在三月獲得解決，因為當時比爾到田野來看我，我們花了一些時間討論我面臨的處境。當他離開時，我們已經對我該做什麼有了共識，那就是丟掉整個空間分析的計畫（這計畫的靈感本來是來自他），改去專攻弗拉伊庫村的社會史，把重點放在族群關係、不平等和社會流動性如何隨著時間變遷。我愛的人不只在我感到無助時來安慰我，還幫我看出我至今所做的事物的輪廓，賦予它正當性，這實在讓人振奮。雖然我會繼續對我的研究沒把握，但他走了以後，我列出一個清單，寫下每戶人家有哪些過去的事是我想知道的，我開始拜訪更多人，又僱了三個學生當研究助理。因為我已經懂事很多，我在僱用三個助理前先徵求村長批准，又把他們會使用的問卷給他過目（這份問卷也出現在我的安全檔案裡）。

到了四月，我開始對我要做的事更有頭緒，而一些受訪者看來也十分喜歡我的拜訪，因為這讓他們有機會說鄰居的八卦——這是他們最喜歡的消遣。作為工作的一部分，我開始花愈來愈多時間和好幾位年長的村民待在一起，他們記得這個村子在一次世界大戰之前的歷史。我的鄰居博塔叔叔八十歲，記憶力非常好，清楚記得羅馬尼亞在兩次大戰間的經濟和政治生活。他也是厲害的說故事人，他講述自己在哈布斯堡王朝軍隊裡當兵和後來在俄羅斯當戰俘的經過（有一部分我在他一九八七年逝世後一字不差地記錄下來並出版）[9]。他說他曾經拒絕使用俄國人給他的鐮刀，表示「我們奧地利人從不用鐮刀，都是用機器割草！」——這事實上是瞎掰，他這輩子從沒有看過割草機器。在那一年，我常常探訪他和他的妻子安娜（Ana），至少一星期一次，有時一待就是好幾個小時。他的三個孩子和這三個孩子的家庭，也成為我後來研究財產歸還時寶貴的訪問對象。我的第一本書就是題獻給他。

我口述歷史工作的另一個優秀受訪者是蓮娜．揚庫阿姨（“Aunt” Lina Iancu），她對羅馬尼亞人和他們的匈牙利領主在一九一八年前的衝突有清晰記憶，豐富了我對該時期的理解。在後來的研究計畫中，她女兒馬麗瓦拉（Mărioara）和孫女瑪麗萊娜

博塔叔叔，攝於一九八〇年左右。
作者收藏照片。

蓮娜·揚庫阿姨，攝於一九五八年。
Marilena Popescu提供。

（Marilena）與我的談話，將會讓我的作品大大生色。博塔叔叔的年紀和蓮娜阿姨的體弱多病讓他們有大量時間可以和我長談，而他們似乎就像我一樣享受這些長談。第三個了不起的受訪人是退休的小學老師波佩斯庫，他對弗拉伊庫村的歷史知道得很多，自己也考慮寫一本書。就像我的兩個房東梅妮和莫阿莎的情形一樣，我被這些備受尊敬的人接納，讓我在這一年也能進入其他弗拉伊庫村村人的家裡。我終於在民族學家的身分中安頓下來了。

然而，這並不表示從現在開始一切都很容易。我的外國人身分、或者別人對我有可能是間諜的害怕，有時也會在無預警的情況下讓我摔跤，引發一些讓人不安的時刻。

田野筆記，一九七四年十月九日

探訪一個年老的德裔男子和他的妻子。我們本來一直在談村中的不同群體：土生土長的村民、移入的村民，和德裔的村民。他認為羅馬尼亞人低估了住在山上的移入者。「羅馬尼亞人小看任何人，包括小看德裔，也小看彼此。那是一種沙文主義。」他繼續說：從前的有錢人自成一個小圈子，看不起其他人，自視極高。他舉出一些本來較窮但靠賣力工作致富的村民，指出他們應該受到尊重，卻沒有得到。

我問他，從前有錢人的小圈子指的是哪些人，他突然暴怒起來。「不，我不會談這個。我是個老人，無兒無女，我不想惹麻煩。」他說一定是有人派我來的，他感到害怕。「我不想在晚上聽到門鈴聲。」他太太本來就說他講得太多了。

他這種突然的轉變讓我非常震撼。他用了祕密警察的意象（門鈴聲）拒絕談下去，儘管在一秒鐘之前我們還談得好好的。顯然每個人都擔心自己會被監視和審查。

探討族群差異

另一個常常在現實中出現，和社會主義計劃間有落差的議題，是族群身分的問題。這後來在我的研究中會占越來越大部分。根據黨的主張，族群是一種虛假意識（false consciousness）的產物，會隨著社會主義的確立而被丟棄。生活在一個雙民族的村莊有助於否定這種說詞。例如羅馬尼亞人自我認同的一個主要標誌，是認為他們比德裔村民好客。如果我碰巧告訴一個羅馬尼亞人我剛造訪過一戶德裔人家，他們通常會說：「我打賭他們沒有拿吃的或喝的招待妳。」接下來當我說我有受到招待時，他們就會一臉驚訝。不過兩個族群在招待客人吃喝一事上的確有差別。德裔人不像羅馬尼亞人，不會那麼堅持要我吃或喝他們招待的東西，只會請我自便。至於德裔的主要認同標誌則是準時。我好幾次聽說（但沒有親眼看過），當集體農場的領導階層想辦一個全體大會時，他們貼出的告示會說：「全體大會將在星期六早上九點舉行。德裔人十點出席。」

隨著時間過去，我認識到羅馬尼亞人和德裔人行為模式上的更多差異。以下是我參加完一戶德裔人家的殺豬活動之後的筆記。在那一年前，我也參加過一戶羅馬尼亞人家的殺豬活動。

田野筆記，一九七四年十一月二十七日。族群間相互觀感。

當我告訴莫阿莎，德裔女人不會像羅馬尼亞女人那樣洗豬腸的時候，她馬上說：「論勤勞，德裔女人輸一大截。不像我們，她們不會對豬腸做太多處理。」住隔壁的女人也是一樣反應，她說德裔女人在勤勞方面和羅馬尼亞女人沒得比。在從德瓦坐火車回弗拉伊庫村的路上，伊萬．B（Ioan B）對我說：「德裔女人不清洗豬腸，而德裔男人做這件事又不是做得很好。他們的腸衣（用來灌香腸）會留著屎味。」他繼續說：「德式食物的味道遠遠不如羅馬尼亞食物，不過德裔人已經開始向我們學做菜，一如我們向他們學做菜。」

兩日後，我探望卡塔琳娜（Katharina），她是德裔。對於為什麼德裔人是由男性清洗豬腸，而羅馬尼亞人是由女性清洗，她有如下解釋：在德裔人當中，負責洗豬腸的是屠夫，如果他讓婦女來洗，稍後人們卻抱怨香腸有屎味，他的聲譽會受損。所以屠夫從殺豬到洗豬腸都一手包辦。「阿公」後來說羅馬尼亞女人比較勤快，她們想確保豬腸完全是乾淨的。因為如果那位屠夫當天有其他豬要殺，他也許會急急忙忙，沒有把豬腸洗得十足乾淨。

所以似乎是德裔人把整件殺豬的工作做得比羅馬尼亞人專業化。羅馬尼亞人會動用親戚和鄰居，而不是僱用屠夫來做。相反地，德裔男人會把殺豬當成事業，並相互競爭生意。後來在另一個場合，我和另一個羅馬尼亞人談到「落後」的山區居民。他說，在這裡最大的差別在德裔人。他舉的例子是說，德國人教羅馬尼亞人先把肉磨碎之後再來灌香腸，而不是隨便剁剁就塞進腸衣裡。德國人有絞肉機和灌香腸的機器。「我們是從他們那裡學來這些習慣。沒有德裔人，我們就會跟山區居民一樣落後。」

簡言之，村中有兩種族群存在的事實，是我最早從田野工作中受到最多啟發的部分。常常我跟人們的話題會轉向如何看待對方和自己的不同，而當我去和另一個族群談話後，又總是會得到價值的翻轉（例如德裔人認為他們比羅馬尼亞人勤勞得多）。我待越久，就越能看出這兩種鬆散相連、但截然不同的農村生活方式的接合點，那跟這兩種族群不同的歷史、與在外西凡尼亞社會的不同地位有關。由於羅馬尼亞的德裔人口不像匈牙利裔那樣對政府構成問題，所以我對德裔的興趣似乎並沒有讓國安局緊張。他們在之後把我「變成」匈牙利人後，才會敲響警鐘。

內政部　最高機密
胡內多阿拉縣分局　一九七四年八月三十日早上十點
情報來源：「拉澤爾」

線民筆記

……我之前通知過你們，那個美國人向德瓦的比爾曼（Bierman）*教授學德語。她告訴情報來源，她變得對那位教授如此依戀，以至於不知道沒了她要怎麼活……她說她沒有被教授那位穿著短褲走來走去的丈夫迷倒。

資料來源相信，那名美國人在八月二十一和二十二日兩天，住在比爾曼夫妻德瓦的家裡，因為她那兩天都沒有回弗拉伊庫村。

辦案軍官批註（N.O.）：措施：對比爾曼夫妻進行查證，看看他們有沒有根據規定把和美國人的談話向工作單位領導報告。接觸比爾曼，獲取她和那名美國公民相處的資料。

我對族群問題的興趣讓我有一天找上一對年老夫妻（後來他們成為我研究的中堅），他們就是上述線民筆記中提到比爾曼夫妻的父母和公婆。我對他們的訪談一開始不太吉利：

田野筆記，一九七四年五月十二日

我問他們小孩的情況和他們為什麼決定把兒子送去念大學，他是弗拉伊庫村第一個上大學的德裔村民（一九六一至六六年在學）。那名妻子說：「我來告訴妳……」她丈夫站起來走了出去，稍後我意識到他是在走廊痛哭。她因為哭泣而無法把話說下去。那丈夫又走進來，但後來好幾次走出去。對於他們為什麼決定把小孩送去大學的問題，她指出：她在戰爭結束後被充軍到俄國五年（很多德裔人士都因為蘇聯要求戰爭賠償而被充軍），土地被沒收。她暗自決定，如果有一天回得了家，她要竭盡一切可能把小孩送去學校念書，因為「你頭腦裡的東西沒有人能拿得走。」所以當她回到羅馬尼亞之後，就拼了命工作，把小孩送去上學。她的健康狀態每下愈況，但她的小孩卻健健康康。他們的未來將永遠不再需要仰賴土地。

比這個回答更加讓人印象深刻的是，事隔幾十年，當他們在回憶往事時，竟然還有那麼大的情緒感染力。

這對夫妻帶給我的，遠不只是提供我村莊中德裔的歷史資料，他們的兒子拉爾夫（Ralf）*和媳婦安娜（Ana）*也即將成為我特別親密的朋友。不過，這也讓他們被國安局盯上。一九七四年夏天，在我訪談過拉爾夫父母後，在德凡教德語的安娜因為放暑假，來弗拉伊庫村陪他們。這時我本來就已認定我該學些德語，而已經開始跟一位年長的德裔村民學了起來。那位村民很快將我轉手給安娜。雖然我們有理由認為安娜不會願意在度假時做這種事，但她卻同意定期幫我上課。

我和安娜在很短的時間內就發展出深厚的交情。她漂亮，二十八、九歲，有一頭捲曲的深棕色頭髮和一雙迷人的藍眼睛。我非常受她吸引，一部分是因為她散發出來的溫暖與平靜（這種特質總是能吸引內心混亂的人）。拉爾夫有一次向我描述她，描述得非常準確。他說她擁有「一個異常美善的靈魂」。除此之外，她是一個活生生的例子，讓我認識到外西凡尼亞族群史的複雜性。在她父母和祖父母的家人裡，有自我認同為克羅埃西亞人的，也有自我認同為匈牙利、德裔人、羅馬尼亞人、捷克人等。安娜在嫁給拉爾夫這位德裔丈夫和從夫姓之前，更多時候是以匈牙利人自居，或（如她自己有時會說的）以「混血兒」自居。但現在她主要視自己為德裔人。他們家兩個可愛的小朋友說起德語、匈牙利語和羅馬尼亞語都一樣流利。

在夏天，拉爾夫每個週末都會來弗拉伊庫村，我也逐漸喜歡上他，雖然他愛穿短褲。拉爾夫也是混血兒，只是血統沒有安娜那麼多樣。他媽媽的家人和羅馬尼亞人通婚，他妹妹、姪女和好幾個表妹也是這樣。出於這個原因，也是因為他對所有人都很友善，弗拉伊庫村的所有羅馬尼亞村民都誇他。我透過這對夫妻了解了在外西凡尼亞一度備受讚譽的多元文化主義特質。或許他們家族對於族群差異的寬廣包容，也促進我們友誼的發展。

有一件事讓我對安娜畢生忠誠。一九八七年有一天，她特地從德瓦坐火車到弗拉伊庫村，只是為了告訴我她和拉爾夫打算逃到德國，要我不要再打電話給他們或者去找他們。除了我以外，他們只有告訴一個人，就是他們的女兒。他們連對父母、兄弟姊妹和兒子都沒有說。經過好幾次嘗試後，安娜在一九八八年成功逃出，接著拉爾夫在一九九〇年逃出。在那之後我到德國看過他們好幾次，他們也多次到紐約看我。

國安局很快就知道了我們的友誼，這是因為我的房東「阿公」在線民筆記裡報告了這個情況。該份報告的軍官批註清楚顯示，任何我試圖發展的重要友誼，都有讓國安局把矛頭對準我朋友的可能。在「阿公」遞交報告僅僅兩天後，他的直屬軍官就掌握了比爾曼夫妻的詳細資料。這份資料也顯示，本來在警察部門教德語的安娜因為和我交友而失去了工作。

這不會是國安局最後一次把矛頭指向比爾曼夫妻[10]。

國安局建立我的監視檔案

內政部　最高機密

胡內多阿拉縣分局第三科　一九七四年三月十九日

有關韋德瑞・凱薩琳・瑪琳的報告

美國公民韋德瑞・凱薩琳・瑪琳在一九七三年七月底，來到了羅馬尼亞社會主義共和國。在和美國進行文化交流的背景下，她被分派到胡內多阿拉縣研究人類學、民族誌學和民俗學的問題……

我們從一直對她進行嚴密監視的布加勒斯特第三處得知[11]，韋德瑞．凱薩琳．瑪琳也在蒐集軍事情報。

有鑑於這種狀況，我認為有必要對這個人從事積極的情報追查，以取得有系統的證據。

帕爾少校（Maj. Iosif Pall）

一個人是有可能被監視一段時間，而沒有成為有組織的行動計畫對象。只有在一名軍官斷定證據充分時，國安局才會建立「資訊追查卷宗」(DUI)，展開最正式的監控。我的情況是我在來到羅馬尼亞六個月後，被強烈懷疑是間諜。也只有到這時，反間諜科的帕爾軍官才為我建立一個DUI檔案。這是在布加勒斯特反間諜處下令對我進行跟蹤的四個月後。在建議建立我的DUI檔案

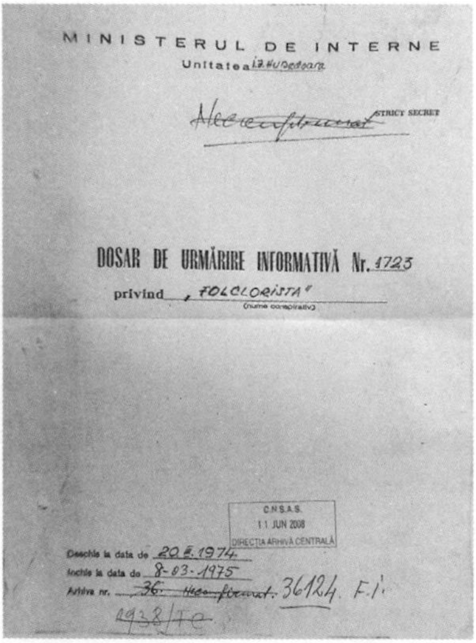
MINISTERUL DE INTERNE
Unitatea

STRICT SECRET

DOSAR DE URMĂRIRE INFORMATIVĂ Nr. 1723
privind „FOLCLORISTA"
(nume conspirativ)

C.N.S.A.S.
11 JUN 2008
DIRECȚIA ARHIVĂ CENTRALĂ

Deschis la data de 20.II.1974
Închis la data de 8-03-1975
Arhiva nr. 36 36124. F.I.

新建立對「民俗學家」進行監視的資訊追查卷宗首頁。檔研會資訊組提供。

後幾天，帕爾軍官又提出了一個行動計畫，其中提及我在九月去他的縣進行的旅行。以下我會長篇引用他的話，來顯示他所使用的語言和採取的措施。

內政部　最高機密

胡內多阿拉縣分局第三科　一九七四年四月一日

行動計畫

有關在「民俗學家」的DUI中將會採取的情報取得措施

一九七四年三月二十日，開立編號一七二三號的DUI。

當事人韋德瑞・凱薩琳・瑪琳在一九四八年七月九日誕生於美國緬因州的班戈……

〔此處刪略掉的是我抵達羅馬尼亞和胡內多阿拉縣的細節〕

韋德瑞・凱薩琳・瑪琳在前往胡內多阿拉縣各鄉中接觸了很多人，大部分都是知識分子和教學人員。

在一九七三年九月二十五和二十六日，雖然按照計畫，她是要到德姆蘇斯（Demsuş）和勒基托亞（Rachitova）這兩個鄉，她卻去了倫卡切爾尼（Lunca Cernii），而那附近就是地位特殊的〇一七三六號軍事單位。

從我們機構掌握到的資料，可以提出兩個假設：

一、韋德瑞．凱薩琳．瑪琳正在蒐集軍事情報，為達成此目的，她在設有特殊軍事單位的地區旅行，和這些地區的居民談話，以及和庫吉爾兵工廠〔UM〕的僱員談話。

二、韋德瑞．凱薩琳．瑪琳只蒐集和她的論文研究有關資訊，因此她接觸知識分子中能提供有關風俗、地方民俗和人類學問題的關鍵資料的人。

帕爾軍官列舉了支持第一個假設的幾點事項，然後建議採取具體步驟查明實況。這些步驟包括：

一、利用既有的線民網絡：

a.「米爾恰」（"ŞTEFAN MIRCEA"）……他將會被派去和標靶討論她至今蒐集到的資料、她整合它們的方式、她有沒有找到可靠的來源讓她的研究課題獲得關鍵資料，以及她未來有什麼打算。

b.「奧雷爾」（"URTEA AUREL"）和「瓦西里」（"BADEA VASILE"）……他們的任務是在可能的範圍觀察標靶，特別是她的活動，包括她去了哪裡和找了誰……

c. 德裔的「穆勒．馬丁」（"MULER MARTIN"）、集體農場工人「約瑟」（"MOLDOVAN IOSIF"）、xxxx和退休金領取者「奧雷爾」（"AUREL"）……將會被用於留意她去過哪裡和接觸過什麼人，要特別注意她有沒有接觸過在庫吉爾兵工廠工作的人。

二、創建新的情報來源，例如xxxx和xxxx，他們被觀察到和標靶過從甚密。

三、利用一些不定期的情報來源：

a. 她的房東拉澤爾，我們將與他聯繫，和他討論韋德瑞．凱薩琳．瑪琳是否對在庫吉爾生產的東西、該公司的僱員，和其他與軍事有關的問題有興趣。

四、組織人員前往庫吉爾……查證該工廠有哪些僱員是韋德瑞．凱薩琳．瑪琳造訪過的鄉民，我們會進一步聯繫他們以確認：

——他們是不是在一些特殊生產單位工作……；

——其中有沒有人本來就是線民身分，可被用於監視標靶；

——招募那些和美國公民接觸過的工人作為線民；
——研究安插一名未婚線民的可能性。

這些措施將作為一般措施的輔助（所謂的一般措施包括攔截我的信件、跟蹤我到任何地方，以及分派給我裝有竊聽設備的飯店房間等）。

這些語氣出奇冷靜、近乎科學性的文件，就是我在二〇〇八年打開我的國安局檔案時，首先讀到的文件。它們開啟我第一輪被監視的旅程。它們顯示在我進行研究的早期，國安局就已經透過文件上列出的線民，默默包圍著我。如果你當時告訴我，大約四十年後我將會在德瓦和這些軍官的其中一位握手、送他一束菊花，然後和他進行接近兩小時的友善談話，我一定會認為你瘋了。

接下來九個多月，帕爾軍官按部就班地偵查我，他的手法雖然不像一些軍官同仁那樣誇張，但他實施的徹底程度不遑多讓。我在讀到他其中一項準備工作時感到大驚失色。在一份沒有標示日期的文件中（寫於八月二十三日，和我在一九七四年十二月十六日離開之間），他詳細列出在有必要時要如何逮捕我。

內政部　最高機密

胡內多阿拉縣分局第三科

〔前略為凱瑟林・韋德瑞的個人資料，然後在「當前情況」的標題下這樣寫：〕她在我國從事研究過程中，也關注蒐集軍事情報。

她受到哪一個單位的跟蹤：第三科（反間諜科）。

逮捕的緊急程度：最高。

將會參與逮捕她的小組（和其他細節）：＿＿＿＿

這份文件的附件：一、與她密切接觸的人。二、扣留她的行動方式。三、建築的草圖。四、標靶的照片。

附件一、可供韋德瑞・凱薩琳・瑪琳躲藏的密切網絡。

一、位於布加勒斯特都鐸・阿格齊街九號的美國大使館。

附件二、扣留韋德瑞・凱薩琳・瑪琳的行動方式。

可能一：從她的住處扣留。

一批扣留小組將會前往奧萊爾・弗拉伊庫村七十三號，從前門（也是唯一的入口）

進入寓所，並派人在臥室窗戶外把守（她有可能從窗戶逃走）。

可能之二：在他處扣留她。

當標靶不在她的住處，我們又能確認能在哪裡找到她時，就派一位認識在地窗口的軍官到當地，與當地對應機關〔國安局的機關〕聯絡，請求他們支援，留意準備行動，扣留標靶。

可能之三：

由於標靶是外國公民，可以邀請她到警察局的護照署，或支持她研究活動的公設人民議會。這樣在必要時就能在那裡扣留她。

雖然這份文件可能只是一個公家機關在執行平常的任務，但我認為它傳達國安局對我可能是間諜無比認真的表示，而他們的「證據」就是我騎著摩托車闖入一個軍事區、我喜歡問有關軍事區的問題，以及我「刻意」住在離軍火工廠區庫吉爾不遠的地方。雖然我有意識到我的前兩個失誤已經給我惹上麻煩，但我不知怎麼地卻相信我會被允許待在由縣政府官員選定的地點工作，就代表他們對我的失誤已經不予追究。另外，我從來沒有想過我在由縣政府選定的地點工作，竟會被視為是我有間諜意圖的證據。我有兩個盲點：第一個是我無法想像自己是個間諜，而這又是因為我缺乏政治敏感度，而且對「間諜活動」可能代表的意義有太多文化偏見——換言之，我當時並不明白，間諜活動必須放在具體的文化脈絡中來理解，它牽涉到特殊種類的社會關係。我當時也無法以夠彈性的方式來理解「身分」，不知道它是一系列不同面向（哲學的、政治的、性別的、社會的等等）的不穩定混合，會隨著環境而改變。以我當時身處的脈絡來說，我的自我概念太過僵固。

第二個「盲點」是我對政治如何運作的理解。我把社會主義體系看成為是從上到下多少接合無間，每一層次的官員都知道另一層次官員在做什麼的結構。事實上，這個政治層級系統在每個接口都是裂開來的，鄉縣層次的幹部未必明白上級把我安排在他們縣裡做田野研究的目的。這種脫節讓地方官員有大量可以自行其事的空間，做事時不必然都是按照上級授意。到了一九八〇年代進行後續研究時，我才開始較充分了解這一點，但這是一個得來不易的領悟。

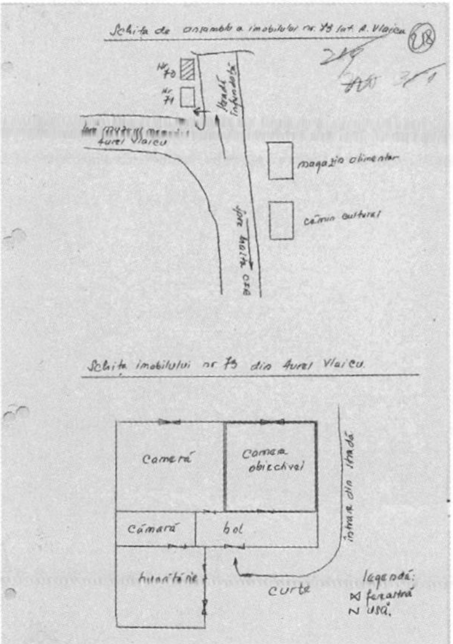

我的住處和附近建築的素描，攝於一九七四年。檔研會資訊組提供。

田野工作中的性愛，第一部分

上面我們已經看到國安局如何在凱絲努力成為民族誌學家同時，忙著為她創造一個邪惡分身：「民俗學家」。十年後這兩個身分將會重疊在「薇拉」身上，「薇拉」是一個有多重身分的間諜，她從事的民族誌工作看起來恰恰證明她在進行刺探工作。但早在一九七〇年代，凱絲就已經為自己創造了其他角色（persona），讓事情變得十分複雜。在羅馬尼亞她覺得她和在美國時的自己不是同一個人。羅馬尼亞的環境讓她不那麼靦腆，較敢於冒險。事實上，正是這些轉變讓她能成為她努力想變成的民族誌學家。這些自我的新體驗，並不只是在田野情境中的自我塑造，還來自冷戰脈絡下在羅馬尼亞社會的沉浸效應（effects of immersion）。

田野筆記，一九七四年九月二十八日。我學會了變通。

比爾來探望我，今晚我們想去東德歌劇院看莫札特的歌劇。但到處都買不到票，我的朋友圈也幫不上忙。所以我就按照售票代理處的小姐所教的那樣，晚上穿上盛裝去到歌劇院，求見經理，向他撒了一個彌天大謊。我說我是民俗學研究所的人，而我的男伴是來訪的美國大學音樂教授，由我負責招待，他想要看歌劇。幾分鐘之內，我們就被帶到一個包廂。一張額外的椅子被搬到包廂，給包廂的原女主人坐。一切都順利無比。

當我在我的筆記中讀到這一類記事時，感到非常驚異。「薇拉」絕對不是我在美國習慣了的那個人：她更足智多謀，更願意為達目的而演戲和說謊。就像我在羅馬尼亞工作時在很多場合會發現的那樣，那裡的環境對我產生一種解放效果。它似乎創造出一種可以繞過我的「超我」（superego）的路徑（羅馬尼亞人的「超我」一般比美國人發展得來得低），讓我比平常更能急中生智和有想像力。就像我說過的，這種轉變的其中一個後果是我變得更像小孩。我深信這種特質有助於我和別人迅速建立良好關係，原本這對我是滿難的。當然，有大量社會科學文獻都已經提過把自己從日常路徑和社會糾纏中拔出來，會帶來的解放效果。畢竟，全世界的移民都會做一些他們在本國時從來不會做的事。對我來說，讓我能做這些「從來不會做的事」的方法，就是透過田野工作。

我的新角色（new persona）一部分表現的特質是性事的擴大。這裡的擴大，同時涉及性伴侶的種類和性活動的頻繁。這不是常會出現在人類學書籍中的題目。雖然有點猶豫，但我還是決定寫下它，因為它和我作為間諜的生活中有關保密和身分的主題直接相關。成長於一九六〇年代，我在美國的性生活頗為活躍，但在羅馬尼亞更是如此。事實上，田野工作讓我有機會探索我的性向。這主要是因為「擁有一種性向認同」的觀念，在這裡並不是很發達。羅馬尼亞人有可能和同性的人發生性關係，而不認為這會讓他們成為同性戀者。雖然現在我認為當時我的性活動大多不是個好主意，我不推薦田野工作者這樣做，但它代表了另一種我的自我認同（self-identication）回應田野社會關係的方式。

這件事其實一開始是和梅妮介紹我認識的女子群體有關。我們幾人會在冬天夜晚聚在一起喝酒、吃蛋糕、說八卦和談性的話題（具體和抽象的都有）。這些夜晚的聚會讓大家認定我很好色，而我們的這些談話大概就從「村莊嘴」的閒聊，傳到了其他村民耳裡。不管如何，儘管我手上戴著一枚閃亮亮的結婚戒指，但我在弗拉伊庫村、喬阿久村和德瓦都碰到很多男人向我求歡。

自然，對我的性生活最感興趣的是國安局，而他們從很早就有機會窺探到一點。當我第一次讀到這個報告時，我沮喪到整個人都縮了起來，因為我讓一位有吸引力的新朋友暴露在祕密警察眼前。

內政部「T」組（竊聽單位）

薩米斯飯店房間二一三號

一九七三年十二月十九日八點四十分，聽見一男一女在二一三號房間裡談話。起初他們談論色情與情感的內容，然後那名女人跟男人解釋了有關避孕藥的事……

那男人說了個色情笑話，女人聽了很開心，哈哈大笑。

（雜七雜八的談話）……不再聽見他們說話，只有一些幾不可聞的細語，非常緩慢，之後聽到兩人一起離開的聲音。這一天其餘時間，被監聽地點都沒有動靜。

辦案軍官批註（N.O.）：從第一次查證得知，和她在一起的似乎是（接著是一個人名和他的詳細資料。不錯，我就是和他在一起）。

每次我入住德瓦的薩米斯飯店，飯店給我的房間都是固定的幾間。竊聽的軍官可能是透過電話竊聽，但更有可能是這些特別的房間都被裝設了麥克風，可以竊聽二十四小時。這裡值得注意的是我的朋友身分有多麼快就被辨認出來。他沒有按規定在櫃檯留下身分證，而是從餐廳爬後側的樓梯上樓，櫃檯接待員也不會看到他。我們還得意洋洋地以為，我們比可能在監視我們的人高明，那一年我們還在同一間飯店幽會過好幾次（不過這些都沒有出現在我的檔案裡）。不管怎樣，祕密警察還是輕而易舉地把他和我聯繫在一起。

內政部　最高機密

胡內多阿拉縣分局第三科

有關美國公民韋德瑞．凱薩琳．瑪琳的情報

……我們的情報來源形容她是個健談的人，聰明、喜歡性冒險。她不會排斥喝酒，有時會被看見有點醉醺醺的。從未經證實的資料指出，她和XXXX有性愛的關係……

敬告學生們，在這種環境下和你們田野地點的人發生關係真的不是一個好主意——即便你們跑到城市去也是一樣。就算做這種事不會為你們惹上麻煩，也可能會為對方引起很大麻煩。例如：在一九七四年四月那個為我草擬的行動計畫中，有一點提及和我在一起的那個人：

> 他被確定和標靶有親密關係。為了利用他來搞清楚韋德瑞・凱薩琳・瑪琳的活動，將對他進行偵查，並招募他成為線民。

被招募為線民對一個人來說可以是很可怕的經驗，尤其對一個不知道和我上床可能會惹禍的年輕人。對田野工作者來說（特別是處於監視之下的田野工作者），想發生「負責任的性愛」需要很大的遠慮，最好的解決方法是用禁慾來管理。透過性愛，一個人會潛在地進入到社會生活中最親密的領域，在那裡，研究者和在地人會發現，身分認同和自我形塑的多重領域複雜地交織在一起。而那時我還沒有能力有技巧地管理這種事。

但我們要如何看待整件事情呢？

首先要記住，凱絲是在性放縱蔚為風氣的一九六〇年代成長。她上的里德學院以自由風氣著稱。雖然她不像大學和研究所的同學那樣濫交，但也有不少性經驗，在她出發前往田野調查前已經有了一個固定的性伴侶。她的性伴侶明智地建議在她離開的這段期間，他們應該保持一種「開放式關係」，他偶爾還鼓勵她不要固步自封，應該盡量探索自己情慾的方方面面。因此，不管是什麼衝動驅使她在田野工作中進行性愛來表達自我，這些表現都完全合乎理據。

除此以外，我們還應該考慮到擁有異國情調的美國女人對羅馬尼亞男人的性吸引力。對他們來說，透過和我做愛，他們可以獲得作為慾望對象的「美國」。因為政府的鼓勵生育政策（包括禁止墮胎和禁用各種避孕方法），讓行房變成一種折磨（至少我的許多女性朋友是這樣告訴我），男人被迫尋求其他宣洩管道。我性感、充滿活力，很多羅馬尼亞男人覺得我有吸引力。如果這種吸引力是相互的，我很可能會願意發生關係。我被認定可以「照顧好」自己，不會意外懷孕。另外還有很多羅馬尼亞人想方設法離開這個國家，而娶一個外國女人將會是最便捷的方法（這就是為什麼我要戴著一枚尺寸太大的結婚戒指，並把我的性伴侶說成是我的丈夫，因為我不想讓露水姻緣複雜化）。

最後，就像帕爾軍官在一九七四年四月所寫的行動計畫中表明的（它建議研究「安插一個未婚的線民」的可行性），國安局積極招募人和我發生親密關係，以便查出我懷著什麼鬼胎。這種策略在一九八〇年代甚至更常被運用。我住的飯店的男性櫃檯接待員常被敦促要想辦法「接近」我，他們也有好幾人這樣做了。當時我並沒有問自己向我求歡的人之中有多少是受人唆使，但我本來應該問的，因為有很多這樣的人。國安局透過這種方法有了新的使力點。根據我的線民「班尼亞明」（Beniamin）表示，他的軍官反覆問他知不知道我和誰睡覺，而當他說不知道時，軍官就會說出他們知道的人，好讓他對國安局的厲害留下深刻印象。他們彷彿是在說：「你看，我們知道一切關於她的事，所以你別想隱瞞任何你知道的事。」我的性習慣讓他們可以對原有的線民網絡施壓，更不要提和我睡過的人有可能會被鎖定為招募對象（就像第一位在十二月時和我睡的人那樣）。基於這個原因，性的話題與線民的話題有直接相關。

線民肖像，第一部分

> 任何和「標靶」接觸過的人（不管這接觸是不是出於偶然）都會馬上受到監視，被寫入檔案並進行跟蹤。所以任何在羅馬尼亞領土上出於偶然或命中註定成為「標靶」的人，都會變得「有輻射性」（radioactive）：他會讓所有和他有聯繫的人都被輻射感染。
>
> ——利恰努（Gabriel Liiceanu），《我親愛的告密者》（*My Dear Snitch*）

在保密防諜的社會背景中進行田野工作，不可或缺的一部分就是國安局那晦暗的線民世界。在一九七三年至一九八八年期間，至少有七十個住在德瓦、弗拉伊庫村、克盧日市或布加勒斯特的人向國安局告過我的密（其中只有十二位是女性）。他們很多和我只有數面之緣（例如飯店櫃檯接待員），但也有些是同事和朋友，甚至包含和我有親密關係的人。檔研會的工作人員為我解開他們其中一些的化名，其餘大部分是我透過檔案的內證辨別出他們的身分，也有些線民我始終不知道是誰。在這些人之中，只有兩人在一九八九年之前就告訴我他們被要求打我報告的事。

我說過，我在羅馬尼亞期間在情感上依戀的人，變得比我在美國時多很多。雖然我本來就容易對人產生強烈的依戀之情，但我在田野工作中，特別是在一九八〇年代中葉，我發現自己變得空前地情感雜交（不是全都和性有關）。這種習慣讓國安局有可趁之機，利用它來發展線民網絡。每當他們發現我和誰愈來愈親近，就會試圖吸收那個人為線民（假如他或她本來不是在線民網絡裡）。以下是其中兩個例子，後文會有更多例子。

「拉澤爾」（"Lazăr"）

內政部　最高機密

胡內多阿拉縣分局第三科　一九七四年四月十九日

資料來源：「拉澤爾」

筆記

一九七四年四月十九日，和「拉澤爾」見面（他是在四月九日，我的 DUI 檔案建立後沒多久被招募的），當時他講出如下事情：

自從上一次見面後，他就留意韋德瑞．凱薩琳．瑪琳的動向，注意她做些什麼、去了哪些地方和跟誰接觸。就情報來源（線民）所見，她挨家挨戶拜訪，和每個村民都有接觸。

她把蒐集到的資料打字成三份，一份用郵寄寄走、一份帶在身邊、一份收藏起來。[12]

她說她會這樣做，是因為她從其他同仁口中得知，他們的資料有時會不翼而飛。

情報來源詢問韋德瑞．凱薩琳．瑪琳接觸過的人，得知她除了建立系譜外，對其他問題不感興趣。迄今為止沒有人發現她對軍事問題、庫吉爾的工廠或軍事單位等事感興趣。

情報來源和韋德瑞．凱薩琳．瑪琳談她的家人和她的興趣，由此得知她上大學之前因為缺錢，當過服務生（接下來是有關我親戚的生活和工作細節，很多都不正確）。

當我的檔案在一九七四年三月底被建立後，國安局就開始招募線民來報告我的每日活動。雖然那時我並沒有注意到，但當我後來發現我的房東「阿公」（祕密警察口中的「拉澤爾」）在一九七四年定期打我報告時，我並不驚訝。考量到他和常常應邀來喝酒的鄉領導層的交情（更不要提我住在他家裡這件事），他會被抓去當線民幾乎無可避免（他的外甥女提醒我，因為他對槍炮擁有專業知識，長期以來都有被監視的危險。他一度非法擁有好幾把槍，為此挨了一些揍）。不過，他知道我事情的廣泛程度卻嚇了我一跳。例如：

內政部　最高機密
胡內多阿拉縣分局　一九七四年五月十日中午十二點
資料來源：「拉澤爾」（他的談話被錄音）

筆記
自從我們上次（一九七四年四月三十日）見面之後，美國公民韋德瑞・凱薩琳・瑪琳有如下活動：
一九七四年五月一日，她去找了PS和ML。情報來源後來找兩人談過。她只是問了PS一些有關他親屬的問題。他在庫吉爾的I.G.O.工廠當電工，大約三十七至三十八歲。她問他是不是土生土長，他回答他因為繼承岳父的房子，才搬來這裡。他本來住在伯克齊（Bacainti）。他有兩個姊妹，一個是工程師，一個在大學念書。

ML來自摩達維亞，他年老、耳聾、大近視。他有一個繼女。那名美國女人說她從他那裡什麼都問不到。

一九七四年五月二日，她去了VT家，當時他正在清洗馬廄。VT七十四歲。那名美國女人說他智能低下，無法和他討論任何事情……

一九七四年五月三日，她去找了VT的哥哥VA。VA以前是個狂熱的民族主義者，年約八十、走路困難。情報來源和他談過，他說美國女人問他在這裡有哪些親戚，是不是本地人。

在這份線民筆記的其餘部分（我的訪問風格真是該死，除非我是故意對「阿公」講得很模糊——我經常這樣做），「阿公」報告了我接下來六天的活動，和他對我採訪對象的查證，然後他和他的直屬軍官格里戈雷斯庫（Grigorescu）再次見面（我日後將會和這軍官見面）。「阿公」把他的筆記帶去，他們的談話被錄音，然後之後錄音內容會在辦公室裡被打下來。

這種會面大約每十天重複一次。在上一個星期，格里戈雷斯庫軍官指示「阿公」每當美國公民離開家裡，他就應該走入她房間，看看有誰寫信給她，然後去讀那些用羅馬尼亞文寫的信、記下內容，而且應該打聽她去了哪裡和找了誰。每天傍晚她回到家，他應該打聽她與被她訪談的人談了什麼。這樣，他就會知道美國公民每天做了什麼。

我真的常在傍晚和我的房東談我一天做的事，但我從沒想到他會把我說的話記住、寫下來，甚至找我訪談過的人查證。我在我的檔案中看到這些內容後，開始好奇還有哪個民族誌學者的工作會被這麼詳細地記錄下來。在五月二十八日，「拉澤爾」下一次見到他的直屬軍官時，他把我的活動逐日道來。(「一九七四年五月十二日，她到德裔人的教堂參加受洗儀式，也參加接下來的宴會。之後她去找了LM和BV。一九七四年五月十三日她去了……」)

四月時，「阿公」還是遊戲的新手（看來他以前沒當過線民），仍然需要被教育。從格里戈雷斯庫軍官使用他的真名（但放在引號裡），而沒有給他取化名這件事上，反映出他是國安局所謂的臨時情報來源，也就是在單一個案中使用的線民（這個個案就是我）。過了兩個月，格里戈雷斯庫軍官會交代他把筆記整理好再過來，但讀了「阿公」的書面報告又抱怨它們混亂不完整。不過到了九月，「阿公」已經上手了。一九七四年九月二十日，我為再次到田野來探望我的比爾辦了個派對。「阿公」在對這件事的報告中，列舉了每個被我邀請到派對的客人名字（一共有四十人），又描述我們吃與喝了些什麼。

> 他們吃一種配著荷蘭起士和堅果的餅乾、塗了羅馬尼亞鵝肝醬的三明治，還喝了六公斤的「楚伊克」（țuica）[14]和兩公斤的酒。葡萄酒來自加州，一共十二瓶，還有礦泉水。她感謝在場每個人在他們家裡曾經給過她的熱情款待。

這些人的名字被名單提到，可能會有不好的後果。就像「阿公」在一九七四年八月三十日的報告中提到我對安娜．比爾曼有依戀，結果格里戈雷斯庫要求查證比爾曼夫妻有沒有向工作單位報告這件事，並徹查安娜與我的關係。

「阿公」的報告清楚表明，我在早餐時不經意說的每句話，或偶然提到的每個人，都有可能傳到祕密警察的耳中，而且經常都是以容易引起誤會的方式。「阿公」就這樣促成我的「輻射性」，把我的污染效果傳播得更廣。不過，讀他的報告讓我覺得，大約從第一個月之後，

14 編按：「楚伊克」（țuica）是一種傳統的羅馬尼亞酒精飲料，透過酒精發酵與李子蒸餾以製成。

他就沒有像他告訴國安局軍官的那樣真的去和每個人談過話。前幾個星期他可能很認真，但後來逐漸變得泛泛，都是說「她問了他們有關親屬關係的事」等話。雖然他的報告讓我皺眉，不過那些報告的累加效果卻是為我開釋，因為他反覆提及我沒有問任何人有關軍火工廠、或在那裡工作的人的事。因為德瓦的資深軍官帕爾主要關心的，是我對庫吉爾之類軍事設施的刺探（庫吉爾就是一開始讓我被監視的原因），帕爾沒有把他的調查擴大到其他領域，所以「阿公」對帕爾軍官最後在結案報告中洗刷我間諜罪名的貢獻匪淺。

接著在一份報告中，格里戈雷斯庫軍官指出這是「拉澤爾」第一次寫書面報告，因此內容非常粗糙。他提醒「拉澤爾」要記下他所知道KV每天做的每一件事情，還應該查核KV找過的一些人是不是有按規定上報他們和她談過話的事。他在報告最後說：

已經交代過線民，只要一知道美國女人離開村子，就打電話給我，好讓我安排人手搜查她的東西。值得一提的是，目前她的筆記和其他文件都是鎖在一只行李箱裡，而行李箱很難打開。如果她只離開一下子，而她的東西是散落在房間的，那樣我們就有可能進行搜查。

上級軍官的批示（N.S.）：務必要安排線民讓你能看見那位外國女人的文件。

在這之後的一張字條指出，有一批「文件」已經在六月五日被影印，收在「民俗學家」的檔案裡。這批「文件」包括我和格洛麗亞幾乎全部的通信，這些信都很長、很搞笑，我很高興現在能重讀它們。國安局連一頁我的田野筆記都沒影印到，因為當他們搜我的房間時，我已經把一式三份筆記都帶去了布加勒斯特。

六月十四日，「拉澤爾」提供另一份情報筆記，其中記載五月三十日到六月十三日的事。這一次他的直屬軍官責備他的筆記品質欠佳：

> 有關韋德瑞・凱薩琳・瑪琳的事寫得非常膚淺，不可能讓人從此得到可靠的結論。線人再一次被教導應該用什麼方式寫這些筆記。

兩個月後，他再次受到責備，被要求把早前的筆記「整理完整」。他照辦了，寫得極為詳細。一個軍官和他的線民關係被認為應該是「教導性的」（pedagogical）。而我們可以從「拉澤爾」筆記的進步，看出格里戈雷斯庫努力訓練他成為一名更佳的觀察者和報告者，專門匯報祕密警察感興趣的事情。

「阿公」在我看到我的檔案前就去世了。如果他還活著，我會想要和他談談這些事情。我在二〇〇八年詢問梅妮和莫阿莎（他的弟媳和太太）作為替代，我問她們知不知道他在當線民，知不知道他對此有何感想。兩人都說知道，但她們都不曾向我透露，儘管我們關係密切。這大概是反映出保密防諜的心態已經深入人心。梅妮對我說：「他懂得看風頭。但他喜歡妳，所以不會說任何會傷害妳的事。這件事沒有太困擾他，他喜歡到公路旁的餐廳吃點東西，找機會色瞇瞇地盯著那些女服務生看——他說他會去那邊的理由是『要給自己的眼睛吃點冰淇淋。』」莫阿莎的回答與此相似：「你知道他是怎麼樣的人！他總是想找個伴喝兩杯，喜歡外出喝杯啤酒或吃一頓飯。國安局軍官總是找他到餐廳碰面，他樂在其中。」兩個女人都不認為當線民對他來說是一種可怕的負擔或焦慮的來源。我將永遠無法得知是否如此。

「雅各布」（“acob”）

田野筆記，一九七四年十一月二十四日（當時我已經住了一年即將離開）。

田野中的友誼

到二五八號[15]去拍一些照片。沒有什麼新鮮的，只是當我要離開時，他（「雅各布」）把我送到大門。在我走到半路時，他太太從後追趕上我，她要去看父母。當我問她剛才為什麼不和我一起走時，她回答說：「我不想剝奪我丈夫送妳到大門的樂趣，因為他看來很享受這種感覺。」但她還是想緊接著我之後出門，好追上我，和我繼續聊天。我們在街上來來回回走了很多次，又額外聊了二十分鐘。期間，她試著表示她很喜歡我，又說她是個無法把感覺表達出來的人，例如她很愛兒子卻不好意思擁抱他或說出口。她談話時挽著我的手臂，我們在先前三次談話時也是手牽著手。

這家人是我最喜歡的人家之一，我待在弗拉伊庫村時常常造訪他們（有時是應他們的邀約，有時是我主動），而在他們搬到城裡和兒子一起住後，我又去探望過他們好幾次。她丈夫非常聰明，總是可以抓住我問他任何問題的要旨，提供詳盡有用的回答。他可愛的太太雖然話比較少，卻一樣讓人愉快。我很期待每個可以和他們共度的傍晚。事實上，我對他們兩人都有一點迷戀，有鑑於那個傍晚她對我示好，我一定也表現出我對他們的迷戀。

15　譯注：作者會以田調對象的門牌號碼取代姓名稱呼。

內政部D.S.S. 最高機密

胡內多阿拉縣分局第三科 一九七九年十一月二十二日

致布加勒斯特的第三處

美國公民韋德瑞．凱薩琳．瑪琳在一九七九年十一月十七日抵達胡內多阿拉縣，她是巴爾的摩約翰霍普金斯大學的助理……她抵達的那個傍晚受到當地人接待，他們從一九七四年起便認識她，對再次看到她表示高興。

利用這個機會，線民「雅各布」根據他接受的指示，邀請她第二天到家裡作客。除了一般性的話題外……那名外國人問情報來源知不知道有關弗拉伊庫村的第一份文獻證據，他回答不知道。韋德瑞．凱薩琳表示，她讀過一本叫《外西凡尼亞契據》(SIEBENBURGER URKUNDE)的書，裡面提到，第一次有提到這個村莊的文獻是出現在一二九〇年。她還說，在鄂圖曼帝國時期，這個地方是沒有人居住的。對此，線民根據歷史事實加以反駁……線民向她指出，不管是過去或現在，奧萊爾．弗拉伊庫村都沒有匈牙利人口。[13]

這份報告是根據線民兩天前提交的筆記寫成，他的直屬軍官在筆記上有以下批註：

> 線民的這份材料是出於我們要求而提供，因為在一次會面中，我們對他下達有關韋德瑞・凱薩琳的指令……線民被指示和那位外國人保持關係，觀察她關注、感興趣的問題，以及她常常跟誰接觸。
>
> 維奧雷爾少校（Maj. Crăciun Viorel）

該軍官在「雅各布」稍後呈交的一份報告上批示說：「情報來源的職責是進一步發展和美國公民的關係。」

讀到這些筆記，我極度震驚。雖然在我檔案中「雅各布」寫下有關我的六、七份報告，總體來說是無傷大雅（除了指出我的「歷史錯誤」之外，他對我也有一些正面評語），但一想到和他們夫妻在一起的那些快樂傍晚是由國安局授意的，我就深感困擾。後來到了二〇一三年（我讀那些報告五年後），我才忽然領悟到，也許正是他的線民身分，才讓他可以常常宴請我；因為線民身分給了他掩護。監視畢竟常常只是社交的方式之一。在這之前，我一直深感受傷。而又要過了更久後我才意識到，他打我報告的情況僅見於我第二次田野研究期間，而不包含第一次（我們的友誼是在我第一次田野時締結的）。有了這些想法，我就比較能重新相信我們的友誼可能是真誠的，而不是投機取巧。

要對被朋友告密這件事建立觀點需要時間，以「雅各布」的個案來說是五年。後來我逐漸記起，我畢竟是在乎這些人的，而且我也希望能繼續在乎。如果一個線民仍然在世，願意跟我談談，我就比較容易建立觀點。不過在我讀到他筆記時，「雅各布」和他太太都已經過世——很多曾經舉發我的人也是如此。「雅各布」的其中一位親戚尼科（Nico）*是我的朋友，我和他討論我的檔案已經有一段時間。我首先問他想不想看看他親戚寫的報告，然後給了他一篇「雅各布」的筆記。就像我一樣，他看了筆記後相當沮喪。接下來的一整天和第二天，我跟他和他太太蘇菲（Sofi）*花了很多時間討論要怎麼解釋「雅各布」告密這件事。由於「雅各布」的工作和庫吉爾兵工廠有關，他有時候可能被發現造成機密庫存短缺的問題（這種事常常發生），國安局利用這個把柄讓他在坐牢和當線民之間作選擇。又也許是他回家時帶了太多集體農場的玉米，所以被給予同樣的選擇。或者他在村莊的影響力讓國安局想特別吸收他，所以對他施加巨大的壓力。蘇菲說：「他是個膽怯的人。這個理由讓他有可能……但我深信在這樣做時，他自己也覺得很痛苦。」稍後，她又用同一個詞形容另一個人人都懷疑是線民的人：他非常膽怯，非常懦弱。

第二天我問他們，昨天的討論有沒有什麼不良影響。尼科說他又有了一些想法，但他把那些想法都否定掉，而兩個人都做了惡夢。他夢見自己被跟蹤。對方一度跟丟，後來又抓到他。尼科和蘇菲都強調他們確定「雅各布」一定有什麼把柄落在國安局手裡，讓他不得不當線民。然後他提醒，我們花了多少時間為「雅各布」解釋，想找出理由幫我們理解他的行為，因為這些行為令我們困擾。他們倆感覺亟需為敬愛的親戚脫罪，因為這個人一直是他們的道德榜樣。於是我開始會更細緻分辨線民：有些我們可以為他們找理由；有些沒有其他線民那麼壞，因為他們在報告中沒有說標靶的壞話；還有一些人即使說了壞話，卻八成為此感到痛苦等。

稍後，從「雅各布」的線民檔案中，我得知他是在一九六四年——當他是教堂委員會成員的時候被招募的——當時國安局需要滲透教堂委員會，他那時候的報告主要是關於教堂事務。但有關他的材料可以追溯到一九四三年，也就是在共產主義之前的「維安警察」（Siguranța）[16]時期。國安局為追捕法西斯主義的活躍支持者，保存了「維安警察」很多檔案，

16 編按：維安警察（Siguranța）為羅馬尼亞共產政權之前祕密警察組織的前身。

而「雅各布」似乎就出現在這些檔案裡面。在一九四〇年代，有很多羅馬尼亞人（包括羅馬尼亞裔和德裔）對不同的本土法西斯主義組織感興趣。二次大戰後，很多情報機構，包括東德的「史塔西」和國安局，都致力於網羅蓋世太保、黨衛軍和國防軍的成員，也致力於網羅「鐵衛團」（Iron Guard）[17]之類的本土法西斯群體，唯恐他們會被西方的情報機構搶先吸收去[14]。事實上，「雅各布」的真名，和另一位弗拉伊庫村活躍於法西斯主義組織的村民非常相似，所以有些關於「雅各布」在一九四〇年代的資訊是錯誤的，它們實際上是另一個村民的資訊。由此看來，「雅各布」在戰時的活動（部分和另一位村民混淆）讓他可能有落入祕密警察手中的把柄，也讓他被放在線民「儲備庫」以供後來使用（例如在我的個案中被重新起用）。但這只是猜測。

＊＊＊

得知有人打我的報告，是我在讀我檔案時最難過的經驗（我稍後會再提及一些線民），也是最難以釋懷的經驗。我的反應視個案情況而不同，從暴怒、失望到困惑不一而足，同時還一直納悶他們為什麼會這樣做。很奇妙的是，我以及和我討論這些事的人，都會極力地為線民開釋——就像我和尼科、蘇菲對「雅各布」的討論那樣。如果他們的報告沒什麼傷害性

（像「雅各布」的報告），或沒有提供可起訴的材料，為他們開脫會比較容易。但如果他們提供的材料是有破壞性的，正好是讓國安局可以把我歸類為「敵人」的材料，那麼要為他們開脫便吃力許多。線民的問題在一九八〇年代會更白熱化。

線民報告除了讓我有不好的感覺外，在更廣人的意義上也顯示出一種重要和令人清醒的可能性：隨著我和一些人類學家在一九七〇年代抵達羅馬尼亞[15]，國安局找到進入農村地區的新切入點。過往，國安局對農村地區的控制嚴重不足。在那些年間，農村人口占了全國人口的五、六成，但農村的線民只占全國人口的一成五。任何村莊社會結構的轉變，都有助於把更多人吸收到線民網絡——一個人類學家的到達必然就是這種轉變之一。至少有兩個固定打我報告的線民，是因為這個任務才被招募的。另一個常被祕密警察問關於我的事，但沒有寫下報告的朋友也是如此。另外，對於我一舉一動的監控讓地方警察和村民的關係也變得較為密切，警察會問村民我在做些什麼（但沒有正式招募他們為線民）。

就這樣，國安局利用外國人類學家來進一步壓制農村人口，滲透到本來難以進入的空間和群體。這意味著，雖然我們會認為我這種人類學家在共產政權眼中，主要是個討厭鬼（這

17 譯注：鐵衛團（Iron Guard）為一九二七年到一九四七年之間羅馬尼亞的極右組織。

反映在祕密警察起初對要怎麼處理我顯得猶豫不決）。但假以時日，國安局卻把我當作槓桿。總之，人類學家為警察帶來一些好處[16]。人類學家確實是具有「輻射性」的。

出賣

我有覺得被打我報告的人出賣了嗎？這必然是很多羅馬尼亞人和其他前蘇聯集團的人對打他們報告的朋友的感覺，而他們又因為有這種感覺而熱烈追求報復（不過他們能做的通常只是披露線民的名字）。應該用什麼態度對待線民是個複雜的問題，這或許最好留待我在第三章介紹更多線民後再談。不過這個問題的複雜性，可從我自己在田野中的行為略知一二。

由於在第一次田野工作期間，我對羅馬尼亞所知甚少，我那壓抑不住的熱情讓我變成一個危險的人，並成為出賣自己的源頭。下面的報告就是一個例子，它是由一九七四年一位我在國家公證處影印文件時認識的男人所寫。我和那個男人一起工作了幾星期，期間有點互相來電。工作結束後，我們一起去喝啤酒，又有更多打情罵俏。然後我主動表示可以在我去赴下一個約的路上載他一程把他送回家，我問他知不知道我接著要去的一棟大樓在哪裡。我膚淺地認為我們已經成為好友，所以我告訴他我要去找誰，這正好犯了冷戰期間待在羅馬尼亞的外國人的大忌：永遠不要在一個朋友面前提另一個朋友的名字，除非你確定他們彼此認識，而且得到他們允許。那個男人有關我的報告總共有兩頁，密密麻麻打滿了字，其中包括以下這個段落：

韋德瑞太太有一臺掛紅色車牌的「莫爾巴」摩托車，我坐在上面，從戈日德區去到〔地址〕，在那裡下車。由於她對這個城市不熟，她要我帶她到那裡去。她說大樓裡住著她的朋友希林格（Schilling）一家人（我不確定是不是這名字）。

辦案軍官的後續報告更正了他最後一句話：「她去了比爾曼夫妻家，我們將會按照反間諜科領導的命令，對他們夫妻採取行動。」

我是哪根筋不對，竟然把比爾曼夫妻的名字提供給一個我幾乎不認識的人！我真是個大嘴巴！抱持這種漫不經心的態度，我和比爾曼夫妻（或其他像他們的人）越是親近，我對他們來說就越危險。國安局固然也會監視羅馬尼亞學者，但由於羅馬尼亞學者不像外國人那麼容易被認為是間諜，跟他們接觸的朋友和熟人受到的影響通常比較不嚴重。

我的「輻射性」在一九八四到八五年間變得更加惡性。為了避免我的日記被人找到，我本來不寫日記，但那時期我開始在我田野索引的對開頁寫下一些個人感想（我用田野索引來記錄每日訪談課題，以及田野筆記的對應頁碼）。起初這些筆記相當平凡無奇，只是記錄我的情緒變化。然後，隨著我的情感雜交情形開始興盛，這些日記變成我和不同人熱烈互動的電報式紀錄，也偶爾記下我對他們的綺想。當時的我似乎有這樣的需要，想保存我對豐富感情生活的記憶，希望它們日後說不定能幫我克服一些常駐於心靈的疑難。由於我猜想我可能不是唯一對這些筆記感興趣的人，因此我到哪裡都帶著它們。然而祕密警察後來還是把它們弄到手了，並翻譯出最初幾個月的內容（幸好只是最初幾個月，因為我後來的日記內容更火熱）。因為如此，我出賣朋友的潛力變得更大。羅馬尼亞在一九八〇年代的環境變化將會讓這種潛力被充分發揮。

二〇一二年夏天，我和朋友西爾維婭就線民的問題有過一番長談。我應該對這些線民採取何種立場？我希望可以找他們其中一些人談談，也就是說，我將會對他們採取一種民族誌的研究態度，而不是道德針砭的態度。西爾維婭回答：「他們會問心有愧。」她暗示願意和我談的人可能不多。我說我不覺得自己有權去論斷，因為我沒有跟他們身處在同樣處境：我不是這裡的人，沒有祕密警察逼迫我當線民。西爾維婭反對說：「我認為妳這種想法很蠢。

妳當然有權論斷。妳在這裡待了很長時間，對這個國家有重要投入。但他們卻這樣對你，有時還造成殺傷力。」在二十一世紀的羅馬尼亞舉發別人仍被認為是重要的道德問題，並且迫使人採取一種我目前仍難以心安的立場。

變化中的身分

一九七四年秋天，我在田野待了近一年後，有一天我從德瓦坐火車回弗拉伊庫村。一個買票時排我後面的男人聽到了我要去的地方，上火車後找我攀談。他說他在鐵路局工作，二戰後曾被派駐到弗拉伊庫村火車站一段時間，所以想從我這裡知道村中一些人的消息。全程四十五分鐘我們幾乎都在交談。我回答了他有關許多人的問題，他們的子女後來怎樣、誰搬到了城裡去、他們的親戚現在在做什麼。他們的事情沒有我答不上來的。隨著火車接近弗拉伊庫村，他突然問我：「但是……妳又是誰？」我決定不透露我的美國人身分（我常常覺得解釋這一點很無聊乏味），改為告訴他我是學校裡的老師：這個工作讓我不需要是村裡的人卻仍然可以知道很多事情。當我把這件事告訴梅妮時，她哈哈大笑。「現在弗拉伊庫村沒有人比妳對每個人的情況更加清楚！」在她看來，我完全鞏固了我的民族學家身分。

幾個月後，我將會失去我的間諜身分。帕爾軍官（為我建立DUI檔案並提出我作為間諜的兩項假設的那一位），匯整了他和下屬軍官蒐集到的證據。以下我會大篇幅引用他的報告以顯示他的思路。

內政部　最高機密

胡內多阿拉縣分局第三科　一九七五年三月八日

報告書：

建議關閉對美國公民韋德瑞．凱薩琳．瑪琳建立的DUI檔案

一九七四年三月二十日，我們針對美國公民韋德瑞．凱薩琳．瑪琳建立了一個「追查卷宗」。該美國公民來羅馬尼亞是為了她有關外西凡尼亞人類學、民族誌和和民俗問題的博士論文進行研究。

為了獲得必要的資料，該美國公民參與了奧萊爾．弗拉伊庫村環境內的各種文化—藝術活動，但她的主要關心是接觸村裡所有居民，查問他們的家族起源、家族成員、

年紀、職業、性格等等。同樣的，她也想知道他們財產的來源、獲得的方式和轉手的方式。

為了取得盡可能正確的資料，她除了和村中的知識分子維持聯繫，也和老年人保持連結。她不只關心老年人自身的處境，也關心他們子女。她似乎也對一些資料來源感興趣，例如人民委員會的民事登記處、東正教會和路德會教堂證詞、各種不同種類的年度統計數字。〔後面是對我的資料來源更詳細的描述。〕

從我們為這個DUI檔案採取的祕密措施，我們得知：

——韋德瑞．凱薩琳．瑪琳接觸大量的人。

——她在奧萊爾．弗拉伊庫村完全從社會—經濟和政治的角度記錄事情，熟悉所有村民的生活觀點、關注和表現等。

——雖然在她居住的那一區有很多人在庫古爾工作，還有很多人有親戚在不同政府機關和軍事單位工作，但從我們取得的材料看，她對他們在工作單位的活動並不感興趣，儘管她有直接接觸一些人。

——到羅馬尼亞來進行文化交流的美國學生、博士候選人和教授，都和他們在布加勒斯特的大使館保持固定聯繫，大使館對他們的活動持續注意……

從蒐集到資料看……她並沒有進行不利於羅馬尼亞的違法活動。她在逗留期間所結交的人並沒有在反間諜工作上表現出是可疑的特徵。

有鑑於上述事實，我們建議關閉針對韋德瑞・凱薩琳・瑪琳的DUI檔案，把資料歸檔入庫。與她密切交往的人將會由我們的機構繼續留意一段時間，或許會整合進線民網絡。

這些材料會在檔案庫保存十年。

帕爾中校

國安局對我的監視一直維持到我離開羅馬尼亞，甚至延續到我離開之後。在最後這段日子，兩名線民被安插在我四周、報告我跟誰有接觸，以及在可能情況下偷我的文件拿去影印。帕爾軍官從對關於我的材料一絲不苟的分析中得出結論。他一路下來專注於布加勒斯特方面分派給他的任務，評估我是否在刺探軍事設施。而他從證據中斷定我沒有這樣做，也沒有什麼其他表現讓他不安的表現。他在一九七三年有關他的考核檔案形容他是個「具有強大分析力和彙整能力的睿智軍官」。在我看來，他對我做的最後報告支持了這個評價：這個一直完全正確。不過，在我後來幾次田野工作中，他的同僚們將不會這麼目標導向，而是完全不斷挑我的毛病，直到找到為止。事實上，他們抓到很多把柄，有些是虛構，有些則是事實。

＊　＊　＊

一九七四年有一天，當我跟梅妮和她的朋友薇卡（Veca）閒逛時，談著談著，我們的話題轉到了羅姆人（țigani），也就是吉卜賽人。雖然他們常會來這裡的集體農場當季節性勞工，他們在的弗拉伊庫村的人數不多，但這沒有阻礙梅妮和薇卡大說他們壞話：吉卜賽人懶惰、他們散發出一股怪味、你不能信任他們、他們整天偷東西等等。對此我沒有像一個稱職的民族誌學家那樣，設法更深入探索這兩個女人對吉卜賽人的感覺和印象，反而有一點暴躁，開始解釋為什麼這群人在社會結構中的地位會影響他們的行為，換言之，我要給她們上一課「貧窮文化」。她們聽了，然後一個人對另一個說：「她比我們更是一個社會主義者！」

我第一次田野之旅的一大諷刺是，在一九七二年離開美國時，我對左派（不管是政治上還是思想上）都沒有特別感興趣，但當我在一九七四年回國時，卻已經準備好要接受在人類學裡愈來愈有分量的馬克思主義的影響。當我結束研究回到史丹佛後，我四周每個人都在讀華勒斯坦（Immanuel Wallerstein）的《現代世界體系》（*The Modern World-System*），並且對於這本書在馬克思主義史學中的地位有各種不同爭論。不到幾星期，我就和史丹佛人類學系的一些人加入愈來愈流行的潮流：向新馬克思主義輸誠效忠。寫完博士論文後，我被約翰霍普金斯大學雇用，而它的人類學系在西敏司（Sidney Mintz）的啟迪下是馬克思主義潮流的先鋒。我最終將會從另一個類似的系退休：紐約市立大學的研究生院（CUNY Graduate Center）。雖然我的馬克思主義資歷不是非常深，但我始終都認為我的學術生涯思想原鄉，是新馬克思主義人類學提供的政治經濟學取向。這是我另一個身分的變化，它至少有一部分是我在「鐵幕背後」生活了十七個月的經驗所促成。

為什麼生活在羅馬尼亞會有這種效果？這絕對不是我在那裡找到的意識形態榜樣。事實正好相反，在弗拉伊庫村熱情的共產主義者少得出奇，和我談論共產主義的人更是一個也沒有，有的只是一批雜七雜八的社會主義者官僚。在一九七四年，共產黨二十五年來的統治成果也乏善可陳。如果說羅馬尼亞共產黨有什麼讓我印象深刻的地方，那就是它設法在沒有提高人民政治意識的情況下，創造一種共產主義的社會秩序，這註定會失敗的。換言之，依循蘇聯的征服而來的共產主義並非正道。在我看來這證明毛澤東所說的「革命必須是兩條腿走路」是正確的。執政者一方面必須辛勤地改變人民的意識，一方面則要致力於改變生產關係。

不過再次重申，我的新思想傾向可能和羅馬尼亞完全無關。我同樣有可能是在回到系上之後受到我同事的熱忱影響。因此或許可以說我在羅馬尼亞的時光鬆動了我，讓我可以採納一種新的思想取向。我在那裡受到的政治教育擴大了我的思想和政治視野，讓我深信一定會有比我在羅馬尼亞看見的那種以互不信任為基礎的公民文化更好的東西。新馬克思主義人類學或許將有助於我在這方面的思考。

一九七〇年代晚期

我也是一名匈牙利人嗎？

帕爾軍官在一九七五年，提出令人歡欣鼓舞的為我除去間諜嫌疑的裁定沒有維持多久。我在一九七九年十一月（也就是離開五年之後）重返弗拉伊庫村，待到一九八〇年二月。當時我已經完成博士論文，開始教書。為了出版我的論文，我需要補充一些內容，但我也想看看弗拉伊庫村有什麼變化。不過，在我還沒踏足羅馬尼亞以前，便已經有兩份不祥的文件出爐。

軍事單位〇六二五號　最高機密
一九七九年六月十九日
情報來源：「西爾維烏」(Silviu)

筆記

有關IREX獎金前得主韋德瑞．凱薩琳

在她上次逗留期間和在她在一些機構工作期間（特別是德瓦的國家公證處），情報來源對美國學者韋德瑞．K都印象欠佳，這特別是因為她有匈牙利血統，而且她的研究是有關奧匈帝國時期。

內政部　最高機密
胡內多阿拉縣分局〇五四四單位　一九七九年十月八日

致反間諜科

在羅馬尼亞與美國合作關係和文化交流的背景下，一批學者會抵達我國從事研究工作，其中有四人有匈牙利血統，包括：韋德瑞．凱薩琳．瑪琳、朗基．拉約什（IANK LAJOS）、朗基．敘桑（IANKY SUSSANE）和賽凱伊．佐爾坦（SZEKELY ZOLTAN）……

為了遵守國家安全部部長同志批准的命令，你們要安排以下措施以查明：

——上述等人的職業操守；

——他們蒐集、解釋和利用所獲得資料的方法和取得資料的來源；

——他們是否有受到和羅馬尼亞社會主義共和國敵對的圈子影響的跡象；

——他們是否試圖向他們被准許接觸以外的人蒐集其他資料和素材。

一個上級軍官的批示補充了好幾項額外措施，包括必須把我安置在「某個從他們觀點來看可接受」的人家裡，以及準備好派出「兩名受過很好訓練的反間諜科線民（一位是羅馬尼亞裔歷史老師，一位是德裔或匈牙利裔歷史老師），來影響我的看法。」

我被轉化為一名匈牙利人的程序已經開始了。

為什麼有匈牙利裔血統會是個問題？幾世紀以來，匈牙利和羅馬尼亞的政治領袖就對介於兩國之間的外西凡尼亞地區歸屬問題爭執不休，而羅馬尼亞人也常常為匈牙利貴族曾經奴役他們幾個世紀憤慨不已。我在弗拉伊庫村從事田野工作期間，人們常在談話中插入這樣的話：「你知道嗎，我們本來是農奴！是匈牙利人的農奴！」他們說的就好像他們的農奴身分是上星期才結束一樣。「國家農民黨」（National Peasant Party）在十九世紀至二次大戰幾十年間的政治行動，對羅馬尼亞農民的意識有深遠影響。

雖然這裡不是應該談外西凡尼亞族群關係史的地方（我的《外西凡尼亞村民》[*Transylvanian Villagers*]有這方面介紹），但我注意到人們對這地區各族群的人口數缺少共識。但如果我用匈牙利的普查為準（例如一九一〇年的普查，當時外西凡尼亞還是匈牙利王國的一部分），那麼，羅馬尼亞人佔人口百分之五十五，匈牙利人佔百分之三十四，德裔人佔百分之九。羅馬尼亞對外西凡尼亞的主權宣稱，是奠基於他們作為更早前定居並佔據多數的人口，匈牙利人則以征服者的權利作為主權根據，並否認羅馬尼亞的更早定居之說。

雖然這兩群人在歷史上有相當大的磨擦，他們在一九七〇年代早期的衝突卻比其他時期來的小。但隨著羅馬尼亞經濟在一九七〇年代晚期開始惡化，外西凡尼亞的匈牙利裔開始抗議政府種種措施，具有族裔歧視性質。他們受到僑居西方國（特別是美國）的匈牙利裔強烈支持，後者在一九八〇年代的行動之一，是以族裔歧視為由反對本國政府延續羅馬尼亞的最惠國待遇。一場特別激烈的抗議出現在一九七七年，也是在我重返當地不久之前，抗議的領導者是外西凡尼亞地區的匈牙利裔黨幹部基拉利（Károly Király）。同一年還有其他抗議活動，而且抗議活動一直持續到下個十年。從當局的觀點看——特別是從外西凡尼亞國安局的觀點看——我的匈牙利裔身分讓我變得十分可疑。

不知道是不是因為這些抗議或者其他原因，祕密警察在我回到胡內多阿拉縣的弗拉伊庫村前，作出了極端周詳的準備。一九七九年十一月底，奧勒什蒂耶的國安局單位製作了一份報告，記載四位「在『民俗學家』個案中被使用過」的線民，他們得到指示要偵查二十件事情。這些事包括：任何一個我離開村莊的行程內容（去了多久、目的為何與計畫見誰）；我和哪些知識分子有接觸、我們談了什麼；有誰從別處來探望我；我到美國大使館的行程；我拍照都在拍什麼；我的行李箱中放了什麼物品，是否包括宗教素材，如果有我又會如何散布它們；我的田野筆記內容；我是不是對「民族主義者—領土收復主義者」（國安局稱呼匈牙利裔的暗號）感興趣；我有沒接觸在庫吉爾工廠的工人；我的家人和任何我在海外的親戚資料；我的政黨歸屬；我已出版的作品是忠實呈現還是扭曲羅馬尼亞的情況。報告中還提到我曾經涉嫌蒐集軍事情報，但沒有提我的嫌疑已經清除。

基於這些憂慮，報告撰寫人建議對我進行比以前更嚴格的監視。造成此種局面的一個可能原因是德瓦反間諜科的帕爾軍官本身就是匈牙利裔，所以不會對我的匈牙利裔身分起疑，但在一九七四年之後，帕爾的工作被羅馬尼亞人接替。其次，他們可能因為我的名字懷疑我是匈牙利裔。因為在非匈牙利人眼中，這名字看起來有匈牙利味道。匈牙利人的姓常常是以y結尾，重音放在第一音節——我的姓就是如此（Verdery）。另一個可能是，在將我列為四個匈牙利人之一的那份報告中，撰寫單位的代號（〇五四四）顯示出它是一個對外情報單位，主要關心的就是匈牙利裔問題。這個單位在前一年才剛剛因為其副首長帕切帕將軍（Gen. Ion Mihai Pacepa）叛逃，而歷經完全的重組。在最優秀的軍官被調走後，取代他們的人能力嚴重不足，而犯下粗淺的錯誤。他們的錯誤將會影響我以後多年人生。

對於我的名字有可能會被誤認為是匈牙利名字這一點，我有過一個引人發噱的回應。在一九七九年十月九日我寫給布加勒斯特IREX獎金管理人貝尤先生（Mr. Beiu）的信中，我提到有好幾個人都評論我的名字很像匈牙利人，並表示：「從羅馬尼亞人的觀點看，有一個有匈牙利名字的研究者，蒐集外西凡尼亞的歷史資料將不會是太好的事」，所以為此我要嚴正聲明，我的名字是法文名字，不是匈牙利名字。

這是我又一次「坦率透明」的性格特徵的發作，無疑會被國安局視為我想歪曲事實的嘗試。而我在信中不避諱提及我帶著一個「匈牙利」名字研究外西凡尼亞歷史，可能為我帶來麻煩的行為舉止，也再一次顯示我無比的天真。

羅馬尼亞人對匈牙利裔身分的敏感，牽涉到他們對間諜活動的定義。隨著我的文化理解加深，我明白羅馬尼亞人不只在乎軍事和政治情報的間諜活動——這種活動是大部分美國間諜文化的核心，例如電視劇集《美國人》或勒卡雷（John le Carré）的小說。對國安局來說，他們固然有必要狠狠打擊這種間諜活動，但在一九七五年，光是擺脫從事這種間諜活動的嫌疑是不夠的。蘇聯人和羅馬尼亞人的一個基本差別，在於蘇聯是一個無可爭議的大國，但羅馬尼亞卻是一個相當小的國家，因此需要不斷擔心自己在世人眼中的形象（這是我付出代價學來的）。

在我的檔案裡，國安局最擔心的事之一就是我會詆毀羅馬尼亞。而如果我無意中做了這樣的事，國安局便發誓不會原諒我。祕密警察是愛國者，他們認為自己的首要任務是保衛國家的正面形象。他們擔心我會強化匈牙利裔反對羅馬尼亞的聲音，助長匈牙利人的訴求。他們總是認為這些訴求對他們不利，而他們也擔心我不只是在破壞羅馬尼亞的口碑，更是在破壞社會主義的口碑。要知道當時畢竟是冷戰時期，有關社會主義的資訊在兩邊陣營中都被高度政治化，並常被視為祕密。而一個蒐集「社會—政治資訊」的人（我似乎就是），有可能會發現一些讓人不快的真相。儘管這看起來不像是間諜活動，但在冷戰的脈絡下，當資本主義和共產主義兩大陣營互相對壘、小國家被吸收到兩大強權集團的時候，平常的非間諜活動就會變成間諜活動。

＊＊＊

我從十一月中起在弗拉伊庫村待了四個月，然後到克盧日市住了一個月，最後一個月再回弗拉伊庫村。雖然一九七三年從歐洲開始的經濟衰退效應已經傳播到羅馬尼亞，而我在都市的朋友似乎也抱怨得比從前多，但弗拉伊庫村卻沒有什麼重大變化。在我和莫阿莎第一次談話中，我問她人們這段日子都說些什麼，她以為我指的是一般生活狀況。她回答：「生活從來沒有像現在那麼好過。」（"You kow, life was never as good as it is now."）又補充說很多人都是這種看法。我認為這是事實。然而梅妮比較審慎。她在提到帕切帕將軍叛逃帶來的災難性後果時語帶保留，說：「國家在這個夏天受到某人的出賣」，因此情勢變得緊張。另外，她說還是有些人懷疑我在這裡的工作。她預期我這次來會比上次遇到更多麻煩，也很驚訝於我能被批准回來。她認識的一名安全官就認為我不太可能回來。

我在弗拉伊庫村花了三個月密集詢問和村史有關的問題，特別是訪談年長的報導人。

後來我去克盧日市，到檔案館挖掘幾世紀前在弗拉伊庫村擁有地產的匈牙利貴族資料。我本來完全不知道有找到這種資料的可能性，是一個我偶然認識的人給我提供的線索，這個人將會對我日後與羅馬尼亞的關係有深遠影響。他就是著名的克盧日市歷史家普羅丹（David Prodan）。

院士普羅丹

在前往羅馬尼亞途中，我在布達佩斯停留了幾天，以便在匈牙利國家檔案館的外西凡尼亞區查一些數據。和在布加勒斯特的情形不同，即便我沒有交流獎金得主身分，在布達佩斯我一樣能申請調閱一些文件，因為那裡的檔案庫是由教育部管理，而不是像羅馬尼亞那樣是由內政部管理。我獲得大量有用的資料，又很愚蠢地在去到克盧日市後毫無保留地談論這點，因而奠定我「親匈牙利」的名聲。好幾份線民報告都因為我有去過布達佩斯，而暗示我有親匈牙利傾向。

然而我在布達佩斯的最重要成就卻完全是誤打誤撞取得的。有一天，當我去到檔案館時，館長告訴我克盧日市的普羅丹教授[17]目前就在檔案館做研究，問我想不想見他。我讀過的歷史著作夠多，知道普羅丹教授是研究外西凡尼亞農民大名鼎鼎的歷史學者，所以忙不迭說好。稍後我被帶到一條走廊，在那裡看到一個個頭很小的老人（他當時七十八歲，我三十一歲）。他留了一頭茂盛的銀髮，頭上的貝雷帽幾乎覆蓋不住，眼睛在厚重的鏡片後面閃爍著強烈的智慧光芒。他展露微笑，向我伸出一隻手。我握住他的手時感覺像是有一股強烈電流從他身上流向我，從那一刻起我便對他死心塌地。那些年間我在羅馬尼亞建立的所有情感聯繫中，我和他的聯繫特別熾烈——不幸的是也最多災多難。

由於普羅丹教授曾親切地主動表示可以幫我進入克盧日市的檔案館，我一抵達便和他聯絡。在我逗留那裡的幾星期間，他都能在延誤最短時間的情況下讓我進入檔案館，又成功說服頑固的館長為我提供一名翻譯。我看不懂匈牙利文，有了翻譯讓我能發現在一八四八年廢除農奴制以前，有關外西凡尼亞的封建經濟一些很有趣的事情。但對我來說更有意義的事是我對普羅丹教授產生了依戀之情。要說這種依戀之情是互相的雖然放肆，但我相信在某種程度上確實是如此，否則我們就會難以理解幾年後發生的災難。事實上，讓我感到滿足的是在一九八〇年代負責竊聽普羅丹教授的安全官在抄錄我們一段長談時，就是以這種方式看待我們的關係（他稱教授為「潘」）。當時我在逗普羅丹教授，問他什麼時候會娶我：

他們是在開玩笑，但他們真的相互有著親愛之情（儘管年紀相差懸殊）。他們非常

> 開放和坦率，對討論的課題表現出深刻的關注。這兩人的友誼是堅實的。

在抄錄我在教授家吃生日晚餐的談話後，安全官又評論說：

> 每個人都很放鬆。K明顯感覺愉快，她喜歡受到恭維，她專注、有禮而恭敬，受到「潘」的支配。她很明確地喜歡他的陪伴。他們以幽默感和良好的品味完滿彼此。

一九七九年冬天我待在克盧日市的那一個月期間（這段時間沒有竊聽紀錄），普羅丹教授夫妻把我帶進他們的社交生活。他們喊我「喀秋莎」（Katiusha）[18]，邀請我參加他們家中舉行的聚會，並與他每天工作地點大學圖書館（Academy Library）的同事同歡。幾年後，在一九八四到八五年，當我待在克盧日市的八個月期間，這些同事中有人會成為我特別的朋友。普羅丹夫妻常找我參加他們固定的星期天郊遊，並由他機智風趣的同事利維烏（Liviu）當司機。教授有一種與大自然深刻交融的罕見能力，他對音樂也是如此，會帶我去聽克盧日

18 譯注：意指小凱薩琳。

市愛樂樂團的演出。當他知道我對蕭邦並不著迷時，他責備我說：「但蕭邦可是一位鋼琴的詩人！」（從此我愛上了蕭邦）。希拉・菲茨帕特里克（Sheila Fitzpatrick）[19]在回憶錄中談到她在俄國做研究時和導師薩慈（Igor Alexandrovich Sats）的密切關係[18]，我感覺這種關係有點像我和普羅丹教授的關係，只差他從來不喝醉和表白愛意。我不知道如果他表白的話我會怎麼樣。

在一九七九年，我從普羅丹教授身上感受到的強烈電流開啟了我對他的依戀，而在一九八〇年代，我們的關係日益加深，這有一部分也許和我的專業發展有關。我完成了博士論文，又把論文擴充為一本書，為了寫這本書認識了不少外西凡尼亞的歷史。我在約翰霍普金斯大學得到一份好工作，而且早已擺脫我研究生時代還不清楚如何做田野的那種困惑狀態。這些成就讓我獲得一些像普羅丹教授的羅馬尼亞專家肯定，令我很欣喜，而他對我的欣賞和照顧也讓我陶醉。另外，在更私人層面上，我對於他最喜歡的研究課題——外西凡尼亞農民（他是這種農民的直系後裔）——深感著迷。我的金髮碧眼也被教授偏愛，這種組合在羅馬尼亞人中很少見，因為他媽媽有一樣的特質（他在童年時便喪母）。最後，他在一九六二年因為寧願辭去教授職位，也不讓政客們的蠢兒子及格而失去一些收入門弟子的機會，我正好可以補上空缺。這些原因都強化我們之間的聯結。

對我來說，普羅丹教授除了異常聰明之外，他吸引人的特質就是做起事來非常投入——那同時是他正面與負面的特質。當他沉浸在一首音樂作品或一片山野景觀時，他會完全活在當下，臉上洋溢著至福表情。但當他對什麼事生氣，他的模樣會讓人瑟瑟發抖。他最讓我聯想到的人是伯恩斯坦[20]。我有一次很榮幸地可以在華盛頓一場慈善音樂會中演出，參與合唱馬勒的《復活交響曲》，負責指揮的人正是伯恩斯坦。他利用他變化多端的面容來告訴合唱團他想要什麼，例如用樂不可支的表情來暗示我們提升音調。如果我們沒能配合，他的臉色就會變得極度不愉快，但他不會出

19　編按：澳洲女歷史學家，專長於蘇聯歷史研究。

20　編按：伯恩斯坦（Leonard Bernstein），美國猶裔作曲家和指揮家。

普羅丹教授和「喀秋莎」，一九八五年。普羅丹家庭照。

言指導，只會要我們再唱一遍、不斷重複這個過程，直到我們能夠達到他用鮮明表情所表達的要求為止。普羅丹教授就是我的伯恩斯坦，而我崇拜他。

＊＊＊

當我拿到我的安全檔案時，我也拿到一個卷宗，裡面裝著很多普羅丹夫妻家中被竊聽的談話內容的抄錄稿。從它們在檔案館的存放位置判斷，它們不是因我而引起（也就是說普羅丹教授不是因為我，而是因為他自己而被監視），這讓我感到大大慶幸。這些抄錄稿也讓我擁有一些輕鬆時刻。首先，抄錄竊聽內容的國安局軍官（FI上尉）抱怨裝竊聽器的人把竊聽器裝在普羅丹家的廚房：那裡沒有多少值得注意的談話，又離教授書房太遠，無法錄到書房裡值得注意的談話。此外，這名軍官一反其他抄錄者常態，喜歡在抄錄稿裡發表自己的意見。她[19]對普羅丹教授很有好感：

他個性鮮明，而且異常正直……他還極富幽默感。他是個熱情、和藹可親和非常討人喜歡的人。

但她卻不太喜歡普羅丹太太，而且好像很討厭她的侄女，後者常到普魯丹家為他們做飯。在一九八七年十一月中，那名女軍官在從隱藏式麥克風聽了普羅丹家兩個女人「吱吱喳喳說了一大堆話」後，終於受夠了，她這樣表示：

這個人（指普羅丹教授）已經八十六歲了！即便他仍然活躍，這個監聽哨也沒有理由維持下去。基本上他的科學工作不涉及任何與國家安全有關的活動，他也沒有從事這種活動。建議關閉本監聽哨。

她的建議獲得接受。

雖然我看到監聽結束覺得鬆了一口氣，但這也表示我再也沒有機會讀到更多我和教授討論外西凡尼亞歷史、音樂和其他話題的長篇，甚至常常是逐字逐句的記錄抄本了（雖然麥克風的擺放位置不好，但仍然錄到一些這樣的談話。）對我來說，這些時刻有著重大意義，它們交融著熾烈、激情、知性和情感的力量，是我人生中最值得回味的時刻。普羅丹教授熱心於蒐集羅馬尼亞藝術品，送了我很多漂亮的油畫，它們至今還裝飾著我家的牆壁，讓我在看見藝術品時如見其人。

＊＊＊

當我第二趟田野之旅結束時，我在弗拉伊庫村已經結交了很多朋友，在克盧日市也認識一些人。我知道大量有關十九、二十世紀鄉村社會組織的事情，大部分都不涉及社會主義時期。即便我偶爾會覺得羅馬尼亞讓人生氣，但我個性中的某些部分仍為我打開大門。我變得對很多人和對羅馬尼亞本身很依戀，享受在羅馬尼亞工作的感覺。我對監視之網的警覺心比我應該要有的來的低——這不是因為它不存在，而是因為它被隱藏得很好。更進一步來說，我覺得我寧願自己無知覺，因為如此才能保持情緒的均衡。不過當我在一九八四年重返羅馬尼亞要為一個新計畫進行一年的研究工作時，無知覺變得不再可能。我本身的處境和羅馬尼亞的環境都已經發生了激烈的改變。

第二章　一九八〇年代：敵人的許多張面具

要理解一個地區的精神特質，最可靠和完美的工具就是我們自己的情感反應，我們需要的只是能對它訓練有素地利用。

——瑪格麗特・米德（Margaret Mead）

一九八四年八月，我重返羅馬尼亞從事另一年的研究，這一次的主題是民族意識形態的歷史形成過程。然而國安局很快就為我發展出其他計畫[1]。以下的文件以比較詳細的方式，顯示出我的工作將處於什麼樣的環境。

1　譯注：指認為她在從事其他間諜活動。

內政部 最高機密

克盧日市分局國安局 一九八四年十月二十四日

致內政部

國家安全部，第三處

供迪亞科內斯庫・格奧爾基中校（Lt. Col. DIACONESCU GHEORGHE）同志閱讀的機密

我們的機構對美國公民韋德瑞・凱薩琳建立了一個DUI檔案。她現年三十六歲，是美國約翰霍普金斯大學人類學系教授……她在一九八四年八月入境羅馬尼亞社會主義共和國，進行為期十個月的社會學研究，要研究民族歷史是如何反映在羅馬尼亞人民的意識中……

她抵達她現在的研究地克盧日—納波卡後，美國外交官xxxx去找了她。這位外交官是布加勒斯特美國大使館的政治顧問，也是中情局探員。他們談的事情已經獲得部分查證：該名外交官想獲得有關我國匈牙利裔人口現狀的資訊，並要把韋德瑞・凱薩琳拉入這項行動……

從對韋德瑞．凱薩琳的監視，以及透過祕密搜查獲得她的筆記影本，我們認定她毫無疑問在蒐集具有社會—政治性質的資訊，並以一種錯誤和有敵意的態度詮釋這些訊息。雖然這些資訊並非機密，卻可能對我們國家不利。

她抱持獲得這些資訊的目的，接觸在匈牙利知識分子中具有民族意識的人士，例如XXXX……鼓勵他對國家當局抱持一種抵抗態度……

考量到這種刺探情況，我們認為有必要採取緊急行動，以達成以下目標：

一、阻止她在羅馬尼亞人民中集結可靠的人際網絡……她的行動有可能會吸收一些人參與不利於我國的有組織陰謀。

二、妨礙她出版計畫要寫的作品，這些作品會讓人對羅馬尼亞人民和羅馬尼亞現實的認識產生偏差。

為了達成這些目標，我們建議以下幾種可能採取的辦法：

一、通知布加勒斯特美國大使館她的意圖，建議他們將她遣送回國。

二、如果我們和美國的的一些特殊處境讓這種措施顯得不宜，那我們應警告她不要超出她被准許研究的主題範圍，否則我們將被迫終止她的居留權。

這些措施的其中一種變體，是我們會透過一個可行方案讓她的筆記不翼而飛，使得她無法用筆記來寫她準備要寫的東西……

致國安局領導人　第三科科長

奧普雷亞・伊萬上校（Col. OPREA IOAN）　武爾坎・菲利查斯中校（Lt. Col. VULCAN FILITAȘ）

從一九八四年十月至一九八五年一月之間，克盧日市國安局高層軍官寫過好幾份這樣的文件，討論要如何把我驅逐出境。這些文件有一些看起來是草稿，常使用一模一樣的語言。在這些文件中，都有調查證明我是中情局探員，並對我在什麼意義下是個探員有更深入說明。另外，他們建議採取進一步措施：在克盧日市的美國公民四周布置充分線民，以確保他們知道國安局已掌握我的筆記；破壞我發展出的人脈，並且用我的例子來提醒大學當局有需要對外國間諜活動提高警覺。

事情怎麼會發展至此？在一九七五年三月，當我的身分還是「民俗學家」時，已經被排除在胡內多阿拉縣刺探軍事的嫌疑。現在十年過後我主要居住在克盧日市，卻變成一名非常厲害的間諜——「薇拉」（Vera）。這個「薇拉」涉嫌從事與過往完全不同的勾當：鼓動外西凡尼亞的匈牙利裔少數民族反抗政府，以及透過我所蒐集的資訊，宣傳不利於羅馬尼亞社會主義的偏頗觀點。這些罪名完全不見於我在一九七〇年代的檔案。「從事間諜活動」似乎是一個寬泛的標籤——事實上，不到十年之後，我將會被懷疑涉嫌從事另一種間諜活動。這中間發生了什麼事？

首先是國際局勢的變遷。在一九七〇年代，羅馬尼亞政府對間諜活動的憂慮，還沒有像雷根當選美國總統之後那樣嚴重。雷根的星戰計畫[2]、他的冷戰措辭和他明確的反共立場，都讓東西方的緊張關係急遽升高，也讓我從事博士論文研究時期寬鬆的政治環境為之收緊。在此同時，蘇聯集團的改革運動也逐漸增加。最高峰是在一九八五年戈巴契夫當選蘇聯共產黨總書記時，這對反對系統性改革的羅馬尼亞等國的共產黨構成一大威脅。反觀在一九七〇年代，羅馬尼亞國內局勢則相當平穩。

其次原因是我從鄉村搬到城市（克盧日市），這讓國安局人員要跟蹤我變得比較容易。我在一九八四到八五年間的研究計畫讓我在一間飯店住了整整八個月。然後我回到胡內多阿拉縣待四個月，這一次是住在鄉中心喬阿久村（而不是弗拉伊庫村）。此外，羅馬尼亞裔和

2 編按：星戰計畫（Star Wars initiative），正式名稱為戰略防衛倡議（Strategic Defense Initiative），美國在一九八〇年代研擬的軍事戰略計畫，目標為建造太空中的雷射裝置，讓敵人的核彈在大氣層被破壞。

匈牙利裔的關係，在克盧日市也特別嚴峻（那裡的匈牙利裔為數眾多）。根據一名讀過我檔案的檔研會同仁指出，在一九七四年處理我案子的德瓦軍官，訓練素質似乎不如一九八四年的克盧日市軍官。後者投入的心力要大得多，作出的準備也更徹底，因為他們要讓我顯得更罪證確鑿。

第三個原因則是我的研究課題從早期的民族和村莊生活轉移到歷史領域，而歷史是一個極度重要和政治化的領域，這讓我的研究資格引起不小懷疑。雖然我讀過一些歷史著作，但現在我是要以史學作為研究對象，試圖明白歷史對羅馬尼亞民族意識形態的形成所占據的地位。要與這麼野心勃勃的計畫角力，需要經歷我在一九七〇年代第一次從事田野工作時同等的磨難，但卻是另一種類的磨難。而雪上加霜的是，當我在一九八四年帶著我的第一本書《外西凡尼亞村民》（*Transylvanian Villagers*）來到羅馬尼亞時，我很快就發現自己在書中犯了一個可怕錯誤，導致很多人（包括羅馬尼亞的知識分子和祕密警察）感覺我背叛了他們。因此即便現在的我理應是一名成熟的學者，我卻又再次淪為「小孩」。這既因為我的研究計畫很艱難，也因為羅馬尼亞學者認為《外西凡尼亞村民》這本著作基本上是個敗筆。上述理由加總，將很快證明我在一九八〇年代的工作情況和十年前大大不同。

「薇拉」安頓下來

我在克盧日市的家是歐陸飯店（Continental Hotel）。我從一九八四年八月住到十二月中，再從一九八五年四月中住到七月。雖然在我住宿的第一階段，祕密警察要花一段時間才裝好監控設備，但他們在我第二階段住宿期間已有現成設備可用。他們的裝備稱為祕密行動技術（Tehnica Operativa），簡寫為T．O．，祕密警察又根據這個簡稱，為他們的裝備取假名「泰奧菲爾」（"Teofil"），或暱稱為「泰奧」（"Teo"）[3]。「泰奧」分好幾種，包括攝影機和各種不同的竊聽方法（例如電話、麥克風和電池供電設備等）。以下的文件標誌著他的到來：

內政部　最高機密

克盧日縣分局「T」組

3 譯注：泰奧（Teo）與泰奧菲爾（Teofil）都是羅馬尼亞男性會使用的名字，本書中「泰奧」是指偷窺和竊聽設備，以下作者都把泰奧擬人化，以「他」稱呼。

行動計畫

關於裝設T・O・的必要措施

在獲得第三科的廷卡・O中校（Lt. Col. Ţinca O.）同志同意下，我們計畫如下：把SO鏡頭裝設在一號房間。房間的門將由廷卡中校開啟，該工作會在一九八四年十一月九日完成。

進行滲透、共謀與執行該項行動所需措施：被跟蹤者今日將前往錫比烏（Sibiu）兩日。如果她提前離開，我們會要求錫比烏縣縣府協助通知我們。她所住房間的隔壁房是空的。

在三月十一日至十四日我短暫居住在歐陸飯店期間，祕密警察已獲准裝設竊聽設備。我的檔案中顯示直到一九八八年結束，每逢我住在歐陸飯店，「泰奧」總是與我為伴，並在我移居他處時緊緊跟隨。我在城市探訪的朋友無形中也承認了「泰奧」的存在：每當他們想談些嚴肅的事情，就會用枕頭或毛毯把家裡的電話蓋住[4]。

＊　＊　＊

當國安局已經監視了我一陣子，我在來到克盧日市的幾個月後寫了一封信給在美國的朋友們，告訴他們我已安頓下來，並慢慢習慣羅馬尼亞人那一套生活模式。當時我很明顯還沒意識到有什麼事在四周祕密進行，並準備好像以前一樣研讀我的研究。

給一些朋友的信，一九八四年十一月七日

我持續被自己受環境影響而減少的自律性與增加的玩樂興致所打擊，再加上我受到羅馬尼亞邪惡的非資本主義式時間觀影響，讓我面臨學術的災難。當其他人都沒有在趕時間時，

4　譯注：竊聽器很多時候會被裝在電話裡面。

一九八〇年代克盧日市歐陸飯店的明信片。作者的飯房間位於正面左邊二樓。

你不可能在一天之內搞定太多事情；而當其他人都停下手邊的工作、準備去閒聊喝咖啡時，我慣有的工作狂態度不可能不受影響。一天一天就這樣消失，當我回顧起來才發現每天都被沒有意義的活動填滿……

我現在要出發去喝一小杯絕妙的李子白蘭地，並準備好進行一連串非貨幣交易：用幾條香菸交換好的令人難以置信的私釀酒、用巧克力棒交換茄子沙拉、用咖啡交換我買不到的書等等。我在進行一種人們用來替代市場經濟的交易方式，到目前為止都進行得極為成功。這會比以金錢作為中介的交易多花一些時間，但型態也更有趣。反正人們不缺乏時間，除了對我們這種跨足於兩種時間經濟的人以外。

雖然我會繼續跟羅馬尼亞人的時間觀作戰，但在那一整年研究期間，我將熱烈效法我朋友的一些行為，例如不那麼費力工作的方式（白蘭地對此很有幫助），以及投入非貨幣交易和「灰市」交易[5]。這些都再次彰顯羅馬尼亞的生活特徵，以及我在這裡所呈現出的新自我。

「促進標靶的自疑」

當我在克盧日市安頓下來後，我開始為我的研究計畫進行一系列的閱讀（我現在這個研究計畫比前一個要更仰賴圖書館）。但我不是獨自一人在閱讀，祕密警察一樣如影隨形，他們早就忙碌地安排好線民的工作。有些線民被安插在圖書館裡，每當我離開閱覽室，他們就會偷看我的筆記內容，記下重點之後送出去。另一個線民（一個民俗所的研究員）因為不喜歡我研究計畫的理論取向，而想搶先勸我打消主意。

> 一九八四年九月五日，線民筆記。在九月四日，情報來源應凱薩琳・韋德瑞要求和她有一番談話。當情報來源問到她的研究主題時，她回答說想看一般人會認同他們的民族史到什麼程度、他們對民族史知道些什麼，以及他們所知道的內容是從何而來。換言之，她是要從事一種民俗學研究。情報來源為了打消她的田野研究熱情，告訴她這類主題的研究已經被做過很多，並有更多是現在正在進行的。

5 譯注：作者在原文中以「灰市」（grey market）這個詞模仿「黑市」一詞。

還有另一名研究員／線民奉命對我發揮「正向影響」（positive influence）。

一九八四年十月十八日，資料來源：「珀溫」（"Păun"）。軍官批註：情報來源被分配的工作是密切地指導和誘導凱薩琳・韋德瑞的研究，好讓她會憑著追求歷史真理的精神，客觀呈現研究結果，不會有特殊傾向和騙術（mystification）。這種正向影響會持續下去。

我從我在檔研會的報告得知，所謂的「正向影響」不只是要把我推向特定方向。以下是在雅西（Iași）一名安全官寫下一位在那裡工作的美國社會學家的報告：

透過安插「斯特凡」（"ŞTEFAN"）（線民的名字），我們對研究者xxxx在雅西的活動達到永久控制。我們以特殊手段讓她在她的研究社群裡取得不會對我們不利的資訊。「斯特凡」在此發揮決定性影響，因為她有賴他協助正確地詮釋研究結果。xxxx對情報來源顯得極為信任。

這就是「正向影響」的核心意義，而我也嘗過其滋味。它的終極目的就是為了產生國安局喜歡的研究結果，而不是他們害怕的扭曲事實。

* * *

如果說我在一九七〇年代的田野工作，除了讓我的思想左傾外沒有太大影響，那麼一九八〇年代就是一段透過對話來更密集塑造自我的時期。當時國安局不僅認定我是刺探軍事情報的間諜，還認為我是內部敵人的朋友與羅馬尼亞國外形象的威脅者。前者讓我有推翻西奧塞古政府的企圖，後者則可能導致羅馬尼亞最惠國待遇被取消（最惠國待遇對羅馬尼亞的經濟發展相當重要）。因此，國安局更直接介入我的朋友圈和我的研究，企圖要圍堵我，讓我變得親羅馬尼亞。他們也將我推向圖書館而不是找人交談，在圖書館裡我將閱讀同事推薦給我值得信賴的讀物。就像在二〇一四年，當時負責我案子的一名安全官告訴我的：「我們想讓妳愛羅馬尼亞。」為了達成這個目的，他們必須把我從一名民族誌學家變成一名歷史學家，而且最好沒有令人反感的理論傾向，例如認為民族身分是受到歷史制約，而不是一個人生命本然。後者是大部分羅馬尼亞人（包括很多羅馬尼亞歷史學家）的信仰。

理解了這一點，讓我對那一年自己寫在田野索引上的一則筆記有了新的認識（有時我會在田野索引背後寫下當時的感覺）。我不知道如果國安局的人看見這段筆記時，會不會有幸災樂禍的感覺。重讀它讓我想起蓋拉特利（Robert Gellately）指出的：東德祕密警察「史塔西」的主要目標是「促進標靶的自我懷疑」。

一九八四年十一月二十二日

工作的幹勁是零。我坐下來翻閱一些學校手冊，卻什麼都吸收不了，甚至回想不起為什麼我要讀它們。今天傍晚看了斯塔爾（Henri Stahl）的回憶錄[6]，他談到當一個人發覺自己所有的理論和混亂的現實完全無關時，會產生心理的危機。我開始放聲痛哭。我來這裡是為了研究一種特定意識形態如何形成，卻不再知道怎麼處理它。我上一個研究計畫是多麼簡單！所有關於這個地方值得一談、有意思的事都無法被證明；而可以被證明的要不是沒有意思，就是不能出版，或者由本地人來說會更好。我為什麼要做這個？我為什麼不回家呢？倒不如好好享受這一年，然後回家，結果是一樣的。要怎麼在一堆可能和這裡所寫的歷史一樣、受到文化約束的理論之上建立一番事業？假如說，我就一直受到民族課題困擾，我的觀點是民族完全是偶然的組成、與血緣無關，不同社會對這個現象會有不同招魂術。但在羅馬尼亞人們認為「民族」的概念由來已久，從一開始就存在。也許他們是對的，也許是美國的大熔爐經驗讓我們認為民族是相對性的觀念。

所以說早在那年，我就已經被國安局「正向影響」工程編派給我的讀物搞得抓狂。

最大的出賣

給一些朋友的信

儘管社會主義體制有很多令人愉快的面向，但這些面向必然會因為你所投注的一切（對我來說是人際關係）的巨大不確定性而被抵消。當我發現又有一個我有好感的人也許會向祕密警察打我報告時，任何我能找到的解釋都只是小小的安慰。我認識的羅馬尼亞人，似乎

6 編按：亨利．斯塔爾（Henri Stahl），羅馬尼亞的筆跡學家、歷史學家與小說家，研究領域為現代羅馬尼亞史學，其中有關其家鄉布加勒斯特的著述甚多。

可以用一種我無法做到的方式把信任和親密區分開來。雖然我有一群熱情而樂於接受我的朋友，但住在飯店裡加深我從各個角落被別人監視的感覺，也讓我內心產生一種可怕的不安和不自在。我出外吃喝談笑，但回到家之後卻鬱悶地沉思：剛才的人有誰會把我一些天真的話寫成充滿惡意的報告（只是我朋友無疑也會思索我記下了他們哪些話，以及他們對隨之而來的影響又會有何感受）。

一九八三年，我在兩次造訪羅馬尼亞與在美國的圖書館（分別為一九七三—一九七四年、一九七九—一九八〇年），讀了很多資料後，出版了第一本書。我把它題獻給博塔（Petru Bota）。博塔是一位提供很多資料給這本書的了不起的老農夫。我的書是一本有關弗拉伊庫村社會史的著作，講述從十八到二十世紀弗拉伊庫村的族群關係、族群遷移、社會流動，以及外西凡尼亞從封建主義轉變為社會主義的經濟發展。這不是一個謙遜的研究目標，它體現了我的學術野心，是這種野心讓我熬過研究所並找到第一份工作（也讓我陷入許多麻煩）。這本書的草稿和我原先的論文頗為不同，很多羅馬尼亞學者（包括波普教授在內）看過我的論文。它的構思更宏大，也包含較多歷史內容。我在一九八二年短暫拜訪羅馬尼亞時，把書稿帶給普羅丹教授，而普羅丹教授把書稿給了他一個懂英文的同事過目。結果我的書稿備受肯定，被讚許為「對我們和對外西凡尼亞的農民有正面評價」，而且精確呈現歷史。

然而我對達成這項成就太過熱情，決定要用兩則笑話來「推銷」它的主題。這兩則笑話都被印在扉頁，它們顯示出雖然分隔一百年，但人們在一八八〇年和一九八〇年對於外西凡尼亞的匈牙利裔、德裔和羅馬尼亞人都有著相同的民族刻板印象。在這類為數眾多的羅馬尼亞笑話中，匈牙利人總是顯得急躁和暴力，德裔人總是小氣和滿肚子詭計，羅馬尼亞人則被比擬為聰明的小偷。我認為我的兩則笑話可以清晰道出我的書要處理的問題：雖然大環境已經經歷從封建主義到資本主義、再從資本主義到社會主義的轉變，民族觀念卻幾乎不變，為什麼會這樣？我志得意滿地採取這種作為，只反映出我在田野中對民族情感學到的何其少，甚至反映我對一個基本道理渾然無知：一個出自外人口中的民族笑話必然會深深傷害被取笑的那個民族，哪怕他們自己也常常說這個笑話。

雖然現在重提這兩則笑話會讓我尷尬，但以下是其中一則笑話。它由艾蜜莉・傑拉德（Emily Gerard）[7]在一八八〇年代記錄：

7 編按：艾蜜莉・傑拉德（Emily Gerard），十九世紀蘇格蘭的作家，她所收集的外西凡尼亞民間傳說，對布拉姆・斯托克（Abraham "Bram" Stoker）的小說《德古拉》造成深遠影響。

一個由馬扎爾人[8]、薩克森人（德裔人）和羅馬尼亞人組成的代表團，從外西凡尼亞被派去巴勒斯坦，要迎回救世主的屍體。當這行人抵達耶路撒冷後，他們沮喪地發現聖母大教堂有羅馬士兵駐守，於事便停下腳步，討論要怎麼做。馬扎爾人要求另外兩人讓他馬上拔劍殺死那些士兵，但薩克森人把他攔住，指出他們寡不敵眾，可能會受傷。更明智的做法是想辦法用什麼東西交換屍體。而那個羅馬尼亞人有另一個解決辦法：「我們等到天黑再把屍體偷走。」[1]

我可以試著為自己開釋：我的大部分田野工作地點都是在村莊，而不是在克盧日市那樣的城市進行。城市是知識分子的聚集之處，而知識分子接受國族意識的歷史悠久，也深深渴望自身民族獲得外國肯定。弗拉伊庫村村民沒有什麼民族敵對情緒，他們反覆告訴我，在社會主義底下他們和村裡德裔人的關係已經要好得多，因為社會主義取消了兩群人的貧富差異。他們很少人記得任何匈牙利人，而當我把上述笑話說給梅妮聽時，她也沒有多大反應。鄉下的人更關心的是地方的親族關係，而不是那被稱為「民族」的大型親族關係。我在一九八〇年代待在克盧日市的三個星期中，因為見的人不夠多，所以不明白知識分子的民族情感（不久之後我將大大見識到）。同時到當時為止，我的人類學研究關心更多政治和經濟行為，而不是人們對他們的民族有什麼感覺（這種情形現在已經改變，我後來受到的辱罵大大增加我對羅馬尼亞人民族情感的理解）。最後，我承認，身為一個享有特權的盎格魯—撒克遜新教徒人，我並不真的知道成為被民族笑話取笑的對象是什麼感覺。我不了解羅馬尼亞人讀這些笑話的感覺，會和他們自己說這些笑話的感覺大異其趣。我抓住了笑點，但忽視隨之而來的痛苦感情。

最後，我出於對知識抱有的權威感，想讓讀者快速掌握我要探討的主題，因此把兩則笑話放在書的扉頁。但每個羅馬尼亞人看到之後，都認為那是我對他們性格的見解，而感到被強烈冒犯。如果說我騎摩托車闖入一個軍事禁區，為我的第一次田野工作帶來人片陰影，那麼現在我犯下的這個錯誤，則讓我在一九八三年之後的工作蒙上更大陰影。它反映出我的不敏銳和嚴重缺乏判斷力，並毀掉我和很多羅馬尼亞知識分子的關係。我們的觀感落差明顯反映在我們使用的不同措辭上：我稱為「笑話」（jokes）的兩段文字，他們則稱為「格言」（mottoes）。他們在我八月抵達羅馬尼亞不久便有反應，當時我在布加勒斯特的一個同事跑去找羅馬尼亞的《歷史評論》（Historical Review）主編，對他說：「我們得給這本書寫篇書評。」

8　譯注：又譯為馬札兒人，他們使用的語言屬於烏拉爾語系，為匈牙利的主要民族。

那主編打開書，看到那兩則笑話後答覆：「怎麼會這樣！我不會刊登除了批評以外的書評。」

許多國安局軍官的報告也清楚顯示，那兩則笑話損害了我和克盧日市祕密警察的關係，讓他們為我建立新的監視檔案。以下是一個例子：

內政部 最高機密

克盧日市分局第三科 一九八四年十二月

報告：對終結「薇拉」個案的建議

韋德瑞・凱薩琳，三十六歲，約翰霍普金斯大學人類學系教授……她在一九八四年八月來到羅馬尼亞進行社會學研究……也在一九七四年和一九七九至八〇年，來過我國做研究，並且在一九八三年在美國出版一本有關十八至二十世紀外西凡尼亞村莊的書。書的內容總體而言是正面的，但其中包含若干對羅馬尼亞人民具有羞辱性批評的格言……

我們建議終止她在我國的逗留權限。

此外，國安局又透過要求他們的線民「斯特凡內斯庫」（"ŞTEFANESCU"）寫一篇負面書評，和大罵那兩則有偏見的格言以進一步影響我（他們認為此舉是成功的）。結果就是：「這篇文章讓『薇拉』道歉……她表示此後將努力以客觀正確的方式處理她的課題。」不過後來，「斯特凡內斯庫」告訴祕密警察自由歐洲電臺大大讚美了我的書一番，作為對他書評的反制。自由歐洲電臺（Radio Free Europe, RFE）[9]是羅馬尼亞政權的眼中釘，也是我最不願意獲得讚美的地方。一個上級軍官就在批註裡說：「自由歐洲電臺想要為KV宣傳，鞏固她在我國人際圈的地位。」這類觀點，與我在克盧日市一些同事和祕密警察對我的負面評價相互呼應。

然而我因為這兩則笑話付出的最高代價，卻是在它們破壞了我和普羅丹教授的緊密關係。普羅丹教授非常生氣，為我帶給自己不可避免的壞影響生氣、為他尷尬的處境而生氣（每個人都知道他一直支持我的工作），也為他深厚的民族自豪感受到挫傷而生氣。他在我抵達羅馬尼亞前就知道笑話的事，雖然他在一個八月的大熱天接待我，他的態度卻冷若冰霜。他解釋為什麼那兩則笑話這麼要不得：「羅馬尼亞人一天到晚都笑話自己，但在內心深處，他

9　編按：自由歐洲電臺是在一九五〇年由美國政府出資建立的廣播電臺，它的總部設在慕尼黑，在冷戰時期負責對蘇聯與東歐國家傳遞政治資訊以進行心理戰。

們有一種深深的自卑感，非常在乎別人怎麼說他們。」我說儘管如此我還是獲准再次入境羅馬尼亞，而他回答：「對，但他們會來問更多關於你的問題。妳為什麼一開始就讓他們抓到把柄？他們明明不可能看完你的書。」此後情形每下愈況。我在田野筆記裡寫下我們多次的爭吵和我的哭泣。以下是一個例子：

一九八四年十月二十五日

DP說他不喜歡美國社會學只顧事實（facts）而不理本質（essence）的特質。他指出，美國社會學無視一個民族的思想情感，無視他們的文學、哲學等。我沒有回答說，美國人類學是隨著沒有文字系統的「土著」（“primitive”）而發展，所以我們不習慣被我們研究的對象會讀我們的作品。我也沒回答說，他不可能指望一個二十幾歲的學生一開始就做對一切事情。這些都不重要。他打斷我的話，回到我犯錯的主題。他太太跟我說普羅丹教授對我抱持很大期望，所以覺得失望。他主要是對自己的命運感到憤怒：他沒有博士生可以指導，也沒有弟子，所有人都跑去找他的死對頭〔指帕斯庫［Ştefan Pascu］〕。他作品中的熱情，來自他對羅馬尼亞農奴的無奈處境一種絕對而過度的認同。

在經過這類插曲後，十月三十一日，我帶他去看俄國芭蕾舞，他完全著迷在其中，之後與我的關係開始回溫。他在第二天告訴我：「有美國人來這裡認識我們真好。只是要記住他們來看我們的時候，我們是處於一個解體的時期。如果一個民族要以偷竊為生，那也是形勢使然。」他似乎已經重新消化過我們的爭吵，準備言歸於好。

這個和解耗費四個月時間，而我跟教授的一些同事和朋友則要花更久時間。他們一次又一次責備我，以捍衛他們的受辱感。我跟不同人針對這個話題有過無數次討論。我的研究合夥人馬約爾（Liviu Maior）被我的沮喪所感動，提出以下觀察：「我們的民族意識藏得那麼深，我們是那麼不自覺，以致於當它影響到我們時，我們甚至察覺不出來。」而比較沒有幫助的是普羅丹教授的一位編輯。他在教授八十七歲生日會上，把我帶到一邊「以此作為一種友好姿態」，告訴我因為那兩則笑話緣故，沒有人喜歡我。他說他自己有時也討厭我，不明白為什麼普羅丹那麼喜歡我。每個人想要我做的是告訴世人羅馬尼亞人是一個了不起的民族，只是很倒楣地被困在一個可怕的體制裡。我為什麼不這樣做呢？

我對這一切的反應，最能反應在以下的線民報告中：

一九八四年十月二十一日，情報來源「馬爾庫」(Marcu)。筆記。在最近和凱薩琳・韋德瑞的談話中，她抱怨她嚴重的精神崩潰。她嚴重失眠，不能工作。她去看了一個醫生，對方為她進行放鬆療法。

從九月開始，因為這些爭吵和非難，加上我的罪惡感和愧疚感，我患了嚴重的失眠症。我常常整夜無眠，第二天在圖書館又老是打盹，無法專心閱讀。最後我尋求心理學家多麗娜(Dorina)的幫忙，她對治療失眠頗富盛名。她在得到系主任批准治療我後，不只讓我能恢復工作，還跟我成為非常要好的朋友。有她在真是天賜的禮物，她對個人問題的思考方式非常類似於美國的精神治療師。此外，她也是有才華的肖像畫家，她為我畫的肖像如今仍掛在我的起居室裡。

「格言」事件在多年之後仍一再浮現。二〇一一年，我在事隔二十六年後，與一位知名的布加勒斯特歷史學家重逢。他曾在一九八四年被委託將我的書推介給出版社翻譯出版。當時他因為這兩則笑話而拒絕請託。當我們再次見面時，他一說完「再見到妳真好」的第二句話就是：「我要為我以前對你在著作中刊載格言的態度正式致歉。有鑑於我國近日偷竊事件頻繁，我想妳的看法是對的。」我深深感到驚訝，儘管事隔將近三十年，期間羅馬尼亞經過一次改朝換代，而我又寫了另外五本有關羅馬尼亞的書，他記得最清楚的竟然還是那兩則笑話。同時，即便我已多次道歉，他仍然認為這兩則笑話是我對羅馬尼亞人性格的表態，而不是有關書的主旨。

二〇一二年，我在工作過的學院圖書館認識的一位朋友米舒（Mișu），在一齣紀錄片中談到我那兩則笑話對他和普羅丹教授關係的影響。當初教授就是把我的書稿交給他審查。雖然那書稿不包含兩則笑話，但一個不安好心的人給教授進讒言，說米舒有看到那兩則「格言」，卻沒告訴他。「他（普羅丹教授）有六個月沒和我說話以示責備。我和普羅丹教授數十年的交情就這樣玩完。有半年時間，我就像一條狗一樣苦不堪言。」

考量到我在別人的關係間引發的災難，我認為那種將告別人密視同於背叛他的想法其實是荒謬的（即使很多朋友都認為我應該抱持這種想法）。實際上的情況毋寧是，當我與其他人的關係愈發深化，我和我的同事朋友都會出賣彼此。有時是知情的、有時則是不知情的，有時這是源自無知或環境，又或是因為漫不經心所造成。我在一則日記裡指出這個問題：

為什麼我對誰值得信任這個問題這麼在意？是因為我在心中對自己也沒有完全把握，所以必須知道除我之外有誰是值得信任的嗎？是不是因為我不相信自己呢？

這些想法和我在處理的基本課題恰恰顛倒過來：很多人喜歡我，認為我值得信賴，但我卻用這兩則笑話背叛了他們。雖然我在筆記中會定期寫下對其他人是否值得信賴的疑問，但真正有問題的不是我自己嗎？如果連我是否值得信任這件事都被打上問號，那我不是更像間諜了嗎？因為間諜的某部分定義，就是無法完全跟我們站在同一邊的人。國安局在把「薇拉」塑造成一名間諜的過程中，虛構出一個不可信賴的人，而他們似乎有很好的依據可以這樣做。但吊詭的是，那兩則笑話更擴大了「薇拉」的壞名聲。

如果用較不自我批判的態度來看，我的不敏銳有一部分是來自冷戰體系下國際關係所造就的無知。這種體系窄化我對「鐵幕背後」的認知，讓我必須一切從零學起。另一部分原因則是冷戰導致蘇聯集團的國家領導人，擔心像我這樣的西方人會散播醜化社會主義的資訊。另外，冷戰也政治化了衛星國家民族形象的問題，讓這些國家對他們的民族性格可能被輕視這件事變得非常敏感。在一個由超級強權和其附庸國組成的兩極化世界裡，社會主義的形象和民族的形象，成為攸關國家安全的事情。

你們也許會認為，那兩則笑話並不是國安局真正要調查我的原因。正好相反，一九八四年八月十五日，一名上級軍官在那份第一次提到那兩則笑話的報告中批示：「我們會向第三處呈遞一份報告，建議把她驅逐出境。」在國安局看來，那兩則笑話正好證明我是羅馬尼亞的敵人，並讓我成為應該被密切跟蹤甚至驅逐出境的人。因為那兩則笑話，國安局不讓我在接下來十年逃離他們的視線之外。

＊＊＊

我因為那兩則笑話而被責備的事讓我在當時非常不快樂和懊悔。我對普羅丹教授的仰慕讓我接受他對事情的理解，也讓我犯下的錯看起來不只是無心之過。隨著現在的我和當時年輕的凱薩琳拉大距離，我意識到起初的我因為懊悔，而看不出來自己其實是在上一門羅馬尼亞民族意識的速成課。這起事件反映我很多知識分子朋友都對羅馬尼亞人的身分問題無比關注，認為這個身分理所當然是他們的關懷核心（後來我從我檔案中發現這種情形在國安局軍官中更甚）。沒有太多跡象顯示他們有認知到羅馬尼亞的文化與價值觀，和美國文化脈絡的相對性，或認識到美國大眾對身分問題的反應也許和他們不同。這種可以稱之為民族中心主義的態度，透露出我遭遇到的不只是個人的被冒犯感，還是羅馬尼亞人根深蒂固的民族觀，而即便是一些閱歷甚廣的人也一樣有這種態度。這讓我為下一本書找到了研究題目。此外，笑話的事只是另一段更大的故事的一部分，在這同時有多條支線同時在進行。羅馬尼亞人需要外國人（哪怕對方是間諜）來促進他們國家的正面形象，好讓羅馬尼亞看來比其他東歐國家來的更好，並讓它可以得到西方的偏愛，包括得到最惠國待遇。在這種情況下我就像被困在一張黏呼呼的網子中，這就不奇怪我會闖禍。

我在近期讀了我檔案裡一份竊聽抄錄稿時，得到另一個相關的觀察。那份抄錄搞的竊聽對象是我兩位在克盧日市的朋友的談話，抄錄者是FI上尉，她偶爾會在抄錄稿裡加入評論（以下稱為t.n.，指抄錄者批註transcriber's note）。當時M和G正在討論要如何才能讓我答應把G的最新著作翻譯成英文。我已經拒絕過一次（那本書兩大冊共有八九三頁），但他們在商量新的計策。然後他們的話題轉移到我和我的工作上。

M：「我有一個印象，她的民族誌研究工作（M猶豫了一下，想找一個不那麼難聽的字眼——t.n.）是從好幾個領域拼湊出來（我們的強調——t.n.[10]），不像歐洲研究路線那樣有深度。我不知道這是好還是不好，但我在別的地方也看過她這樣，例如在談哲學時，她就是這裡引幾句，那裡引幾句……」

G：「可不是。八成是因為這是把資訊帶給美國大眾的絕佳方法。妳知道，她的整合能力很強……但她的構想就像是隨意想出來的（G的強調——t.n.）。我當然不會這樣對她說，儘管她有請我給過她意見……我會告訴她……還有很多可以談的東西。我不知道她的動機何在。我的印像是，她做的這些只是初步工作，所以我不應該費事去……」

M：「以前她是聚焦在比較古老的事情上。現在她應該是把研究對象延伸到當下，誰知道呢。但不管怎麼樣，她非常聰明（對——t.n.），而如果（M深呼吸——t.n.）……如果她能喜歡我們（她的強調——t.n.），那會多棒啊。」

「如果她能喜歡我們」，這句話具體而微道出我面對羅馬尼亞知識分子和祕密警察時的兩難，他們都認為我用笑話背叛了他們。雖然西奧塞古努力把羅馬尼亞孤立於西方潮流之外，羅馬尼亞仍有第一流的思想家（例如普羅丹教授、M和G），他們對自己的思想傳統擁有淵博知識，對歐洲文史哲作品的閱讀也遠多於我。然而因為身處小國，被更強大與更有侵略性的大國圍繞，他們渴求於外人的肯定。不管我的學術圈友人和祕密警察多麼不同，這兩群人都希望我站在他們那一邊，給予他們或他們的國家國際尊重。當國安局想以「正向方式」

10 譯注：指底線是抄錄者所畫。

影響我，M和G之類的學者則想讓我在更大的世界成為他們的支持者。希望我喜歡他們，把他們的作品帶入英語世界，並幫助他們從原先的小舞臺躍升到更大的舞臺。

但是我卻從大小地方各自讓他們失望。小地方而言，我淺薄的民族誌研究就像是隨便想出來的，而且我婉拒翻譯他們的作品（這種翻譯工作對我在競爭激烈的美國學術市場求職並無益處）。大方面則是，我把兩則有冒犯性的笑話放在我的著作開頭。那兩則笑話在我身上留下永久的烙印。很可悲而諷刺的一件事是，不只我的羅馬尼亞同事希望我喜歡他們，我也希望他們喜歡我。人人從來都不缺少失望。

放大鏡底下

這一年間，有別於以前，我愈來愈意識到自己受到監視，在喬阿久村和克盧日市都是如此。我在克盧日市是住在一間飯店，由於我不可能進出飯店不被看見，國安局對我的活動能維持近乎全時間的監視。在喬阿久村比較不會這樣，但即使在那裡，我的能見度還是比我在弗拉伊庫村高很多。喬阿久村作為鄉的行政中心有一間派出所，裡面有好幾名警察，其中至少有一名會是安全官。在鄉村地區，國安局習慣利用地方警察為他們工作。這些工作包括管理線民、散播謠言和不實資訊，以及用盤問來恫嚇村民。有些被盤問的人會告訴我這件事。

我常常向在布加勒斯特的 IREX 基金會辦事人吉貝爾內亞（Dan Ghibernea）抱怨受到監視的事。根據他向祕密警察呈交的線民筆記，我向他指出每次我在喬阿久村和誰談過話，就會有警察去找他們，然後他們就不會再歡迎我登門造訪。我的田野筆記中提到，我曾經去拜訪一位當地的神父，他問我是否有獲准去我想去的地方，我為此表示驚訝。而他繼續說，有一位國安局軍官因為聽說我到教堂找過他，而跑去問他和我談了什麼。那名軍官吩咐神父不要跟我說他來過，但是神父認為應該讓我知道。與此同時，克盧日市的國安局透過線民「馬爾庫」追蹤我的情況。「馬爾庫」不斷向他的直屬軍官報告我的事。

> 她老是覺得自己受到監視。她說一個喬阿久村的朋友跟她說，她看見每日都有警車來到村子裡，這種情形並不尋常。另一方面她也承認她累了，也許是因為失眠和神經緊繃到極點，才會疑神疑鬼。

我要到一九八九年後才得知，我在喬阿久村住的房間隔了一條馬路的房子就是國安局監視哨所在。他們從那裡監視每個進出我房間的人，並用高端技術透過牆壁偷聽我房裡的談話。住在房子裡的老人（他是喬阿久村村長過世妻子的父親）想必很樂，他本來是獨居，但現在有一堆人陪伴他。

回到一九八五年四月，我在克盧日市跟我的社會學家同事阿盧阿什（Ion Aluaş）提到祕密警察在喬阿久村的活動。他說：「在這裡也一樣。」我在十二月離開克盧日市去了喬阿久村不久，他們就找上阿盧阿什說他們搜查過我的房間，找到我的筆記。他們跟他說我在筆記上寫下有關別人的骯髒事足以讓他血液凝固。國安局的人一定有搜查過我的房間，歐陸飯店有一名電話接線員告訴我，我上星期前腳才離開前往布加勒斯特，我的房間就被徹底搜查。那名接線生從我最剛開始入住飯店便跟我攀交情。她定期會向我要幾包健牌香菸，有時會自願與我交換資訊。她說的話不假：我行李箱上的封條斷了，箱身微微凹陷。她說他們不斷打電話給總部說他們什麼都找不到，並因為找不到一些信封（裡面裝了我田野筆記？）而備感沮喪。她把這一切都聽在耳裡。

另一個櫃檯接待員杜米（Dumi）常常自稱是飯店裡我唯一可信賴的朋友，他聽我說了這件事後，指天誓日說沒有人進過我的房間，我應該要相信他。杜米說國安局對我的所作所為不感興趣，否認我們這些交流獎金得主受到嚴密跟蹤，又主張如果祕密警察找他問關於我的事，他會馬上告訴我。但其他飯店人員卻堅稱杜米和祕密警察有勾結，經常會和他們在房間後頭密會談笑。後來一份只可能是出自於他、內容讓人不安的線民筆記確認了這一點。最後，當我問我在克盧日市另一個朋友祕密警察有沒有找上她時，她說祕密警察有找過她女兒，但後來她們發現那傢伙竟然是個冒牌貨，假裝成祕密警察以獲得有利於自身的資訊！我在田野筆記裡把人分成三個範疇：

清白的人、祕密警察，和假扮祕密警察的人。真是讓人驚呆了。

因此，在那一年想要保持心理平衡是一大挑戰。我在喬阿久村做研究，老是聽到別人說他們認為我是間諜。有一次，一個我常造訪的女人直截了當問我我感興趣的到底是什麼，我說是人們看待過去的方式。她說她的工作單位有人跟她說：「跟那個美國人談話時千萬要小心！妳無法確定她不是在從事間諜活動！」另一次在一個集會上，一名黨書記宣布了一些不好的消息，一個鄰居低聲對她說：「如果那個美國人在這裡，她就有值得錄音的事了。」

三月初有一天，我收到很多有關國安局騷擾的消息。他們從弗拉伊庫村開始傳來，我的朋友薇卡告訴我，一名祕密警盤問她侄女有關我的研究，讓她非常害怕。那名祕密警察說他第二天會去她的工作單位，叫她提出一份正式聲明。薇卡把這件事告訴梅妮，但梅妮沒有告訴我。薇卡也認為這位祕密警察曾找過一位與我往來頻繁的裁縫海爾嘉。

田野筆記，一九八五年三月九日

這些消息讓我沮喪至極，我一整天幾乎什麼都不能做，只能放聲大哭和跟女房東密切談話。我精疲力竭。討厭這個國家，特別是喬阿久村，想寫一篇文章破口大罵。我深信警察巴魯（Belu）利用我來掩飾他所做的壞事（例如和林木盜伐者勾結）。當我和M先生談這件事時，他說：「告訴我妳有哪些朋友，我就跟你說有哪些人出賣妳。」這當然也讓我對他起疑。我又回到信任的老問題。

我還記得某天，我完全被這些監視我的謠言癱瘓思緒。我在床上一動也不動躺了很長一段時間。當時我就是無法起來，感覺被所有盯著我看的眼睛釘住，腦中不斷想誰是我真正的朋友，誰又是假裝的問題。這讓我記起人類學家羅薩多（Renato Rosaldo）告訴我的一件事。他曾經在伊朗革人（Ilongot）之間做田野。伊朗革人是菲律賓群島的獵頭族，有時會熱情招待其他族的人飲宴，到半夜再把他們的頭砍掉。羅薩多和太太雪萊會跟伊朗革人一起吃飯、有說有笑，然後上床睡覺。但羅薩多上床之後卻睡不著，他擔心伊朗革人打算砍下他的頭。

他最終精神崩潰。當然沒有人準備要砍我的頭，但國安局確實創造出一個可怕的環境，這讓我對羅薩多的心情感同身受。

當我在一九五八年四月回到克盧日市，櫃檯接待員杜米把我拉到一邊，說德瓦的祕密警察千里迢迢來這裡查問飯店經理有關我的事，像是我有沒有從事商業買賣、我跟誰上床、我對今年的交通壅塞狀況有什麼看法等。我在為了逃離監視離開喬阿久村後，現在才明白國安局對我的監視已經從胡內多阿拉縣轉移到克盧日市，只是起初較不明目張膽。唉，天真的凱薩琳！她知道的何其少。

作為間諜的「薇拉」

沒有什麼是我們不感興趣的。

語出接受布魯斯（Gary Bruce）訪談的「史塔西」軍官，見於《組織：史塔西的內幕故事》（*The Firm: The Inside Story of the Stasi*）

證據

在我的檔案中，各處都能找到國安局創造我間諜身分「薇拉」的蹤痕。他們是怎麼做的？首先，安全官提出證據證明我具有情報工作經驗，以此印證他們對我是中情局特務的懷疑。

> 透過分析她所有報告（指田野筆記）的影本，我們得到的結論是：被跟蹤者具有情報工作經驗。她在寫東西時會使用自己創造的密碼，會為她接觸過的人取化名。這些人被稱為線民……除了蒐集到的資訊以外，她會提到談話的地點和脈絡、線民談話的「態度」，還有她將談話導向她感興趣課題的直接與間接問題。她老是關注她身邊有哪些人是在為國安局工作。這些特徵都顯示她有情報工作經驗。
>
> 她的報告分為三份，透過特殊信使送到位於布加勒斯特的美國大使館……我們注意到「薇拉」沒有存留報告的複本，如果她是要用它們來做研究，就理應會存留一份。

一個檔研會的同仁向我指出：「國安局不相信有人會只為了學術目的而來羅馬尼亞，就像他們會指示羅馬尼亞人出國蒐集情報！」在另一份文件裡，他們讚揚我的情報能力，甚至批評其他軍官處理資訊的能力。在一九八八年八月，在雅西的國安局單位上呈給布加勒斯特的報告中，上級軍官這樣批示：「我們必須密切注意，她把她的間諜活動掩飾得很好……我們需要以專業方式與最慎重的態度處理她的個案。」

事實上，我的間諜身分從我的案子被分派到第三處那一刻起，就變得難以更動。因為第三處是國安局的反間諜部門，負責發現和肅清從事不利於羅馬尼亞間諜活動的公民。二〇一四年，我問一個在檔研會工作的同仁：「他們（國安局）真的認為我們是間諜嗎？」他回答：「是又不是。國家體制的發展讓事情變得複雜化。一九六〇年代中葉，國家的開放政策讓更多外國人能入境。間諜成為國安局能用來掩飾他們行動的任務。很多軍官花費大量精力在偵查外國人，所以必須證明所花的精力是值得的。」而「發現間諜」可以達成這個目標。

＊＊＊

一份祕密警察的檔案反映國家創造一個人的痕跡，在共產主義的羅馬尼亞，負責這工作的機構是國安局。在讀了我的檔案後，我開始能明白國安局把我塑造為一個間諜，和我把自己塑造為一個民族學家的過程是互相影響的。我們都在尋求錨碇，讓我們可以定義和歸類我們的研究對象。對我來說，這些對象是羅馬尼亞村莊的農民；對國安局來說，這個對象是

「薇拉」。我們的研究方式當然在很多方面都是不同的，其中之一是人類學知識最終會出版成書，供任何人閱讀，反觀國安局的報告則始終保密。另一個不同是，人類學家不會像祕密警察那樣用脅迫的方式取得資訊。再者，我是在眾目睽睽之下進行研究，而祕密警察則是讓自己變得隱形，只有他們的自己人和合作者看得見。這讓我想到我不但不應該對他們為我描摹的畫像感到不安，反而應該感到受寵若驚，因為「薇拉」變得更加讓人害怕。但作為KV的我對此卻一點也不感到高興。

話說回來，祕密警察認為間諜應該是什麼樣子呢？我們要如何為這起個案發展出一種文化性的理解？有些偵查我的軍官日後將會回答這個問題，但就目前，我會說一個間諜就是一個敵人。不管他是階級異己分子（class alien）、外國人或反共人士，總之任何不是和國安局同心同德的人就是間諜。這反映出一種執政者處理差異的無能，他們徑把差異等同於「我們利益的對立面」——一個間諜不會把羅馬尼亞的利益放在心上。維爾吉柳告訴過我他和一名安全官的談話，當時他問那名軍官，既然人造衛星已經可以拍到解析度驚人的照片，那美國人和其他外國人還有什麼好刺探的？「他們可能會蒐集資料，然後用有偏見的方式呈現它們。」如何呈現？「像是有一個人寫我們商店沒有食物可賣，或說我們的政府禁止人民駕車，好省下汽油以賣到國外等。」維爾吉柳不解地問：「這怎麼會是偏見？這不就是事實嗎！」

「那是一種詆毀，讓我們顯得很糟糕。」維爾吉柳總結道：「這種解讀來自一種特殊心態，那就是把外國人等同於危險。」這種仇外心態不只在羅馬尼亞歷史悠久，也是訓練國安局人員的「格別烏」（KGB）抱持的心態。

事實上，像法國人類學家卡盧烏（Claude Karnoouh）在讀了自己的檔案後，就堅稱國安局會認為他是間諜完全因為他是外國人。但我認為還有其他因素，一個不常被提起的因素：間諜是一個沒有人會去捍衛的人。他沒有親戚，充其量只有一批朋友，而那些人可以被國安局逐一突破。他只有一個匆忙搭建起來的網絡，還沒通過羅馬尼亞人建立的信賴關係長時間的考驗。他的社會安全網位於別處，在另一個國家。被看成間諜等同於被看成一個孤立的人，他與其他人的連繫可以受到操弄。為此，我加倍感激那些把我當成親族而接納我的人：梅妮、莫阿莎、我喬阿久村的家人馬麗瓦拉（Mărioara）和伊萬（Ioan），還有其他很多人。他們是我對抗被竭力塑造出的「薇拉」身分時最佳的防衛。

但如果說祕密警察根本沒有具體界定間諜的概念呢？如果給人編派間諜身分，只是國家機器在發揮一種特殊功能？祕密警察製造大量公式以賦予該功能形體，然後再將它們歸咎於一個人的行為，使他成為體制打壓的對象。他們（祕密警察）經常有一組標準語言，例如：「她對我們的歷史觀點是偏頗的，有悖於史實」、「她對我國有詆毀性詮釋」、「她是中情局的特務」、「她正在蒐集社會—政治資訊，要用它們來塑造羅馬尼亞的負面形象」。是否這些在我檔案裡做為標準措詞的描述，只顯示出國安局想針對某人採取行動，而有沒有證據則無關宏旨？這個問題我們後面還會再談。

＊ ＊ ＊

我在羅馬尼亞做研究期間，因為老是有人說我是間諜而讓我覺得很累，但又無法置之不理。我在一九八五年四月十七日的田野筆記裡提及：

和多麗娜的談話顯示，所有關於我是間諜的說法之所以那麼讓人不安，在於我脆弱的身分認同感受到威脅。我無法從自身以外的事物來確認我的身分、知道我的價值何在，其他人的說法和想法與我不同。

這當然讓我變得很像那些羅馬尼亞人，希望透過我的書印證他們的外在尊嚴，卻只得到兩則笑話。我還記得我與自己親密的朋友兼導師歐內絲廷·弗里德爾（Ernestine Friedl）有過一段對話，她在一九七一年夏天來探查我在希臘的田野工作時，曾告訴我為什麼她覺得田野工作那麼困難。她總認為自己是個正派的人，有原則且老實，但希臘人卻不一定這麼覺得。而且無論如何，他們並沒有像她一樣珍視這些特質。在得知有關我是間諜的各種謠言時，我完全能體會她的心情。我一直認為我是善良直率的人，但現在卻陷入混亂，因為那與我周遭很多人的預設不同，也不是他們看重的特質。

但再一次，我會讓他們起疑不是有充分理由嗎？一個間諜就是一個行動可疑的人，而我當然十分可疑。一九五八年春天，我與朋友拉爾夫和安娜覺得如果能擺脫在德瓦和弗拉伊庫村的監視，去哪裡玩玩一定會很有趣。我們決定到克盧日市度週末，便制定了一個計畫。我先去拜訪一位住在弗拉伊庫村和克盧日市中途城鎮的熟人，到一個預定的時刻便告辭，表示必須去趕要開往克盧日市的火車。但實際上我並不是真的到火車站，而是去公路上和開車到達的拉爾夫和安娜會合。以下是關於這起事件的兩份報告，都是由胡內多阿拉縣的祕密警察所寫。

一九八五年六月四日，那名外國人到xxxx家探望，離開時卻有一個可疑舉動。她盡可能隱藏她在當地的行蹤，然後在小鎮邊緣和來自德瓦的比爾曼夫妻會合。比爾曼夫妻開一輛Lada一五〇〇，車牌號碼為xxxx。他們把她接走後，車子開往克盧日—納波卡。

他們裝作不認識彼此、只是搭個便車，但實際上他們是事先說好。我們確定那名外國人和比爾曼夫妻在前一天先約定好了。

（胡內多阿拉縣的祕密警察當然知道這件事，因為比爾曼家的電話被裝了竊聽器。）更多細節可以在我們會面那天的跟蹤報告中找到。報告開始於六點三十分，當時拉爾夫發現他的汽車電池壞了，就跑去買一塊新的。然後他和安娜前往我們的會合地，他們被一輛載著跟蹤小組的國安局汽車尾隨。小組人員記下他們每一個停車地點、他們買了什麼、他們喝了什麼咖啡、他們打了哪些電話等。我讓那些國安局軍官來講這件事件的結局，結局幾乎被淹沒在他們扭曲的「結論」裡：

「馬努」（Manu，拉爾夫的化名）和妻子在一點〇五分離開咖啡廳……把車開過五月一日廣場、八月二十三日街、勒茲博耶尼街，然後在過巴士站大約五十公尺處停在韋德瑞·凱薩琳（標靶「薇拉」）面前，她揮手示意讓他們停下。

「馬努」下車幫忙她把行李放在後座，然後回到駕駛座，三人一起向著圖爾達（Turda）的方向開去。

結論

從對標靶的跟蹤，我們可以確定這次碰面是比爾曼夫妻與韋德瑞．凱薩琳約好的一次有組織性碰面，他們沿途透過電話聯繫、以給人一種偶然遇到的印象會合。由於這起事件幾乎都在行進間發生，非常的短暫，所以不可能用照片把事情記錄下來。我們的掩護狀態也讓我們不能近距離跟蹤，因為沿途道路很空曠，無法帶著照相機接近會合地點。而這樣的會合早在能帶著相機去到最大照相範圍內之前就已經完成。我們小組另一名成員專注於查核會合地點是否就是原來預定的地點。

換言之，國安局人員身處在不對的位置，距離我們太遠，無法拍得到一張好照片。我們三人渾然不覺被跟蹤，在克盧日市享受了一個愉快的週末。我們在陽光普照的公園野餐，在植物園散步（在那裡，安娜認為有人躲在我們談話地點附近的樹叢中）。我們享受彼此的陪伴，儘管拉爾夫在最後一天身體有點不舒服。雖然我或拉爾夫的安全檔案裡都沒有關於那個週末的報告，但我們不應該沾沾自喜，因為裝在他們家電話裡的竊聽器，已經錄到我們的下一次談話。

凱：哈囉，是「馬努」嗎？我想知道你們是不是平安回到家裡。
馬：很棒。這次出遊好玩極了。我們平安回到家了，一切都很好……
凱：你身體好嗎？
馬：今天好了。我去工作，不覺得有什麼問題。
凱：你都對別人說你去了哪裡？說你去做健康檢查？

我們的可疑出遊將會讓比爾曼夫妻被國安局牢牢盯上。他們本來就已經有點被懷疑，不然他們家電話裡不會有竊聽器，我們的出遊計畫也不會曝光。九天後，安全官將會對拉爾夫展開情報性監視（informative surveillance）。這種監控從我們的克盧日市之旅獲得正當性，它「證明了」我是間諜而拉爾夫是我的同謀。之後在得到黨的批准之後（拉爾夫是黨員），祕密警察在一九八六年秋天建立了他的DUI檔案。一封一九八七年末標示日期的電報，概括了他們對他的看法：

他在一九七九年認識涉嫌為中情局進行情報工作的美國研究員韋德瑞・凱薩琳……他在可疑的情況下，在克盧日市與該名外國人見面。

相當萬幸的，安娜在同一年跟我說他們的逃亡計畫，並叫我不要再打給他們時，她是親自跟我說而不是透過電話。

性格刻畫（Characterization）

那些證實「薇拉」是間諜的檔案，揭示祕密警察塑造她和她分身們的形象過程（像是「韋羅娜」、「瓦內莎」、「凱蒂」等）。她的形象怎麼從中產生？國安局一種一貫作法是對標靶進行性格刻畫（characterization），他們也教線民這樣做。如同克里斯蒂娜．瓦圖萊斯庫所說，撰寫檔案的目的不只是為特定罪行尋找證據，還是要檢視一整個人的生平，以找出可疑的傾向[2]。性格刻畫有助於此。以下的例子按時間順序排列，大部分來自一九八七年和一九八八年我的學術界同仁手筆。其中一些肯定的筆記口吻，也許反映國安局成功從我朋友間吸收到線民。

（一名軍官對克盧日市一位歷史學家談話的摘要）情報來源認為她的性格有趣、複雜和異常聰慧，你必須非常訓練有素才能回答她的問題。情報來源談到這個女人和羅馬尼亞多樣的社會關係，還有她的靈活性，認為她有潛力被引導到一條大家認可的道路。（克盧日市辦案軍官的摘要）她的羅馬尼亞語說得非常好，對我國當前現實有最新的認知。她的性格冷靜沉著、喜歡被認為是重要人物。

（克盧日市跟蹤軍官的報告）標靶「薇拉」生性活潑、看起來總像在趕時間，那給人一種印象：她不懂得提防（例如不會轉過身看是否有人跟蹤），也不會注意四周發生的事情。

（雅西一位民族學家的線民報告）健談、爽朗、聰慧、圓滑，她天南地北無所不談。我聆聽、我「變得熱情」……我們「成為了朋友」。個人相信我們應該對她在我國做的所有研究嚴肅以待，因為這些研究可能為我們帶來令人不悅的驚喜。她極端聰慧、有經驗和有技巧。她知道怎麼在她想要的時候讓人喜歡她……她來這裡可不是要把時間浪費在無謂的事上。她是一個完全不可低估的對手！她會蒐集好資料，而當她離開後，來自國外的攻擊會就此展開。這是我的判斷，我希望我的判斷是錯的！

（雅西一名身分未知的線民的報告）情報來源對她的看法：她冷若冰霜，每句話和每個手勢都經過計算，為了激發一個回答。她對周圍的一切有不尋常的好奇心，在回應她感興趣的事時很積極進取。

（雅西一名歷史學家所寫的線民報告）她的羅馬尼亞語說得異常的好，非常聰慧、有文化素養、懂很多領域，她談話時妙趣橫生，親切和友好。（一九八八年十二月二十七日跟蹤「薇拉」的軍官筆記）她舉止普通，不容易把她和本地人區分開來。

簡言之，如果「薇拉」真的是一個間諜，她會是個非常危險的對手。她是個聰慧、訓練有素和不好對付的敵人，能夠吸引羅馬尼亞人成為她的密友，並隱藏自己的真正意圖。雖然我起初不太喜歡這個「薇拉」，但當我看到她慢慢變成國安局尊敬和認真對付的強大力量時，我想我也必須如此。

「泰奧」的冒險

為了獲得更多有關「薇拉」間諜活動的資料，祕密警察大量使用「泰奧」來偵查我真正在做什麼。各種形式的「泰奧」是國安局達成此項目標的頭號儀器。「泰奧」有多可靠？這牽涉到國安局為了創造間諜而發展出的技術能力。從我的檔案判斷，「泰奧」多半都能履行任務，但也不是無可非議。他在和電視對抗時特別顯得無能，這是我的朋友瑪麗娜和西爾維婭在一九七三年教我的一課（她們交談時把電視開得很大聲）。另外，泰奧也常運作不良，或是沒有被適當安裝（任何用過磁帶錄音機的人都不會對這些問題感到陌生）。

（我和一個男人在飯店房間談話的監聽報告）錄音日期：一九八四年八月十三日。他們打開了電視所以無法聽清楚他們的談話內容。

（我在餐廳和人談話的監聽報告，使用的是移動式「泰奧」）頻率一直偏移，聽不清楚聲音（這兩句話在整個監聽過程出現了五次）。

（我和一個在美國國務院工作的熟人談話的監聽報告，使用的是移動式「泰奧」）上級軍官批註：因為T．O．設備不良，錄音品質很差，使我們失去很多可以釐清這兩人想法的情報。

（一名軍官和一位線民的會面報告）一九八九年三月二十一日，我和情報來源「巴努」（Banu）碰面，另一個情報來源「泰奧菲爾」（Teofil）也在場。但由於電池沒電了，錄音只錄到部分內容。

最後，作家阿爾德列亞努（George Ardeleanu）在他為斯泰恩哈特神父（Nicolae

Steinhardt）[11]寫的傳記中，提到我在一九八八年十月的造訪。該傳記以神父的安全檔案作為基本參考資料，其中提供以下有趣的摘要：

> 最終，在回顧這件事時，我們還是覺得有點詼諧。我們看見龐大的人員如何被動員起來。他們包括第一處和第三處、布加勒斯特總部和克盧日縣分局、〇八〇〇號軍事單位、攔截談話的特別單位T組、跟蹤的特別單位F組、處理信件的特別單位S組，還有布庫倫丘將軍、莫爾托尤將軍，和阿爾德列亞努上校（他和反恐特別部隊指揮官並無關係）。這麼大陣仗是為了什麼？是為了錄音兩人某一次的一般會面，但這場在神父居所進行的重要對話，卻白白從這些人的指縫間溜走。[3]

為什麼？因為他們出動所有人員，卻忘記申請「泰奧」！泰奧通常都運作良好，但不包括他沒被攜帶去任務時。

11 編按：尼古拉．斯泰恩哈特神父（Nicolae Steinhardt），羅馬尼亞作家、東正教僧侶和律師。他主要的著作《幸福日記》（Jurnalul Fericirii）被視為二十世紀重要的羅馬尼亞文學作品，與東歐反共產主義文學典範。

值得一提的是，「泰奧」從不會單獨出勤（除非是攝影機形式的「泰奧」），並總伴隨一個抄錄者。一部分是為了讓祕密警察使用竊聽材料時更方便，一部分也是因為國安局需要重複使用錄音帶。在上述各個案例中，「泰奧」的抄錄者都認真而能幹，但他們並非一律如此。以下是我在瑟拉日縣（Salay）工作的一名同事例子：

> 我們把七卷英語錄音帶轉交給你們……被錄音者是一名我們關注的博士生，名叫XXXX。在我們的分局，我們曾試圖抄錄上述錄音帶內容，但由於被錄音者談話太過流暢，而我們懂英語的軍官專業知識不足，所以抄錄得並不成功。我們要求你們在使用完這些錄音帶後歸還給我們，並知會我們在內容上有什麼值得注意的地方。

因此，當我們在相關文件中，看到國安局把線民稱為他們的頭號武器時，這有一部分的原因可能反映祕密警察使用裝備技術的能力不足，無法達到組織的需求。同時，辦案軍官若要使用監聽設備，無論如何都必須申請批准。這不只是因為裝設工程頗為繁雜，同時也因為沒有足夠的裝備提供每一個需要的人使用。如果「泰奧」無法得到批准，監視的工作就得延後。

緊縮政策：「薇拉」作為社會—政治間諜

一九八四至八五年冬天，我待在喬阿久村的公社中心，和集體農場一對了不起的夫妻同住：伊萬和馬麗瓦拉。伊萬是第一流的說故事人，馬麗瓦拉則是一位熱情而淘氣的頂尖廚子。我到喬阿久村是為了和村民談談他們對民族史的看法。這段歷史在新聞報導、電視節目、電影和政治演說中受到廣泛宣傳。我挑選喬阿久村做這項研究，因為此地的教育和職業多樣性大於弗拉伊庫村。我想看國家史的宣傳對當地人有沒有任何影響。儘管要看出影響並不容易，但那是我的目標。

胡內多阿拉縣的國安局記下我的到達日期，透過該縣黨書記向我索取研究計畫和一份問卷副本，最終同意讓我在喬阿久村從事研究。在我的檔案裡，他們列舉準備對我採取的廣泛措施：

作者在喬阿久寄住家庭的男女主人：伊萬和馬麗瓦拉。攝於一九八四至一九八五年左右。作者收藏照片。

內政部　最高機密

胡內多阿拉縣分局第三科　一九八五年一月十六日

致內政部，第三處，

布加勒斯特，第一科

為了觀察理解她的活動和接觸過的人，我們向喬阿久村全體線民下達指令，要求縣人民委員會書記、喬阿久村人民委員會主席、副主席和書記、郵局的局長和東正教神父進行反間諜活動，以達到相似的預防目的。我們並進一步交代在教育場所、公社、電影院、郵局等人員進行反情報祕密活動，這些人都是她想談話的對象。

為了防止該名美國研究員可能達成不利結果，我們通知縣黨委的第一書記召集相關人員，商討是否增加歷史主題在公社中的文化—藝術展現，並增加主題的多樣性。

一九八五年一月十二日，我們在她住處進行一次祕密搜查，把一些材料留影存證。我們發現她持有和我們單位相似的三洋小磁帶錄音設備（SANYO minicassette）……我們會繼續在她每次前往布加勒斯特時記錄她所使用的材料，並引入特殊的監聽設備……另外，透過線民網絡和國安局實施的其他方法，我們將致力於防止她蒐集祕密性的資料和情報，也會設法對她施加正向影響。

這些指令和之前在我監視檔案中的指令差不多，但比較沒有把重心放在我對軍事設施的興趣上。

但是我的工作處境已經和以前相當不同。波蘭的團結工聯運動改變了西奧塞古的對外借款政策[12]。羅馬尼亞在一九七〇年代非常熱衷於對外借款，但波蘭在一九八〇至八一年的命運，顯示出這種政策有很大風險性。波蘭共產黨領袖吉瑞克（Edward Gierek）在團結工聯罷工的餘波中丟官，隨之而來的波蘭債務重新談判則顯示「國外利益」可以對債務國佔多少便宜。早在一九八二年我短暫造訪羅馬尼亞期間，我的田野筆記已顯示新的緊縮政策出現的跡象。

田野筆記，一九八二年七月二十七日

12 編按：團結工聯全名為「獨立自治工會『團結工聯』」，為波蘭第一個獨立於共產黨組織的工會聯盟。他們成立於一九八〇年，主張以非暴力手段進行抗爭。一九八〇年，由於頻繁向西方國家借款的愛德華．吉瑞克政府面臨經濟危機，引發一系列波蘭境內罷工運動，並間接促成團結工聯的誕生。

羅馬尼亞剛獲得一筆世界銀行的貸款，條件是不得用來進口商品。這表示有六成待售的咖啡摻了燕麥，咖啡現在因此被稱為「馬嘶」（"neigh"）[13]。沒有絲襪、沒有殺蟲水，因為生產它們的材料需要進口。沒有肥皂。只要無法進口東西，工廠部門就會一個個停擺，所以政府必須靠剝削農村控制預算。只不過國際條約規定如果地方的人口餓肚子，就不能出口食物。政府因此開始實施配給制度，那被認為是個祕密。物價普遍不斷高漲。

緊縮政策在整個一九八〇年代不斷惡化，以致有些人開始稱羅馬尼亞為「西奧斯威辛」（Ceauschwitz）[14]。然而最糟糕的階段是我待在那裡的那一年。幾十年來最嚴寒的冬天對羅馬尼亞經濟產生災難性影響。為此政府進一步加強緊縮政策來對應，那讓人民陷入水深火熱。作家特納塞（Stelian Tănase）[15]在日記中寫道：

一九八四至八五年間的冬天是可怕而古怪的。誰能忘了人們有多難相信這一年冬天會讓他們受苦至深？公寓裡沒有暖氣、沒有水、沒有瓦斯。除大眾交通工具外，車輛一律禁止行駛。食物從商店消失。店門外大排長龍，有時人們可以排整日整夜。許多極端的事情發生。老人和小孩紛紛死去、救護車停駛、負責派車的人問你是不是即將臨盆，不是的話就拒絕派車。他們會問病人有多老，然後拒絕派車。那是什麼樣的日子啊！那是什麼樣的夢魘！家裡冷得半死。電力供應不斷中斷，電暖爐從市場上消失。有人在懲罰我們，為了讓我們一一死去。[4]

小說家赫塔・米勒在描寫她和國安局關係的書《約會》（*The Appointment*）中，同樣精彩地捕捉住當時的瘋癲[5]。全書的最後一句話是：「訣竅是不要讓自己瘋掉。」

當鄰國匈牙利因為實驗經濟改革而蒸蒸日上，反觀羅馬尼亞的經濟卻愈來愈凋敝。那年冬天也是整個歐洲紀錄中最冷的一次冬天，於是西奧塞古和他的顧問利用這個機會削減外債。由於義大利、德國和其他西歐國家也被凍僵了，羅馬尼亞可以透過出口天然氣和石油取得額外的外幣，以償還債務。結果就是火車和公車的班次都被削減，政府又頒布禁止私人駕車的新規定，以省下汽油用於出口。所有辦公室和公寓大樓的暖氣溫度都被降低，以省下天

13 譯注：意指當馬飼料的燕麥。

14 譯注：這個字是由「西奧塞古」（Ceaușescu）和「奧斯威辛」（Auschwitz）（集中營）兩個字合成。

15 編按：斯塔利安・特納塞（Stelian Tănase），羅馬尼亞作家、記者、政治分析家，共產政權時期他的著作多遭查禁，在一九八九年西奧塞古政權垮臺後，特納塞一直作為羅馬尼亞公民社會的領導人物。

然氣來出口。另外，政府透過出口食物（特別是肉品），賺更多的錢。這導致食物的嚴重短缺。最後人民的薪水和退休金被削減，學校和工廠也時常關閉，以減少需要支付的薪資。很多人形容羅馬尼亞是一座大監獄。它和普通監獄不同，這座大監獄不囚禁人，但限制人的移動，而且會給囚犯裝上監聽設備。

我的田野筆記顯示，人們對這場危機採取各種不同的回應，大部分奠基於共產政權統治下可靠的資訊傳播方式：謠言。有一則謠言宣稱，有個祕密警察躲在購買食物的人龍中偷聽人們的抱怨，想把其中一個抱怨的人拉出來盤問，結果被眾人痛揍一頓，差點被撕成碎片。燃料的缺乏讓有車的人除了得面對駕駛天的限制，還得面對其他問題。例如我認識的一個人花了十一小時才裝滿油箱：其中五小時在等待加油站開門，另外六小時則在大排長龍的車陣中一點點向前移動。而根據報導，有一次一名加油站經理告訴在等待的駕駛們汽油已經賣光，引起一場暴動。當一名警察被召來後，人群竟然跑上前把那名警察的警車掀翻。在新年過後，私人汽車完全被禁止上路，政府表面上的理由是為了保護他們的安全，所有人都不停猜測禁令何時會解除，但禁令仍持續實施。然後在一九八五年三月二十六日，當局突然宣汽車可以上路了。先前謠傳人們現在都不帶身分文件、駕照或車牌開車，這樣被攔下來時警察就無法辨識他們身分並開罰。由於人們已經受夠呆坐在家裡，他們透過行動最終迫使當局鬆手——至少人們是這樣說的。

除了燃料和食物，電力也採取配給措施以節省下來出口。你永遠說不準什麼時候會停電。但在農村人們至少逐漸發展出一種模式，那就是在七、八點的電視時間一定會有電，然後才會停電（大部分的電視節目都是西奧塞古在說話）。人們開玩笑說這種強迫上床睡覺的做法，是一種增加生育率的計畫。但也有謠言說有些工廠因為停電而關閉，那對需要晚上溫習功課的學童或在晚間工作的人來說非常不便。停電的多重後果之一是影響人們的後備取暖計畫，那讓他們無法以煮咖啡的加熱盤管或電爐來取暖。寒冷的情況在城市更加嚴重，在那裡對燃料的中央控制更加嚴格。

田野筆記，一九八五年五月八日

瑪麗娜指出，布加勒斯特的冬天非常可怕。有連續三個月她住的大樓完全沒有天然氣，所以住戶把暖氣管的水抽出來以防結冰。切斷天然氣供應的官方理由是拯救工業，但因為正巧有大量老人在寒冷中死去，她納悶這會不會也是計畫的一部分。另外還有大量嬰兒死去，在三間醫院所有保溫箱都斷電。瑪麗娜的懷孕朋友告訴她一條新法律：以前小孩的父親必須在小孩誕生當日到民政處註冊，但現在他們可以等到第二十天才註冊，這樣統計數字就不會顯示出所有死亡嬰兒的數目。很多學校的暖氣管在冬天期間都爆裂，要等到二月開學之後才能修理。瑪麗娜戴著帽子，穿著毛皮大衣和手套去上課。她說她一輩子都沒經歷過這種事。法國和義大利大使館的外交人員都已經撤出，去了保加利亞和塞爾維亞。他們在離開之前向羅馬尼亞政府正式抗議他們的工作環境。

羅馬尼亞人對一切的典型反應，是創造全新一批取笑緊縮政策的笑話。我在田野筆記裡記下一些，它們解釋了雖然我受到監視，但仍對田野工作感到津津有味的一部分原因。說笑話的人都小心謹慎，以免被祕密警察聽到而遭逮捕。以下是其中幾則：

一個傢伙去到肉店，要買雞肉。肉商回答說：「我們只剩下雞背、雞脖子和雞腳。」「怎麼會這樣！你們沒有任何胸部（意指雞胸）嗎？」「沒有，沒有胸部。」「你們沒有任何大腿（意指雞腿）嗎？」「先生，這是一家雜貨店，不是妓院！」（另一個梗：「您的記性還真好！」[16]）

你有聽說冰箱在這個冬天變貴了嗎？四層的冰箱現在要價二十萬列伊。

問：在煤氣燈出現之前，人們都是用什麼照亮房子。答：用電力。

由於取得食物愈來愈不容易，一對年輕夫妻討論要怎麼辦。兩人都忙著工作，無暇煮飯，也愈來愈難獲取食物，於是丈夫建議：「讓我們早餐只喝茶，午餐只吃冷食，晚上則用愛來滋養彼此。」妻子表示同意。第二天，他們早上喝了茶，中午吃一點乳酪、麵包和薩拉米香腸。晚上回家時，那個丈夫看到妻子一絲不掛爬上樓梯，然後沿著扶手滑下來，再爬上去，再滑下來，再爬上去，再滑下來……「妳在搞什麼？」他問。「我在熱你的晚餐。」

羅馬尼亞人有很多複雜的抵抗方式，但他們的笑話是最有趣的，充滿嘻笑怒罵、自嘲和挖苦。在我看來，他們在面臨逆境時仍能自娛的能力，是他們最讓人佩服的特質之一，那也幫助我挺過可怕的一年。

總體來說，緊縮情況在村莊較不顯著，因為那裡的人可以從自己的田畝和牲口取得食物、用樹林的木柴取暖。如果沒有樹林，就用從傢具工廠偷偷取得的大桶鋸木屑取暖。所以緊縮政策對我的影響微乎其微。在冬天最冷的日子我住在一戶有足夠糧食的人家裡，用爐子

16 譯注：意指還記得有雞胸、雞腿這回事。

燒木柴取暖（木柴是我從黑市購買的）。我不開車，所以沒有受到石油危機影響。公車和火車大減班對我也影響不大，因為我很少需要外出。我只能靠一臺丙烷燈來撰寫研究，但在我之前很多人類學家也是這樣。而儘管政府實施緊縮政策，我結束田野回國時反而比我出國時胖，因為我造訪的每戶人家都會招待我吃喝，而我每天造訪的人家可高達四、五戶。在克盧日市，我可以從飯店餐廳獲得食物，我也會買些好料送給那些不害怕邀請我到他們家的人。我和餐廳的侍者領班結成好朋友，需要買什麼吃的都可以請他打點。

雖然緊縮政策對我的生活不構成問題，我卻受到更嚴密監視。祕密警察擔心羅馬尼亞社會日益不滿的氣氛，會讓我更容易吸收到對政府不滿的反抗分子。所以他們比原先更加密切關注我談話，這部分解釋為什麼我在一九八〇年代受到的監視，要比一九七〇年代多很多。這一套針對一九八〇年代經濟危機實施的政策在十年前並不存在。

我有些田野筆記被祕密警察拿去影印和翻譯。他們將諸如以下的內容畫上底線：

一九八四年十二月二十八日。過去三日，有人兩次送來牛奶，牛奶被藏在一個塑膠袋裡，送來的人在這裡待一會兒，以掩飾來意。這兩次P都表示，這就是現在進行檯面下牛奶交易的樣子：像在買賣違禁品……〔一個國安局人員在這段話旁邊寫：「逮到妳了」。〕

> 一九八五年三月六日。公車服務引起更多抱怨。更多燃料要分配給胡內多阿拉縣眾多的工業和出口產品運輸，公共運輸要排最後。但這導致地方官員和IRTA〔公車公司〕產生更多衝突。D說前一段時間沒有人去工作，因為沒有公車可搭。有人說IRTA曾收到警告，說如果工廠工人沒有得到更可靠的服務，公車司機可能會遭到喬阿久村的人毒打。第二批工人一整星期都沒有公車可坐，必須每天半夜從公路走回家，路程長達一個半小時。

這些我對緊縮政策所造成的結果的記錄，讓祕密警察更有理由相信我對他們國家缺乏善意，認為我正在蒐集能在國外抹黑羅馬尼亞社會主義形象的社會─政治資訊。在所有我涉嫌犯下的罪行中，這一項是我最推不掉的。因為作為人類學家，蒐集社會─政治資訊是我的分內職責，而我也堅持不懈地這樣做──不管我身在哪裡，也不管我正在進行的研究計畫具體內容是什麼。我認為沒有細節是小的不能幫助我理解我生活在其中的社會，哪怕這些細節「嚴格來說」超出我的研究範圍。對人類學家來說，理解總是比任何一個特定研究計畫更大的目標。我們竭盡所能地，像吸塵機一樣吸入一切。

事實上，這就是我在國安局眼中的最大問題，因為他們總是希望我有一個清楚界定範圍的研究計畫，能塞入我那些四處蔓延的調查。我記下了我和房東兒子的一段談話：他需要通勤超過一小時到工廠上班，但因為沒有足夠工作給每個人做，他只能工作半天（這段筆記被國安局的人畫上底線）。我筆記中提到兩個低階政治職位朋友的爭論。他們一個說想要解決問題就必須巴結上級，另一個則說你必須拉攏下屬（猜猜看他們誰是黨部書記）。我記下有關黑市的大量細節、喬阿久村的人是如何切斷電表以減少電費、他們如何購買從林務局偷來的木頭生火取暖（我也是如此）。我記下兩個集體農場的人對於為什麼田地的庄稼產量會減低三分之二的討論（他們認為是因為不當使用肥料所導致——國安局人員在這裡寫上：「逮到妳了」）。我記下各種笑話，儘管說笑話的人請我不要這樣做，但它們太好笑了，不記太可惜。

我記下朋友說的一件事：一個村長和他的親信想去釣鱒魚，卻沒有釣具。事實上，他們是想要吃魚多於捕魚。那個村長便說：「你們幾個跟我來。」他們去到河邊，村長曉得當地有些人沒有獲得許可偷釣鱒魚，便對他們說：「布加勒斯特的督察同志來這裡了！交出你們的釣魚許可！沒有許可，那好，鱒魚沒收！」村長和他的親信吃了一頓好料。我記下我在喬阿久村的司機，有一天傍晚是如何在當地餐廳幫我們弄到百事可樂（餐廳照理來說沒有供應）。女服務生為我們端來茶壺和幾個茶杯，這種茶壺除了早餐時間外，從來不會在餐廳看見。我的司機說：「沒有別的方法。這裡沒有供應百事可樂。如果其他人看見我們在喝百事可樂，他們會暴動。」

在克盧日市，我記下我去找資料的那間圖書館，聰明的館長利維烏・烏爾蘇酋（Liviu Ursuţiu）是如何騙當局相信，他的單位有確實遵守減少用電的規定。所有機構都接獲命令要減少五成用電，每當他在電力工廠的朋友打電話警告他說一名督察正在前往圖書館的路上，利維烏便會吩咐整棟建築馬上關掉全部的燈。大門守衛指引督察到利維烏辦公室，利維烏從自己的辦公室，能聽見督察在漆黑漫長的走廊裡跌跌撞撞的聲音。然後辦公室外傳來敲門聲：「我是來查核減少五成用電規定的落實情況，但請先把燈打開。」利維烏回答：「不行，我對所有人下了關燈的命令。你是來查減少用電情況的，那你準備怎麼寫？**百分之百削減！**對，就是百分之百削減！」督察一離開，他就叫人把所有燈都打開。

這類故事讓我喜歡待在羅馬尼亞，哪怕是受到監視。如同他們的笑話一般，羅馬尼亞人幽默和反諷的能力，讓一九八〇年代暗淡的處境變得勉強可以忍受。這些故事也顯示人們雖然在緊縮政策中受苦，卻仍有許多將就的方式，並在這些惡劣環境中發揮某種程度的能動性。然而就像國安局所說，我的這些紀錄讓我在羅馬尼亞的形象變得危險。這就不奇怪他們總是試圖影印我的田野筆記。連同其他幾位這些年間在羅馬尼亞工作的美國人類學家，我提供國安局有關他們國人同胞的無價資訊。弗拉德將軍（Gen. Iulian Vlad）在一次訪談中承認，這些資訊對他們非常有用。這可能是他們不想把我掃地出門的另一個原因。

農村研究結束

從一開始，我在民族史研究計畫中的田野工作中就遇到料想不到的困難。我第一個訪談對象是一位退休學校老師波格丹先生（Mr. Bogdan）*。雖然他似乎對我找上他這件事感到不悅（後來證明他的不悅很有道理），但他知道怎麼談論歷史。不過他不願意讓我錄音我們的談話，其他人也不願意（我認為在田野工作上錄音是必要的）。大部分被我找上的人都猶豫不決，認為歷史與他們無關，我應該去問學校老師們。換言之，一個大學教授怎麼會問一介農民有關民族史的問題？我無法擺脫我的專業身分，這顯示我的研究設計有瑕疵。而除了一些有啟發性的談話外，我的研究進展得並不順利。我說的有啟發性談話的例子，是有一個農婦堅稱「勇敢的平蒂亞」（Pintea the Brave）反叛運動（一七〇三年），是發生在農民霍雷亞（Horea）領導的農民起義之後（一七八四年）。因為有關霍雷亞的電視節目要早於平蒂亞相關的電視節目。一月底，我前往布加勒斯特寄我的田野筆記，又找了幾個羅馬尼亞同事（包括波普教授）聊我遇到的困難。他們全都說我應該偷偷把訪談內容錄音，生活在監視性政府統治之下的學者竟然會這樣建議，實在很有趣。我試了兩次，但覺得很不舒服，沒有持續下去。一則田野筆記揭露是什麼心境讓我作出這項個人選擇：

田野筆記，喬阿久村，一九八五年二月四日

企圖冥想。想到「弗瑞安魂曲」，Lucceat eis[17]，照耀他們，讓路給一排樹（霍普金斯的詩句），把雨下在我的根上。根、樹、雷里亞的櫟樹（雷里亞是一七八四年農民革命的領袖，後來被人出賣，遭到處決）。出賣雷里亞，出賣信任。在這裡，信任到處被出賣。我突然感覺到幽閉恐懼。我跳起來，坐上前往奧勒什蒂耶的公車，去找安娜和多麗娜。單是逃出那裡的念頭就是一種解放。

我明白到我不能繼續用錄音來出賣我的受訪者，因為那會讓我的工作氛圍比起緊縮政策下的氣氛更讓人窒息。我至今仍後悔偷偷嘗試過錄音。

我的訪談進行得很不順利，雖然反覆造訪不同人家，我似乎無法像之前在弗拉伊庫村

17 譯注：安魂曲中的歌詞，意指「照耀他們」。

那樣取得當地人的信任。我在一九七三年便認識的M太太告訴我，她認為村長在散播有關我的謠言。另一個人則說是那名叫巴魯的警察在造謠。最後我採用她提出的權宜之計：要求人民委員會的文化副主席在一些造訪中陪伴我，好讓人們看出我得到當局支持，然後我再獨自進行拜訪。這一招看來有幫助，但我告訴自己：「我不願為了工作順利而藉助權威。」不管如何，透過動員地方官員來建立信賴關係感覺不是正軌。

一九八五年二月三日：好多天都對訪談感到不自在，感覺自己有種可怕的控制欲，會瞄準一些貧窮不起眼的人，找他們進行友善的談話。但我知道我主要的目的是想看他們是否對我有用。我感覺自己像寄生蟲，也對自己濫用良好的社會規範感到不自在。我把xxxx逼迫到禮貌允許的邊緣，因為害怕他不願意再接受一次訪談。我對人們可能會因為我而被盤問這件事感到不自在，對於我在這裡成為低級政治（petty politics）的來源感到不自在。我幾乎迫不及待想離開這裡。猜疑的氛圍開始變得真正具有壓迫性。前往探望二七九號，他們說他們很喜歡我，其他人則說我來這裡是為了進行間諜工作。

一九八五年三月二十二日：又是挫折的一天。早上約好的人不在家。其他我要去找的人也不在，很難說他們是不是在躲我。我容易變得疑神疑鬼。我去找了M太太，她告訴我要小心那些司機，他們有可能是奉命來關注我的動靜，會向我誇耀自己的性經驗（我猜即便他們沒有性經驗也一樣會自誇）。去找了二七九號，他們告訴我更多事情：四十二號正在散播我的謠言。有這麼多有關我的訊息，讓我不禁開始被逗樂。和R度過一個美好的夜晚，他在停電時帶著一根蠟燭出現，我不在乎他是否是被安插在這裡的線民。

第二天：再一次約好的人紛紛爽約。我變得更加疑神疑鬼。

一九八五年四月八日，恐怖的一天。到XXXX家去工作，他在一番友好的交談後問我，我有沒有把他的話錄音。我說沒有，但他看起來烏雲罩頂，明顯不相信我說的。然後他告訴我波格丹先生非常害怕，因為他在和我談話之後馬上受到國安局盤問。如果他是從我最早待在這裡開始就把他懷疑我的事說出去，那也難怪有關我是間諜的謠言會傳播那麼廣泛。我決定回國。這裡的氛圍太沉重。他們想要留住我，但我還是決定離開，我幾乎因為焦慮而嘔吐。

第二天，我到德瓦向縣黨部書記抱怨。我告訴那裡的一個朋友尤利婭（Iulia）發生什麼事，她回答：「如果他們知道我告訴妳這個，一定會殺了我，但我還是要說。國安局的車每星期都會從德瓦開到喬阿久村派出所，而鄉副主席有一次被他們盤問好久。他說他以前從沒有碰過這種事。」當天稍後我問過的人都承認警察巴魯來找過他們，交代他們：「和她說話要小心謹慎。」或說：「她去哪裡身上都藏著一臺錄音機。」

聽我抱怨被監視的事後，第二天，眼睛小而凹的德瓦黨部書記掛著傻笑回答我說：「我們就別管這個好了，妳還是完成不少工作。」我決定終止我在喬阿久村的田野。事實上，我從此未再使用我在那四個月蒐集到的資料。在下一場（也是最後一場）約談中放我鴿子的夫妻在向我提出爽約的藉口時，順道送我一瓶兩公升的頂級李子白蘭地。我回到家喝悶酒，最後喝醉（馬麗瓦拉拒絕喝一杯，又責備我：「沒有人會單獨喝酒」）那是我在共產政權垮臺前最後一次嘗試在村莊進行田野工作。

為匈牙利人工作的間諜「薇拉」

我在四月回到克盧日市，不知道那裡的高層國安局已向上呈報，建議驅逐我出境。他們馬上重啟對我的監視，除了急於知道我在蒐集什麼樣的社會—政治資訊，也為我去喬阿久村前他們便擔心的事感到焦急：我新獲得的「匈牙利人」身分。一個的線民曾在一九八九年二月二十七日的筆記中報告：

雖然她對歷史事實的正確詮釋（有關羅馬尼亞人在哈布斯堡帝國期間，處境極為艱難的史實），讓人對她有正面觀感，但我必須承認我對 件事總抱持某種程度懷疑（只不過沒有證據證明）：她是不是因為考慮到我們的友誼或出於禮貌，而隱藏她對我們敵人——匈牙利人——的同情？

這類懷疑早在一九七九年便出現（時至今日還是有些人會這樣想）。這首先是因為我那本「反羅馬尼亞人」的著作，其次是我那個看起來像匈牙利裔的姓名。不管我怎麼強調我的名字是法文名字，人們總是懷疑我這麼說只是為了散播錯誤訊息，來掩飾我「真正」的身分。

再來，還有因為我和克盧日市的匈牙利裔學者逐漸培養的關係，他們是我在美國一名同事推薦下認識的。其中兩位學者為我帶來很多啟發，我找過他們好幾次。我跟他們的談話被本來就裝在他們系辦公室的錄音設備偷錄進去，由於國安局一向對匈牙利裔的人懷有戒心，而會竊聽他們。我同事的推薦令我卸下心防，而為了和那些學者建立友誼，我表現出的坦率透明也讓我彷彿在羅馬尼亞人和匈牙利人的衝突中站錯了邊。祕密警察特別擔心我和他們稱為「恰巴」(Csaba)的學術界同仁的關係。以下是「泰奧」對我在一九八四年十月五日,第一次登門拜訪「恰巴」的記述。抄錄員以摘要和直接引用的方式記錄我的談話,而辦案軍官在他認為最值得注意的地方畫上底線。我只摘要個大概,底線是祕密警察所畫。

(經過有關不同話題的長時間談論後)凱薩琳.韋德瑞說:「我很信任你,想開誠布公把我感興趣的問題告訴你。對你來說,不信任別人是不愉快的,但對我們來說,那要更加困難。因為我們不知道能夠和誰談。有一兩個人可以談天是非常重要的,因為我們可以推心置腹,不怕引起麻煩。」他們進一步的談話觸及其他很多議題。例如他們談到東正教和民族身分的關係、東正教和國家的關係,還有東正教和人們日常的關係。他們還談到上教堂的人數是變多還是變少了(她問:「你認為上教堂是一種藐視政府的表示嗎?」恰巴回答說:「絕對是。它意味著政府權威一定程度的下降。」)她告訴他,她隱藏身分去參加八月二十三日的遊行,和四周的人交談過,對他們說她是在圖書館工作。他回答他以前都會去參加種種的義務性活動,直到三年前才改變態度,認為那是在浪費時間。然後「恰巴」和他太太跟她說一些有關第十三屆黨大會的政治笑話。他們又給她一些建議,教她不要從飯店打電話給他們、不要把東西留在房間裡,以及要怎樣找到賣禁書的人。

從很多地方來看，凱薩琳．韋德瑞確實像在尋找反對政府的勢力或民眾不滿的源頭。當我現在重讀這些對話，我察覺到底下潛藏的冷戰反射神經。儘管當時我對共產主義的優缺點是採取不可知論的，然而祕密警察並不知道這點。他們同樣有所不知的是，附和談話對象所說的話是田野工作的標準習慣，因為這可以讓我們更深地探索他們的觀點，這種附和並不表示你同意他們的觀點。當我探索「恰巴」的民族主義感情時，我沒有想過要刺激他採取任何進一步的行動，只是想知道他是怎樣想。然而祕密警察非常死腦筋。他們認定「恰巴」是個「領土收復主義分子」（irredentist element），所以認為我與他見面事有奚翹。他們對這件事是如此警覺，以致於負責監聽的抄錄員在我後來兩次探訪中，竟然說我們是以匈牙利語進行談話（我根本不會說匈牙利語）。她還把「恰巴」提出的一些負面觀點說成是出自我口。

在後來一次拜訪中，我向「恰巴」夫妻描述我在喬阿久村受到的監視，指出我對一切有關自己的謠言和八卦感到厭惡。尤其人們不願當面說出對我的想法，我認為那才是誠實的做法（我追求坦率透明的另一個失敗案例）。然後「恰巴」說了一句話，後來我才明白那句話的重要性。他說他希望我們的友誼不會是危害我在羅馬尼亞處境的證據。對此我回答：「我們把我們的關係隱藏得非常好。」（這句話，被清清楚楚錄進裝在「恰巴」起居室的「泰奧」中）當然我後來才明白，我為了不讓「恰巴」受到我的外國人身分污染，而付出的所有努力都搞錯方向——事實上是他在污染我，而不是我在污染他。我有匈牙利裔背景的謠言已傳開來，一個在雅西的線民表示，她聽出我講的羅馬尼亞語透著匈牙利腔調。同一種假設反映在克盧日市一名國安局上校在一份報告中寫的頁邊批註（那份報告在一九八八年由克盧日市呈交給布加勒斯特的反情報部門）：

> 在執行一次祕密搜查時，有兩份文件被找到。一份是韋德瑞．凱薩琳寫下對「羅馬尼亞人區域性刻板印象的現象」報告，該份報告內容客觀，對羅馬尼亞有正面評價……上級軍官寫下頁邊批註：「你有想過她是故意把文件留在房間讓我們搜到的嗎？」

一九八五年秋天在我離開羅馬尼亞後，我的朋友蓋兒．克利格曼去了羅馬尼亞一趟。回國後，她告訴我在當地無時無刻都有人向她責備我的書。沒有人提到書中兩則笑話，只是抱怨我的書「親匈牙利」，儘管他們無法提出論證（他們根本就沒有讀過我的書）。一個和蓋兒談話的人生氣地表示，我沒有站出來支持羅馬尼亞對外凡尼西亞的歷史觀是正確的，而匈牙利人是不正確的，這表示我必然是親匈牙利的。聽到這件事我氣得發瘋。這些羅馬尼亞學者指望外國人將他們從巴結共產黨而為自己創造的困境中解救出來，因為這種巴結讓他們在國外全無可信度。他們希望美國人來教訓匈牙利人，讓他們可以退到一邊歡呼喝采。但當我問他們為什麼不替自己說話時，他們卻說他們被限制住了。人們對我的書的評價，起初讓我為了自己的不敏感而充滿可怕的罪惡感，但最後卻變成讓我持續惱怒的來源。而他們八成認為我為這個問題動氣，只是更證明我對匈牙利人的好感。

「薇拉」的名聲在國安局傳開

我在十二月離開克盧日市，前往喬阿久村。這並不代表克盧日市的祕密警察可以休息了。正好相反，他們忙著起草建議書，向布加勒斯特高層提議把我驅逐出境。這個想法早在八月（也就是我來到喬阿久村不久後）已經討論過，那是對我書中兩則笑話的直接反應。一個克盧日市的線民在拿到我的贈書後，馬上向他的軍官報告笑話的事。在他八月十五日呈交的筆記上，克盧日市反間諜科主管武爾坎（Filita Vulcan）寫了一個頁邊批註：「我們將會向第三處提交一份報告，建議把她從我們國家趕走。」同一個軍官在第二天又寫道：「她在一九八三年出版的這本書中傷我們、侮辱我們，扭曲我們國家的事實。」

從十月到十二月，他們一再修改把我驅逐出境的建議書。他們詳列我的罪行（從挑撥羅馬尼亞裔和匈牙利裔的關係開始），又用我一百六十五頁田野筆記（大約是當時總數的一半）的標題作為進一步證據。翻譯了這些筆記之後，他們認為我獲得的資訊「對於我國有一種敵對特徵」。通信雙方涵蓋克盧日市國安局所有高層，和好幾位布加勒斯特的最高階將軍。他們的報告主題為「對最終解決『薇拉』個案的建議」，有著當時反間諜部門首長阿列克謝少將（Maj. Gen. Ştefan Alexie）手寫的「同意」二字和簽名。然後建議書看來是又從他手上，傳到他在布加勒斯特國安局的直屬上司弗拉德上將（Col.—Gen. Iulian Vlad）手中。弗拉德當時是內政部副部長，兩年後將會成為整個羅馬尼亞國安局的首長。在我的克盧日市卷宗中，有一則簡短訊息，是他在一個月後對上述報告所作的回應。

內政部
一九八五年一月十二日
內閣部副部長辦公室

致阿列克謝將軍同同志

致迪亞科內斯庫中校同志

一、這個案子非常重要，任何負面的發展與擴散都必須立刻制止。

二、提出具體的方案以緊急結案。

盧利安・弗拉德上將

一九八五年五月一日

兩年後，一組相似的建議會再上呈給他，而他會在頁邊親筆批示加以回覆。幹得好啊，「薇拉」！閱讀這些文件，我就像讀到聯邦調查局監視我的檔案，然後還在其中兩份文件中找到胡佛的簽名[18]。弗拉德上將的手書具體證明國安局不只把「薇拉」視為間諜，還是視為非常重要的間諜。

我看到這些文件的第一反應是完全無法置信。有什麼理由可以讓「薇拉」這麼重要，以至於她的案子會被遞交到國安局最高層手中？又如果她這麼危險，為什麼還會獲准留在羅馬尼亞，而且在一九八七年和一九八八年兩度獲准再度入境，反觀很多祕密檔案篇幅比我少

18 編按：胡佛（J. Edgar Hoover）是美國最有名的聯邦調查局局長。

的人類學家卻被禁止重返羅馬尼亞？有關第二個問題，一個檔研會人員提出這種可能：「那會讓我們國際觀感不佳，而我們需要的正是國際觀感！當時羅馬尼亞形象逐漸變差，儘管它和美國關係尚可，羅馬尼亞人還是必需保持良好的一面。」不過她又指出，底層的國安局軍官會繼續執行他們的任務：揪出間諜和提出驅逐出境的建議。而高層人員才是和美國大使館有交往的人，他們要考慮驅逐一個美國公民會不會引起外交事件。這表示，底層軍官可以肆無忌憚地履行職務，而高層軍官要負責踩煞車。不過後面我們將會看到，有兩個承辦我案子的國安局軍官，對於我為什麼沒有被掃地出門有另外的解釋。

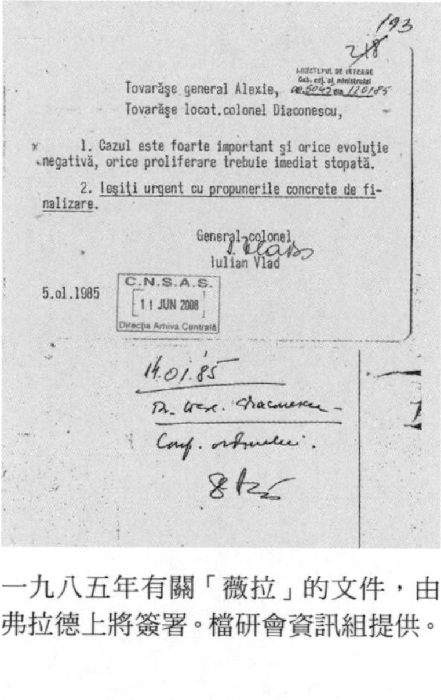
193
218
Tovarăşe general Alexie,
Tovarăşe locot.colonel Diaconescu,

1. Cazul este foarte important şi orice evoluţie negativă, orice proliferare trebuie imediat stopată.

2. Ieşiţi urgent cu propunerile concrete de finalizare.

General-colonel
Iulian Vlad

5.01.1985

C.N.S.A.S.
11 JUN 2008
Direcţia Arhiva Centrală

14.01.85

一九八五年有關「薇拉」的文件，由弗拉德上將簽署。檔研會資訊組提供。

我怎麼會變得那麼重要呢？國安局把很多美國研究人員視為間諜、中情局探員或不受歡迎人物，但他們的案子極少會上呈到像弗拉德上將那樣的高層。我的兩個學術界同仁為此提供可能的解釋。首先，一個檔研會的研究員主張每當美國重新審議羅馬尼亞的最惠國待遇時，「人們的情緒就會激動起來」，對可能會影響這件事的外國人的監視就會收緊。匈牙利海外僑民社群對西奧塞古遷移與摧毀整個國家的山村（包括匈牙利裔山村）的計畫大肆宣傳，指出那是一項反匈牙利裔的措施。所以當我對像「恰巴」那樣不安分的匈牙利裔學者流露明顯好感時，我便成為一個潛在的威脅。由於美國國會對是否延長羅馬尼亞最惠國待遇的聽證會是在一九八六年舉行，而最終決策則是在一九八七年作出，所以上述的解釋和時間點吻合。國安局在意我對最惠國問題的言論，這明顯見於對外情報中心一份一九八七年的文件：該文件摘錄我在美國國會通過暫停羅馬尼亞最惠國待遇的法令後和某個人說過的話。

其次，一個有良好羅馬尼亞人脈的美國同仁在二〇一四年訪問了弗拉德上將本人。事前他問我有沒有什麼想問他，我說我想知道他記不記得我的名字，以及他們為什麼那麼重視我的案子。弗拉德的回答是他不記得我的名字，但記得那時候有很多美國人類學家在羅馬尼亞，他們蒐集到的寶貴資訊對國安局極為重要。至於我和其他美國學者為什麼會那麼受重視，他說這必定是和戈巴契夫的改革開放政策有關。戈巴契夫的改革開放政策從一九八〇年代早期開始發揮影響，並在他一九八五年三月當選蘇聯共產黨總書記時達到高峰。反對改革的東歐「四人幫」（東德的河內克、捷克斯洛伐克的雅克什、保加利亞的日夫科夫和羅馬尼亞的西奧塞古）開始擔心權位不保。根據弗拉德的說法，西奧塞古開始相信推翻他的一定會是外西凡尼亞的匈牙利裔，因為他過激的民族主義政策讓他和匈牙利裔原本就惡劣的關係更形惡劣。他的疑神疑鬼讓國安局可以大展拳腳，而他們也盡情利用這個機會。我們應該謹記的是，作為一個整體的國安局（還有它的各個分支）都是和統治體系中其他機構不斷爭奪地位的。任何可以讓他們擴張權力的機會他們都求之不得，所以像我這種充滿豐富「敵人」潛力的人，可以增加他們的重要性。

在我從事研究的那些年間，國安局人員忙於對付恐怖主義活動。例如，有人在外西凡尼亞一尊重要的人像旁邊放了一枚炸彈。接下來一整年（一九八四至八五年）國安局瘋狂緝兇，他們後來聲稱這起案件是由一位匈牙利民族主義者所屬的網絡所犯下，而這個網絡還有其他類似的驚人計畫。國安局對匈牙利裔與任何被認為和匈牙利裔有勾結的人監視得特別嚴密。弗拉德的說法和國安局典型的民族主義思考方式，很容易解釋我為什麼會受到高度監視。那個看過我部分檔案的檔研會同仁說我該為自己受到比其他多數人密切的注意而感到自豪！同樣的，我們或許也能說祕密警察應該感激我，因為我讓他們大大派上用場。

弗拉德對我的案件下達的命令在國安局鬧得人仰馬翻，局內的人忙不迭行使他要求的措施。不到兩星期，廷卡軍官就從克盧日市前往德瓦，看看他們查到些什麼我的事（別忘了這段期間德瓦的祕密警察每天都要開車到喬阿久村）。有關我的報告副本被送到各部門，附帶一些我的田野筆記影本，還有我在克盧日市主要接觸過的人物身分清單。一九五八年五月，克盧日市的祕密警察又寫了一份報告，內容和上一份差不多，也是提出結案方法的建議。除了一般措施以外，這份報告又加上一些新措施，例如交代線民傳話出去，說國安局擁有我的筆記影本；或者透過我的田野筆記警告我的接觸者、讓他們與我敵對，來摧毀我的人際網絡。在各種用來對付一位敵人的行動中，國安局現在只考慮兩項：對我提出懲罰性訴訟，或把我驅逐出境。

＊＊＊

當我在一九八七年夏天和一九八八年兩次重返羅馬尼亞時，同一批措施再次被啟動，並且更加白熱化。這反映在第三處首長莫爾托尤少將（Maj. Gen. Aurelian Mortoiu）對克盧日市祕密警察主管下達的一項指示：「務求符合弗拉德上將同志當初的命令。」克盧日市祕密警察曾送出一份與「中情局探員薇拉」有關的報告，細述他們在我六月中抵達後做了些什麼。早在一九八七年四月，他們便已針對我即將返回羅馬尼亞一事制定一個行動計畫。根據這個計畫，有四個線民會分別對我進行不同刺探工作（他們全都是我的好朋友）；影音設備（包含盒式磁帶錄影機和可持續監視的攝影鏡頭）會被裝在我常造訪的人家和我自己房間裡。國安局將對我進行密切跟蹤，並以移動式竊聽設備聽取我在公共場所的談話；祕密警察每一、兩天就會搜查我的房間，把我的田野筆記拿去影印。他們的跟蹤報告常佔據一天連續十四、十六或十八小時，我每離開一棟建築走進另一棟，就會被記錄一次，還會附上照片。其中有些報告直接呈交給莫爾托尤少將本人。這些行動的動機和以前一樣：由於我之前「密集地蒐集羅馬尼亞的社會—政治資訊」，所以必須對我進行密切監視。不過至少這次的報告，沒有再提及對我是匈牙利人的疑慮。

在一九八七年七月，莫爾托尤少將在呈交給弗拉德上將的報告中，指出我來羅馬尼亞後這六星期很少去找以前接觸過的人。他們在搜查我的飯店房間和「泰奧」的監視中也發現，我絕大部分時間都在圖書館或飯店裡埋首於研究。由於祕密搜查一無斬獲，他們進而搜查我的車子。除了我的研究計畫外，線民沒有發現什麼特別值得注意的事，而祕密警察只找到有關我研究課題的閱讀筆記。但他們沒有把這種情況看成是我終於想出要研究什麼的表現，反而根據一種複雜的「反反轉」心理學（double-reverse psychology）得出不同結論。這種心理學認為他們只有在我假裝的情況下，才可以了解我真正在做什麼：

韋德瑞・凱薩琳根據一個嚴格的指示行動……這個指示要她設法讓羅馬尼亞當局相信，她的興趣完全是在研究活動，而且她支持羅馬尼亞在美國的利益。

這就叫「你做也不是，不做也不是」。現在他們認為我的行為之所以不像間諜，不是因為我不是間諜，而是因為我奉命要裝得不像間諜。同樣的說法也出現在一九八八年十月初，克盧日市祕密警察提送給布加勒斯特的一份文件。在這份文件中，克盧日市分局向布加勒斯特第三處提議的其中一項計畫如下：

我們應該假裝發生一起偷竊案，除了拿走她對羅馬尼亞當局有敵意的資料外，也拿走一些有價值的物品。當我們捉到「賊」以後，也會找到這些有意義的資料。同樣的，我們必須記錄任何能損於她聲譽的活動。

如今，線民向祕密警察提供有關我的資訊，大概會讓我在祕密警察眼中變得更加危險：我已經升職為教授，現在是系主任，還是美國人類學會與莫斯科民族學研究所之間的副聯絡人。在最後一個職位上，我和知名的莫斯科民族學研究所所長為了預定舉辦在一九八八年的

「人類學和民族學國際大會」，共同組織一場談論民族身分的座談會。以下是在一九八七年，我的學術合作者特奧多爾（Pompiliu Teodor）的一部分旅遊報告[19]：

> 凱薩琳・韋德瑞，人類學家，現在是約翰霍普金斯大學教授，在美國有知名度和影響力。她在各大學都有朋友和認識的人。約翰霍普金斯大學是一間有名望的大學，在美國學術界很有影響力。

簡言之，我變得重要了，如果我不是羅馬尼亞的朋友，事情會變得更嚴重。除了這類資訊外當然還有慣常的項目。其中一個案例是我的同事／線民「珀溫」呈交的一份線民筆記，其中提及我和其他幾位美國學者：

> 我們掌握的資料顯示他們和美國情報機構有關連，而他們的研究被用來作為對羅馬尼亞行動的資料根據。

我的「朋友」「安卡」（"Anca"）得到反間諜科指令，在薩格勒布大會上「要全程待在那名美國公民身邊……」（她在大會期間，確實是我去到哪裡便跟到哪裡）。她也奉命在我面前詆毀學者米哈伊・喬治烏（Mihai Dinu Gheorghiu），後者對我下一本書的架構有很大啟發性。她的直屬軍官曾交代她要誣指米哈伊是國安局密探，要我防範他。她在線民報告中寫道：

> 韋德瑞・K起初非常謹慎，但慢慢地，她在喝了不少紅酒後開始變得滔滔不絕……談到愛情的事時，韋德瑞提到XXXX曾經勾引她，這時情報來源告訴她：「要小心米哈伊，他是名安全官。」薇拉看起來嚇了一跳，強調她曾讀過他一些有爭議的文章，覺得他非常聰明，現在……真不知道該作何感想！」

這名線民不只向國安局報告我說過什麼，還蓄意破壞那些對我有影響力、但不是有「正向」影響力的人物形象。然而，我卻認為米哈伊確實對我有正面影響，而且是我在羅馬尼亞學術圈認識的人中最聰明且幫得上忙的同仁。我已經不記得「安卡」的警告對我產生什麼影響，只猜想我當時一定為此感到萬分沮喪。

19 譯注：羅馬尼亞學者在出國又回國後，得提交一份旅遊報告給國安局。

田野工作中的性愛，第二部分

「安卡」警告我不要和這個社會學家發生關係的事，讓話題又回到性愛。這是國安局用來確認我間諜身分的主要手段。一九八六年，軍官廷卡向上級要求在我克盧日市的飯店房間安裝攝影鏡頭時，他提出的理由是那樣做將顯示「她在房間裡做些什麼」。這個要求被批准了。他們感興趣的不只是我整理床鋪的樣子，這一點從很多一九八〇年代的文件中可以明顯看出。他們也絕不會沒有要影響我在床上發生的事情的意圖。例如在一九八四年八月三十日，一位線民報告我與一名歷史學家共識的事之後，克盧日市反間諜科主管武爾坎軍官寫下以下頁邊批示：「研究以下做法有沒有可行性：讓一個線民和她發生親密關係，好讓我們更有效控制她。」我去喬阿久村後，M先生有一天告訴我要避開「那些司機」，我回答我有的不過是香菸和咖啡。他聽了之後說：「我不知道是誰在散播你和那個人[20]上過床的謠言。但如果謠言是真的，對方十之八九是奉命行事。」就像任何看過間諜電影的觀眾都知道，這是祕密警察的標準手法。M先生的話提醒了我監視我的不是只有國安局。就像更早以前在弗拉伊庫村那樣，喬阿久村的村民也透過閒聊八卦來監視我。

一九八五年五月，勤奮的祕密線民「馬爾庫」向克盧日市祕密警察報告我們一段談話。

當時我說我和一個認識的女人有不尋常關係。「馬爾庫」在報告中說：「雖然她在不同場合談過她生命中不同男人，但我們不能排除她有時會從事同性戀活動。」他的上級軍官交代他「繼續發展和她的關係，盡可能地親密，目的是弄清楚她當前關注、結識哪些人，那些人又有什麼特質。」這個報告被遞交到迪亞科內斯庫中校的辦公桌，他是羅馬尼亞第三處的副處長。

一份線民報告指出：「韋德瑞生性多話。」這種說法太輕描淡寫，事實上我什麼話都憋不住。再重複一遍，那份報告是被送到羅馬尼亞國安局第三處最有權勢人物的辦公桌。我納悶他作何感想。

在「薇拉」房間拍得的監視照，攝於一九八五年。檔研會資訊組提供。

20 譯注：作者並未在原著中明確說明「那個人」是何人。

最後一個國安局以性愛為監控手段的案例，可以在一九八七年一份布加勒斯特內政部文件中看見。該份文件指認一名叫GA的人的住處，他的化名是「阿林」（"Alin"），我是在一個官方單位認識他。內政部報告描述他的個人特質，並提及：「美國籍博士韋德瑞．凱薩琳造訪上述住址，她具有羅馬尼亞血統和匈牙利國籍，被我們稱為『薇拉』。」接下來是「阿林」針對我和他有過的幾次談話的報告。有次我們在餐廳找不到位子，便到他家去喝酒。辦案軍官在整份文件最後寫道：

> 這些材料是透過「阿林」取得，用來搞清楚六月二十六日他和K韋德瑞在他的住處做過什麼事……「阿林」受到警告，如果下次再犯這種錯誤，就會撤銷他和外國公民接觸的許可，以及把他調到別的部門工作。

但這位軍官的上級不同意辦案軍官的懲罰性意見，他很有想像力地在頁邊批示：「為什麼我們不將這種情況加以長期利用呢？」我猜想他們打算派出「泰奧」幫忙。

＊　＊　＊

雖然我在一九八〇年代的性生活明顯要比前十年減少很多，但我投入的情感和性幻想卻沒有減少。我似乎再次迷戀很多人。首先，我覺得有好幾個男人都很有吸引力，常和他們眉來眼去。除此之外，我性格中的多型態特質至少引起我三位女性友人的性反應。一九八四年十一月十一日，我的一則田野筆記這樣說：

和F度過一段極美好的時間。不管她知不知道，她都是在和我調情……我到她家時，她緊張的像隻貓……我們深情地擁抱和依偎。第二天她告訴我，雖然這裡的常識說如果傾訴自己的感情，這種感情就會減少，但她還是忍不住想告訴我……她承認她以一種超乎尋常的方式被我吸引。

F俊美而性感，我們常用一種我覺得性感的方式牽手。不過她從沒有再推進一步我們的關係。

有這麼做的，是一個我稱之為瑪麗安娜（Marana）的朋友。瑪麗安娜在大學教社會學，我一認識她馬上就被她的熱情和美麗吸引。她高個子、體態優美，有一頭濃密的黑髮和一雙驚人的綠眼睛。我發現自己想方設法碰到她，也想讓自己變得有趣，以便可以和她建立某種程度的友誼。她丈夫常常工作到很晚，所以有些晚上我會坐計程車或公車到她家，在兩條街之外下車，再走路到她的公寓（後來我從我的檔案得知，這一招並沒有把祕密警察騙倒）。我們會一連好幾小時無所不談，從我在美國的生活談到她在羅馬尼亞的童年，以及我們的工作和過去值得回味的往事。瑪麗安娜妙語如珠、聰明、風趣而充滿自省力，她是個絕佳的廚子和奇妙的同伴。她在那一年成為我最親密的朋友，彼此感覺到隱含一點性意味的強烈牽繫。這讓我更加了解十八、十九世紀小說中女性之間那種超越愛情的友誼（*amitiés amoureuses*），這種友誼同時包含也不包含性的成分。我當時並沒有問自己（更是沒有問她），她有沒有向國安局打我的報告。我太忙於在我們之間建立一種深厚的信賴關係。

而讓我無比吃驚的是我差點和女人第一次發生性關係，就是在羅馬尼亞，而且對方就像我一樣對這種事毫無經驗。有一天，當我造訪一位朋友時，她很愉快地對我說：「來吧，我們上床去。」我問道：「為什麼？這屋子十分溫暖，我們為什麼要去床上？」（在一九八四至八五年的寒冷冬天，人們為了保持身體暖和常常待在床上。）她回答說：「為了妳！」「妳有和其他人做過愛嗎？」我婉拒了，問她是不是常常做這種事。她說：「完全沒試過。」這讓我一頭霧水。同性戀行為在羅馬尼亞受到嚴厲譴責，有嚴苛的法律條文禁止。這種行為如果被發現，國安局也許會以此逼迫當事人去當線民。國安局也會拿同性戀來對外國人做文章。

例如當他們發現一個美國交流獎金得主和他帶在身邊的「養子」有性關係時，就會利用同性戀線民設計他，讓他被捉姦在床，然後把他驅逐出境（日後當我和祕密警察談話又覺得他們是大好人時，必須謹記這點）。

很顯然地，置身於羅馬尼亞會讓人比在美國更放膽去做某些事。但除此之外我們也可以說，正是高壓政權的存在讓活在國安局監管下試圖隱藏其祕密的人們，理所當然發展出這一類性冒險。換言之，祕密政權其實存有鼓勵人們越界的成分，而這成分似乎同時影響著我和我遇見的羅馬尼亞人。冷戰的條件為人類學創造某種特殊情境，從中影響我的性格；但它也提供像瑪麗安娜這種充滿好奇心的羅馬尼亞人一種實驗。瑪麗安娜的人生並不輕鬆，她經歷過生育失敗、有一段不愉快的婚姻，健康狀態也很脆弱。她的親戚因為不為政權所好而無法從事想做的職業，並且她因為有一個難相處的上司而工作不順。但她在我們的友誼中找到新鮮的事物，某種以令人不安的方式擾攘她、讓她質疑人生原有道路的事物。

這些越界效應，也促使我對羅馬尼亞社會產生思考。我有時會和多麗娜談我這方面的想法（多麗娜就是幫助我解決失眠問題的那位心理學家）。

田野筆記，一九八五年一月一至二日

和多麗娜談我在羅馬尼亞有趣的人格重組，不守規矩的小孩正在壯大，不受到嚴厲父母的任何指導。在理解與思考這件事時，我看見賦予主體自由可以獲得多大收益。它也提供我一項洞見：羅馬尼亞社會基本上是多頭馬車，而不是中央集權。我相信這個洞察正確無誤。

後來我在春天某一日有機會深化這個洞見。當時我和幾個羅馬尼亞朋友很高興地發現，我們克服了共產政權對每個人設下的無窮障礙的其中一部分。雖然天氣寒冷、我們缺乏食物且不斷受到監視，但我發現自己很開心。那必然是來自打敗當局所獲得的滿足感。我突然明白我們徹底自行其事的行為，顛覆了共產黨所聲稱對羅馬尼亞社會全面的掌控。換言之，西奧塞古的政權不是無處不在的（totalitarian），而是極費力地把控制加諸人民身上，並且只有達到部分成功。不知怎麼的，我覺得這種氛圍非常鼓舞人心。我後來把這一段體悟寫成一篇學術文章，在文中反對把羅馬尼亞共產主義的權力理解為「總體性的」。

另外，我意識到上述我所感受到的特殊吸引力，是我對羅馬尼亞有深刻親密性的基礎。這種親密是一個民族學家能不能成功生活在別的地方的關鍵。我的親密性來自兩處：其一為身處在權威和反抗中間的衝突性，其二是對自我身分的不斷質疑（在與他者的關係中「我」是誰？）兩者都深深根植於我，也深深根植於羅馬尼亞社會生活。但親密性不僅止於此。我喜愛羅馬尼亞人的滑稽幽默、他們的強烈情感、他們的享樂能力，以及他們鼓勵我做出有別於以往的行動，例如我更加願意行為不端，並由此得到樂趣。有時候努力過一種老實、透明、誠正和勤奮的生活很累人，在這裡我可以暫時把它們擱置。我不是說這些價值觀在羅馬尼亞不存在，只是它們是以不同方式相互串連。這大概就是為什麼瑪格麗特・米德會說，如果我們能對我們的情感反應作出訓練有素地利用，它會是了解其他生活方式最可靠和完美的工具。

＊　＊　＊

儘管我感受到種種的歡樂，但當我在一九八五年離開羅馬尼亞後，卻有好幾個月備感創傷。這種感受在日後我造訪一位家中裝有「泰奧」的羅馬尼亞朋友時，被記入我的安全檔案中。我說：「妳知道我花了多久才擺脫被監視的感覺？四個月。我在這裡只住了一年，卻花了四個月才擺脫被監控感。」回巴爾的摩後，我發現我老是擔心家裡裝有麥克風，當一個朋友在電話裡告訴我另一個朋友吸古柯鹼時，我開始恐慌，深信我的電話被裝了竊聽器，通話內容被警察聽得一清二楚。

我在一九八五年寫的最後一則田野筆記透露我的心理樣態。

回到家之後，除了經歷時差症候群外還嚴重抗拒所有廣告，它們讓人十足想吐。我不停有種想哭的感覺卻哭不出來。不過比起往昔更甚的是，我感受到被約束和依賴別人那麼久的後果。我四周的人老是談到各種**行動**和倡議的大計畫，讓我覺得自己能力不足得厲害。當阿拉什夫[21]告訴我對系所的未來計畫時，我感到恐慌，覺得自己不在狀況內、沒有長大。和理查德・C一起散步時有人向他招手，而我下意識反應是：「理查德會因為被看見和我在一起而聲譽受損嗎？」我去了一間餐廳，他們服務快速有禮。這種差異讓我印象深刻。

除了這些，在美國的生活感覺是不實在的、價值觀是膚淺的。羅馬尼亞的學界人士有戰鬥的目標、有奮鬥的理想。我們這裡有些什麼？光是「搞好系所」是不夠的。

如果待在羅馬尼亞一年就有這種效果，天曉得在那裡住了一輩子的人是什麼感覺。

「薇拉」和異議分子：陷入歇斯底里的國安局

三一二／NS　最高機密

報告

一九八八年十月二十一日，我們按照命令攔阻美國公民韋德瑞・凱薩琳，不讓她進入帕萊奧洛古・亞歷山德魯（PALEOLOGU ALEXANDRU）位於布加勒斯特亞美尼亞街三十四號的住處。

與上述的美國公民談話，得知以下事情：

她到那一區是去找一個等著她的朋友。她告訴我，她是美國人，獲得IREX交流獎金，在我國進行專門學術研究。

我問她教育部是否知道她這次會面，以及她是否得到教育部的批准。

她說沒有。

21 譯注：作者的同事阿拉什夫・甘尼（Ashraf Ghani），阿富汗政治人物，二〇一四年出任阿富汗總統。

> 我指出任何她想要進行的訪談，都必須得到配合她研究活動的機構批准。以上和該名美國公民的全部談話都以暗中錄音。
>
> 「德拉戈米爾」少校（Maj. "S. Dragomir"）

一九八七年夏天和一九八八年秋天，我兩次回到羅馬尼亞進行更多研究，總共待了五個月。期間除了去了幾趟弗拉伊庫村，和最後兩個星期待在布加勒斯特外，這五個月我全部住在克盧日市。克盧日市的祕密警察看來是習慣了偵查我取得哪些社會－政治資訊，和拜訪過哪些匈牙利裔人，但他們並沒有從這些偵查中獲得新的資訊。在他們看來，那是我兩個間諜活動的目標。不過我的一個新的間諜身分將會在我去到布加勒斯特之後出現。在那裡，我仍被稱為「薇拉」（這是克盧日市對我使用的化名，它被帶到首都），但現在我被認定勾結馬尼亞一些新崛起的異議分子，積極鼓吹反政府活動。我在麗都飯店（Hotel Lido）住了兩個星期，「泰奧」一如以往在那裡以麥克風和攝影鏡頭盯著我，也在我光顧的餐廳與我相伴（國安局：「移動式技術將會用來偵查「薇拉」在首都不同餐廳與人接觸的情形」）。

為了說明接下來將發生的事，我要先解釋當時羅馬尼亞的大環境。到了一九八〇年，羅馬尼亞鄰國的反共產政權異議活動愈來愈頻繁，在波蘭有「團結工聯運動」（Poland's

Solidarity Movement），在捷克有「七七憲章」（Charter 77）[22]等。國安局竭盡全力，不讓這股風氣越過邊界。不過一個疲弱的反對運動已經出現在羅馬尼亞境內。它最初是在一九七七年由後來流亡國外的作家保羅．戈馬（Paul Goma）領導，然後在一九一七九年又企圖組織一個自由工會（比波蘭的團結工聯早一年）。這些運動的領袖最後不是下獄，就是死於「意外」。但少數的異議分子還是逐漸出現。而到一九八〇年代晚期，知識分子開始聯合起來反對西奧塞古的政策。一九八七年，一家大型拖拉機工廠罷工，顯示出羅馬尼亞工人同樣滿腹怨言。

我在布加勒斯特的活動確實可疑，但這純屬偶然，因為我在克盧日市和雅西的朋友推薦我去見了幾個重要的布加勒斯特知識分子，他們當時正積極參與政治活動。雖然我在拜訪他們時還不曉得這個情況，但在一九八九年後便知道了。一九八八年十月十八日，在普羅丹教授的推薦下，我去見了東正教神父斯泰恩哈特。更早之前，在十月二十一日，我與一位相當重要的作家帕萊奧洛古（Alexandru Paleologu）見面[23]。為我引薦的是他的朋友，歷史學家

---

22 編按：七七憲章（Charter 77）為捷克斯洛伐克反體制運動的象徵性文件，主要內容是要求當局政府遵守一九七五年《赫爾辛基協約》中的人權、公民權等條款。

23 譯注：這次見面受到國安局阻擾。見頁二九七—二九八的祕密警察報告。

祖布（Alexandru Zub）。我之前一直有向祖布請教我的研究計畫。十二月二十三日，我和祖布教授一起去見哲學家利恰努。我預計和他們三位，討論一些與我研究計畫有關的當代羅馬尼亞文化生活。但當時我不知道在十月初，祖布與帕萊奧洛古曾簽署過一封抗議西奧塞古抗議的信，而這封信從作家協會（Writers' Union）的年輕作家群流傳開來。現在他們所有人都受到日夜監視。利恰努一樣因為是諾伊卡的弟子而受到密切監視。諾伊卡（Constantin Noica）是政治哲學家和前政治犯（帕萊奧洛古和斯泰恩哈特也是），他們的意見都受到共產黨政權痛恨。

我與這三位人士見面的第一次紀錄可見以下內容。

電報〇六一九／一〇六八。

被監視人：韋德瑞・凱薩琳・瑪琳

情報：從我們取得情報的資料觀之，上述人物是一名中情局幹部。她來到羅馬尼亞社會主義共和國，是為了接觸對羅馬尼亞政府有敵意或異議立場的人。一九八八年十月十七日，她和前政治犯斯泰恩哈特見面，目的是蒐集情報……斯泰恩哈特曾因為策畫不利於國家安全的陰謀而被判刑。他在一九七三年出版一部著作，內容對我國的社會政治體系懷有敵意。他和一些流亡國外的反動分子——例如尤內斯庫（Eugen Ionescu）和蕭沆（Emil Cioran）——保持聯繫。

這份報告以對我的跟蹤為基礎，他們竊聽了我打給斯泰恩哈特神父與他約見面的電話。其中報告提到我走出神父住的大樓時，帶著一樣我進大樓時沒帶的東西：一個白色信封。我把信封投入一個郵筒，祕密警察迅速把它取出來。但讓他們失望的是，那封信是我寄給一位朋友的明信片，不是我代神父投遞的郵件。

在二〇一二年，我和一名記者的談話讓我明白他們為什麼那麼擔心我和斯泰恩哈特見面。神父寫了題為《幸福日記》（*Jurnalul Fericirii*）的三冊回憶錄，但祕密警察在突擊他的公寓時只搜出一冊。由於祕密警察相信他打算在國外出版回憶錄，而不斷追查另外兩冊的下落，並認為有可能就在我手上。這可以解釋跟蹤我的人為什麼總在報告裡提到我提著什麼（皮包、袋子或塑膠袋），以及當我走出一個地方時，提著的東西看來是變大還是變小了。

＊　＊　＊

十月二十一日，我的影子[24]在八點五十五分尾隨我走出飯店，指出我帶著一只皮包和一個塑膠袋。影子記下我走進的每條街，指出我正向亞美尼亞街的方向走去。

接近三十四號的大樓時，她被一個情報機構的工作者攔住。和他談話之後，「薇拉」回到十三號的郵局，在那裡打電話給住在亞美尼亞街三十四號的某人，說她試圖探訪他，但被一個禿頭的人攔住，對方（看得出來是個大煙槍）不願意告訴她自己是誰。

這是我在共產黨統治時期唯一一次遇見國安局的軍官。就像約斯泰恩哈特神父時一樣，我是用電話和帕萊奧洛古相約見面，所以國安局也知道了。因為作家聯盟在當時有那麼多眾所皆知的「祕密」反對活動，我去見斯泰恩哈特神父的時機差到不能再差。當我走近他住的大樓時，一位穿著大衣的人出現在我面前。這個人外型頗為邋遢、中等身材，他的額前頭髮稀疏、蓄八字鬍，有著一口被香菸燻黑的牙齒，其中一顆牙已崩落。他用相當不客氣的聲音問我來這裡做什麼，是否得到批准，然後要我先去申請許可再回來。他寫下有關我們相遇的報告，可在本節開頭看見，其中包括我們被暗中錄音的談話內容。他的報告附有我和他說話時被偷拍的三幅照片。當我多年之後再次見到這位「德拉戈米爾」軍官時（那時大環境已截然不同），偷錄音的事將會成為我們的話題之一。

我從郵局打電話後，帕萊奧洛古來到街上見我，和我相約第二天一起吃午餐。我們在這次午餐的談話被同一位軍官錄音和抄下來。影子在接下來一整天都跟蹤我，記下我做每件事的確切時間、我拿著什麼、我何時寄出一封信和在哪個郵筒寄。他還拍下我和帕萊奧洛古在一起的照片（當我二〇〇八年在檔研會第一次在看到這些照片時，協助我的檔案人員說：「真好！妳竟然有和這個奇人的合照！」——帕萊奧洛古確實是奇人）。我繼而去找交流基金的辦事人吉貝爾內亞，向他抱怨我被禁止見帕萊奧洛古的事。而就像吉貝爾內亞在他的線民報告裡說的那樣，他告訴我我做的事情是非法的。我應該要獲得批准或要求他安排，才可以去見異議人士。國安局軍官在這份報告上批註：「韋德瑞的立場很明顯，她感興趣於接觸一些專門和國安局作對的人。」那位軍官主張應徹查和我有接觸的人，警告他們已經違反不可與外國人接觸的法律。

從上述內容看來，我們的「薇拉」似乎都身陷大麻煩。從一九八八年十月九日開始，國安局對她進行九次高強度行動。這九次行動都被整理成手寫報告，在報告左上方只標示「內

24 譯注：作者在書中以影子（shadow）指涉跟蹤者。

政部」(Ministry of the Interior)字眼，有時有附數字以表示隸屬於國安局哪個特別單位。九份報告的標題都是「實施特定預防行動後的發現」，一開始都註明日期、地點、軍官的名字和單位，接著是這句話：「參酌蒐集到的資料，有必要展開懲罰性追查。」然後是他們曾獲得的指令(「據悉，某甲將會在某日某時，在某地址會見凱薩琳．韋德瑞」)，與採用的解決方針，包含他們如何隱藏身分，在所說的地點記下他們看見的事物。每次他們所看見的，都會和他們預期看到的一樣：某甲真的出現在指定時間，我真的在他們預料的鐘點到電話亭打電話等。除了在克盧日市兩次以外，每一次他們都拍下我和跟我見面的人的照片。剛開始兩次(十月九日和十二日)，他們去到我飯店附近的電話亭，記下我打過的電話號碼。在布加勒斯特的另外七次，則分別是發生在十月十九日(兩次)、二十日、二十一日、二十二日(三次)，緊接在我探望斯泰恩哈特神父之後，並持續至我探望帕萊奧洛古後的翌日。之後我又在布加勒斯特待了一星期才回國，但我的檔案裡不再有這方面的行動紀錄。

一個和我討論過這些文件的檔研會同仁說，她從沒有看過像這樣的檔案，不明白它們用意何在。另外一個人認為它們代表國安局準備對我發起訴訟(尤其因為斯泰恩哈特和帕萊奧洛古都有犯罪前科，而且當時也有從事反政府活動的嫌疑)，所以要把「平常」的跟蹤改為蒐集證據的跟蹤。問題是，這類文件最早出現在我和異議人士見面之前(比我們的會面早

「薇拉」遇到一名祕密警察。監視照片，攝於一九八八年。檔研會資訊組提供。

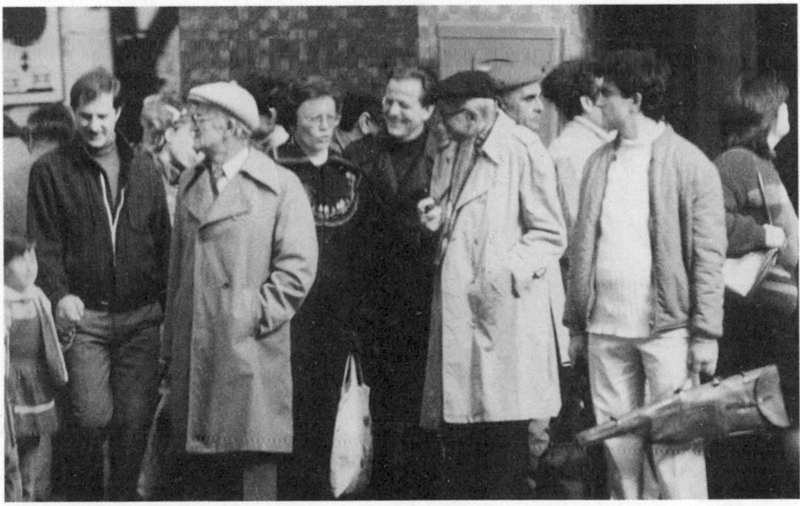

「薇拉」與祖布和帕萊奧洛古在一起。監視照片，攝於一九八八年。檔研會資訊組提供。

一點出現在克盧日市）。在我看來，它們顯示有人認定「薇拉」是個夠麻煩的人物，完全有理由逮捕，因為這類「預防性行動」通常是發起刑事起訴的前奏。

不管理由是什麼，我當時似乎都因為精神太過緊繃而開始崩潰。因為吉貝爾內亞寫過一份長長的線民報告，指出我已緊張至極點、說我向他激烈地抗議一些看來無關要緊的事、而當一個社會學家開始批評我的書時，我放聲大哭。他這樣為他的報告作結：「不管如何，我認為目前的她處於一種崩潰狀態。她因為意識到我們發現她的一些小把戲，而真正恐慌起來，反應激烈。」這番話被他的直屬軍官「德拉戈米爾」少校畫上粗底線。

天可憐見，由於我即將離開羅馬尼亞，要等到西奧塞古垮臺後才會再回來，所以沒有機會體驗到國安局可能對我採取的下一步行動。

國安局跟我回家

離開羅馬尼亞不代表我從此擺脫監視。在一九八七年與一九八八年，羅馬尼亞在國內對我採取的監控措施，和他們在美國對我的監控相互重疊。在分析過我一九八七年逗留羅馬尼亞期間蒐集的資料以後，國安局的對外情報中心（Foreign Intelligence Service）在一九八八年四月斷定有必要對我進行正式監視。也就是說，在受到了宛如羅馬尼亞聯邦調查局（FBI）的多年跟蹤以後，我現在也受到了他們的中情局（CIA）的監視。自此，有關我的資訊不斷從華盛頓羅馬尼亞大使館傳送回布加勒斯特。這種轉變也讓我有了新的化名，包括「**瓦內莎**」（“VANESSA”）、「**韋羅娜**」（“VERONA”）和「**沃杜**」（“VADU”）。在他們對我的性格刻畫中，他們提到我的書（但沒提那兩則笑話）和我最近的研究計畫。他們指出我是一個很好的專業人員、對羅馬尼亞有親善態度，曾經在華盛頓一個研討會上發言支持延長羅馬尼亞的最惠國待遇。他們也讚揚我曾經公開反對匈牙利歷史學家主張匈牙利對外西凡尼亞擁有歷史性權利之說。

儘管如此，他們又指出：「在反覆造訪我國期間，她不斷進行蒐集情報活動。這是受到當間諜的外交官的利用。」他們在布加勒斯特和華盛頓之間一些通訊，是以相當可笑的暗語書寫，以下是一個例子（暗語的解釋見括弧內）：

〇五四四號單位給華盛頓群組的電報，內容是關於IREX獎金得主們。採取行動以獲得以下郵票（stamps，指情報）：地方議會（the local council，指大使館）是如何得知獎金得主身分……他們對包括恰赫勒烏（Ceahlău，指羅馬尼亞）在內的已發展部門（the evolved sectors，指社會主義國家）的態度，他們有沒有出版過一些有關恰赫勒烏的著作或資料，是會讓他們不適合進入恰赫勒烏的。所獲得的郵票應該在工作位址（the work site，指中央辦公室）進行緊急過濾。

（那個協助我的檔研會研究人員讀到這段時說：「好酷，一封加密信！」但起初她也讀不懂內容。）

國安局的人因為一件事更容易接近我：在一九八八年一月到六月，我成為華府威爾遜中心（Woodrow Wilson Center in Washington）東歐計畫的學人。在那裡，我認識的其中一人是羅馬尼亞異議分子波泰茲（Mihai Botez），他當時住在華盛頓，常參加威爾遜中心舉行的研討會。我在威爾遜中心期間，有個流亡美國的羅馬尼亞歷史學家找我聊天。我懷疑他就是在那個叫「戈倫」（Gorun）的線民，曾經在線民筆記裡談到我對波泰茲和最惠國待遇等人事的觀點。到四月底，祕密警察制定一個行動計畫，內容包括：查證我在羅馬尼亞接觸過的人物身分並開始監視他們；指示線民在一九八八年秋天我回羅馬尼亞後對我施加影響力，「好讓我採取一種務實態度，推廣羅馬尼亞的歷史真理」；在美國拉攏我「投入推廣羅馬尼亞文化價值觀念的新行動」；最後是利用他們在海外的人員「繼續接觸我」，以達到各種不同目的（包括取得有關波泰茲的資訊）。這一次承辦我案子的軍官是個女人，這不大尋常，因為國安局的成員約九成是男性。

線民「戈倫」告訴他們我有哪些出版品。根據他的判斷，我的著作對羅馬尼亞持正面態度，又認為我能被拉攏參與反對匈牙利裔在美國，針對羅馬尼亞有敵意的行動。「戈倫」或他們另一個國外特務參加我在翌年主辦的座談會。會中我談到，羅馬尼亞的馬克思主義思想內部出現分歧的潮流。報告這件事的人指出威爾遜中心是一個「眾所周知的中情局掩護機構，專門散播扭曲的資訊以吸引流亡的羅馬尼亞知識分子。該機構對羅馬尼亞當局採取敵對態度，宣傳知識分子反抗羅馬尼亞政權的潛在想法。」在結論處，寫報告的人說：「我們要繼續對凱薩琳．韋德瑞進行正向影響，不讓她被對羅馬尼亞有敵意的宣傳吸引。」

這些報告有兩件事情讓我感到困擾。首先，找本身從來沒想到過要在美國提防國安局行動，但這些報告卻讓我對很多在巴爾的摩和其他地方，主動找我聊天的羅馬尼亞人有了不同看法。其次（也更重要的是），在一九八八年至一九八九年之間，對外情報中心主要把我看成是有良好傾向、在國際問題上站在羅馬尼亞同一陣線，並反對匈牙利的一個人物。這是事實。但這是我自己思考過後採取的立場呢？還是說我其實遭到國安局在羅馬尼亞和美國安插的線人不著痕跡地擺布？我懷疑有些認為我立場太親羅馬尼亞的匈牙利裔同事會更傾向後者的可能性。這件事多麼讓人沮喪。

一九八九年五月，我到羅馬尼亞短暫一遊，為我在一九八〇年代整個羅馬尼亞之行畫上句點。當時我是要到南斯拉夫開會，但在途中溜過國界，和瑪麗安娜相聚一個週末（她從克盧日市到附近一座城市和我相會）。那兩天天氣晴朗、花香撲鼻，我和她還有幾個朋友住在一間飯店，在城裡到處逛，去了植物園和動物園。動物看著我們吃吃喝喝、不停談話和高興大笑。我們的友誼從沒有比那週末來的更濃厚。我特別記得一隻炫麗的孔雀，我以前從沒有站在那麼近的距離看過孔雀。祕密警察自然如影隨形，偷拍我們的照片和監視我們探訪過的人（這是「薇拉」的另一個「輻射性」時刻）。其中一位被監視的人被歸類為「已知的領土收復主義分子」，也就是匈牙利裔。雖然祕密警察輕易就能辨別瑪麗安娜的身分，但他們卻誤以為我們在用匈牙利語交談。離開前，我把兩件郵件投入郵筒，一件是送給克盧日市一個朋友的書，一件是送給我在喬阿久村女房東的小禮物。兩件東西都沒有寄達。我附在郵件裡的信就在我的祕密檔案裡，顯示它們從沒被成功投遞。

我的檔案裡還有瑪麗安娜寫的線民報告，其中細細記載我們那個週末的旅程。

臨別之思

國安局透過更改我們社會關係的符碼（sign），來生產有關我這種類型的人的知識。人際關係對國安局來說是一種貨幣，而對那些和我一樣生活在保密防諜政權底下的人們來說更是如此。國安局四處傳播我是間諜的觀念，目的是為了孤立我，引導我走上他們設置的道路。其後透過把和我接觸的人與我的「朋友」轉變為線民，國安局有效分裂他們對我的忠誠，讓他們與當局共謀，並減弱他們和我的關係。儘管如此，一種與人建立連結的動力卻比共產政權要活得長久，我獲得很多至今仍十分珍惜的寶貴友誼。

到了一九八九年，我已經有過四種不同間諜身分：刺探軍事單位的間諜、蒐集社會－政治情報的間諜、煽動匈牙利裔不滿情緒的間諜、勾結羅馬尼亞當地異議分子的間諜。第一種身分相當自給自足，其他三種身分則與羅馬尼亞的問題牽涉甚深，那讓我的間諜工作愈形複雜。但經過這些變化後，我在國安局人們眼中也愈發強大——「薇拉」是我的好夥伴，她向國安局顯示我有多重要。同時，「薇拉」對其他羅馬尼亞人而言，則可能代表他們必須克服的東西。而儘管「薇拉」的形象很神祕，人們卻還是願意與我打交道，這誠然是件很奇妙的事。究竟這種意願是反映羅馬尼亞人的勇敢或好奇心，又或者顯示國安局把我周遭的神祕氛圍調整得恰到好處？

如果說，我擁有那麼多不同身分，我還是「相同」的人嗎（the“same”person）？我當然感覺我是同一個人，但實際上卻不盡如此。不管在橫向與縱向時空，我都同時有好幾種身分（孩子、乾女兒、研究員、系主任、「民俗學家」等）。從個人角度來說，很多時候「我」在某種意義上，更像是被與我相互鏈結的人們和在羅馬尼亞的人型塑出的產物。這使得「我」更加易變，也更善於社交。而雖然我的組成結構改變了，但將它們統合在一的卻是一種情感的脆弱性和需要，促使我去尋求社會的連結。從專業方面來說，我擺脫原先卑躬屈膝的狀態（因為我在著書中犯下的錯誤），而愈發覺得自己是個重要、不可被忽視的人。雖然我在一九八〇年代執行新研究計畫的閱讀過程，受到羅馬尼亞當局的「正向影響」，我卻逐漸從中脫離並獨立思考。我覺得我成為了一個更好的田野工作者，對我花時間相處的人們的觀點和立場更加敏感。我也停止研究羅馬尼亞民族史觀（在這方面我受到很多「正向影響」），改為探索國安局所害怕的課題：羅馬尼亞社會主義的特性，和國族意識在其中的地位。總體而言，將我從不同時空中統合起來的是一種強烈的職業抱負。這種抱負只有在羅馬尼亞的共產政權垮臺，使我失去社會主義這個研究對象，並讓嚴重的個人損失侵蝕我的韌性之後才會減少。

* * *

對於國安局如何影響人際關係的思考，促使我進一步探索他們使用的手段。我的安全檔案記載羅馬尼亞政府如何把一個人——凱薩琳．韋德瑞（又稱「薇拉」）——型塑為某種威脅的刻痕，而這樣的刻痕在我一九八〇年代的檔案中，比起上個十年要來的更加顯著。因為一九八〇年代處理的程序更為急迫，留下的痕跡也更可見。我用民族學家之眼挑出他們塑造我對他們構成威脅性的「證明」，這些塑造（constructions）因應不同歷史時空而有所不同。在一九八〇年代中葉，由於西奧塞古對戈巴契夫的改革感到惶恐，因此忌諱匈牙利裔少數民族，而在克盧日市有大量匈牙利裔人口。在一九八〇年代晚期，羅馬尼亞的異議分子成為麻煩，他們大量集中在布加勒斯特。在胡內多阿拉縣，國安局不再認為我的目的是刺探軍事活動，但持續認定我在刺探些什麼，並在我居住的村莊散播這種謠言。在每個時間和地點，不同等級的國安局軍官設法以各種方法定位我，產生出不同的凱薩琳．韋德瑞。而她們幾乎沒有一個不包藏禍心。

如同利恰努認為國安局因為他對獨立思考的堅持，而將他視為威脅此事有其道理[6]，我也不能否認國安局為我塑造的間諜身分至少有一半有其事實基礎。我固然沒有在刺探軍事情報或偏袒匈牙利人，但我的確在蒐集能讓我更理解社會主義的社會─政治資訊，而我對羅馬尼亞社會主義的刻畫也不美好。再者，我的確也開始和反對西奧塞古政權的人結交，儘管起初我並不自知。我在一九七五到一九八八年寫的作品中不太願意批評羅馬尼亞政府，一方面是因為擔心自己無法再入境，另一方面則是覺得，能提供一種不同於尋常冷戰心態的觀點要更重要。不過我在第二本書《社會主義下的民族意識》(*National Ideology under Socialism*)中（文稿是我在柏林圍牆倒塌前一天郵寄到出版社），終於採取國安局一直預料我會採取的立場：成為羅馬尼亞共產政權的敵人[7]。因為親眼看見羅馬尼亞政府帶給人民的苦難，我起而捍衛我在書中探討到的那些知識分子。他們的反抗愈來愈強烈和公開，我與他們的來往引起我和國安局軍官第一次（也是唯一一次）的碰面。我是在很為難的情況下採取這種立場，因為我相信那終將會使我成為不受歡迎的人物。

＊＊＊

一九八九年十二月二十二日，西奧塞古和他的支持派系被推翻。一個新的社會秩序將被建立起來，而國安局也會在政治和社會轉型的兩方面扮演重要角色。在這樣一個新時代起點，他們是怎麼看待我的？這要看你問的「他們」是誰而定。

一九八九年十月和十一月，克盧日市的國安局單位如常運作。他們持續收集線民報告，並在十一月制定另一項對我的行動計畫。那項行動計畫一如往常，在前面有一個摘要，內容包含我在羅馬尼亞的旅遊史、我和匈牙利裔學者的關係、我那部有兩則「格言」的書、國安局對我是在為美國情報部門蒐集社會─政治資訊的認定，以及因為和我往來而受到監視的人物名單。我的朋友安德烈（Andrei）和馬爾加（Della Marga）此時都因為我的緣故，被建立了DUI檔案。任時光改變，有些事物依舊。[25]

不過對外情報中心決定關閉我的檔案。他們最後一份文件的日期是一九九〇年五月二十四日，似乎是在十二月革命之後，他們仍然在做收尾的工作。從他們的角度看來，我的調查報告顯示我毫無疑問是一位歷史學者，他們因此對我不再感興趣。儘管對內的情報部門仍認為我是間諜，對外情報中心卻認為我不值得讓他們費心——至少是不再值得。

最高機密

一九九〇年五月二十四日

25 編按：原文為plus ça change，是法文諺語"plus ça change, plus c'est la même chose"的簡化版，意指有些事愈是改變，愈是一樣的結果。

有關凱薩琳・瑪琳・韋德瑞的事宜

一、身分與知識的資料

姓名：凱薩琳・瑪琳・韋德瑞

出生日期與地點：一九四八年七月九日，生於美國緬因州班戈。

教育程度：史丹佛大學社會人類學部

職業：大學教授

工作地點：巴爾的摩的約翰霍普金斯大學

二、她被公認為是對東南歐問題最有理解的美國專家。

她熟諳羅馬尼亞語，對口語和書面語知之甚詳。

她極擅長在最多元的社會環境中建立人際關係。

三、調查她的起始日期：一九八八年四月二十八日

結束調查的日期：一九九〇年五月二十四日

四、有參考價值的資料：

她迄今沒有表現出可能傷害羅馬尼亞在美國利益的行為，她的著作對我國也不包含

敵意。

在有關外西凡尼亞歷史的問題上，她站在羅馬尼亞史學的立場。根據反間諜部門持有的資料，她是美國情報單位的探員。

五、本單位不再對調查她感興趣。

瑪麗亞・佩特庫列斯庫上尉（Cpt. Maria Petculescu）

在大環境改變下，我的著作《社會主義下的民族意識形態》不再讓我成為不受歡迎的人物。相反的，書中所支持的一些人以相當快速時間，將這本書翻譯為羅馬尼亞語。這些人本來是受到國安局騷擾的異議分子，現在卻成為大型公共機構領袖，並對我賦予他們的正面形象深表歡迎。在這本書中，我透過聚焦探討一九八〇年代的思想辯論，成功避開國安局對我施加的「正向影響」，也避開我消化不了太多羅馬尼亞歷史作品的問題。為了分析這些辯論，我發展出一套有關社會主義的理論，把我在一九八〇年代在羅馬尼亞生活的複雜性與我研究過且讓我有切膚之痛（因為那兩則笑話）的民族意識問題相互連結。除了涵蓋常見的民族誌資料、謠言和八卦外，這本書還收入我和不同反對派人物的詳談，這些全都屬於讓國安局頭痛的範疇：社會—政治資訊。

普羅丹教授活得夠長命，能見證我將這本書題獻給他。

* * *

一九九一年夏天和一九九二年夏天，我短暫回到弗拉伊庫村，其後在一九九三到九四年在那裡待了一學年。這次我的研究主題是有關集體農場的解散，還有將土地歸還給一九五〇年代被強逼捐地的村民的議題。因為莫阿莎年事已高，我找了一個新的寄宿家庭，房東是伊萊亞娜（Ileana）和彼得魯（Petru）夫妻。他們在我這幾次與後來的拜訪中，都對我好的不得了。一九九四年三月，我因為父親過世而飛回美國，再回來時房東夫婦告訴我，我不在期間有兩名祕密警察登門拜訪，說想進我的房間看看。其中一名祕密警察是伊萊亞娜的遠房親戚，他們以為親戚關係管用，但我的兩個房東拒絕了。他們佯稱我把門鎖上，把鑰匙帶走了。當我兩年後再次回到弗拉伊庫村時（兩年後也是羅馬尼亞革命發生整整六年後），三位朋友告訴我同一位軍官（貝爾久上校）有找過他們，打聽我為什麼要來。國安局還活著，它只是換了一個名字：羅馬尼亞情報局（Romanian Information Service）。

雖然我和我的羅馬尼亞朋友對政權的更替欣喜若狂，我卻慢慢發現這種更替讓我徹底地「去技能化」（diskilling），也因此讓我愈來愈氣餒。直到一九八九年為止，我對我的思想能力和做過的研究都相當有自信。我在弗拉伊庫村和克盧日市建立起自己的家，交了一些一輩子的朋友。我對社會主義有了認識，發展出一些關於它的理論。另外，我對我的研究同時有著知識與情感的熱忱，希望可以透過研究資本主義的主要替代方案，以達成批判資本主義的貢獻。簡言之，透過研究羅馬尼亞我找到立足點。

但是，從一九八九年起我開始沒那麼有把握。隨著東歐各國共產政權的垮臺，我再也沒有研究對象，研究時也再也沒有政治目的性。我為了寫出下一本書《消失的公頃》（*The Vanishing Hectare*）奮鬥超過十年，在那之後我向過去尋求蔭庇，透過羅馬尼亞共產黨和國安局檔案來研究社會主義。因為如此，我有了另一種身分：我「成為了」歷史學家。浸淫在這些檔案中，讓我對羅馬尼亞共產主義世界產生一種相當不同的看法：我發覺那個世界其實充斥著機緣巧合、人情關係、無能無力、臨時湊合與溝通上的不良，不像我們自小被教導的那樣，是由一個絕對權威無所不包地掌控一切。我到現在偶爾還會發覺自己帶著後一種殘餘的思考方式來看待事情。那足以證明冷戰意識形態有多威力無窮。

題外話：對閱讀自身檔案的省思

我不建議每個人都去讀自己的安全檔案。那是絕對個人且艱難的決定，並會伴隨相應後果。至少對我來說，閱讀我的檔案為我帶來了創傷。

約阿尼特（Radu Ioanid）[1]

閱讀祕密警察監視自己的檔案是什麼感覺？想知道答案，沒有比讀佩羅（Gilles Perrault）精彩的小說《五十一號卷宗》（*Dossier 51*）更好的方法。佩羅是一個專門寫歷險記和間諜小說的法國作家[1]，《五十一號卷宗》的內容由一部情報檔案所構成，沒有額外的議論。它向讀者展示這類檔案所使用的代碼、情報機構不同單位的內鬥、吸收和安插線民的過程、竊聽抄本和跟蹤報告、行政信函，以及一封寄給法國外交官的黑函（那名外交官最終因此被毀掉）。在檔研會讀過許多檔案之後再讀這本小說，讓我覺得身歷其境（幸而我的命運不像那個外交官那樣悲慘）。書中檔案內容和一個真正國安局檔案的主要分別，在於前者的文體沒有那麼死氣沉沉（我在翻譯我的檔案時盡量做到忠於原文，但又不致讓讀者睡著）。《五十一號卷宗》比杜能斯馬克（Florian Henckel von Donnersmarck）在二〇〇六年備受推崇的電影《竊聽風暴》（*The Lives of Others*）要更有參考價值。《竊聽風暴》講述東德祕密警察維斯勒（Gerd Wiesler）被派去監視著名的東德作家和他太太的活動。那個軍官逐漸被作家的生活吸引，愈來愈同情他們的立場，最後甚至設法保護他們，讓他們不受到他情報局同志的危害。這是一部拍得很棒的電影，在西方也大獲好評，但很多東德與東歐人都興趣缺缺，認為內容誇張可笑，在現實上不可能發生。一個重要理由是，沒有東德祕密警察會同情他的監視對象。（我後來接觸的三名國安局軍官也絕對沒有對我發展出同情態度。）如果我們把《竊聽風暴》視為一個「清理」東德情報局，好讓東西德人可以生活在同一個國家的程序，那麼維斯勒被他監視對象吸引，便可被視為僅僅是為此而設的情節。那是一種追求德國統一的天馬行空想像。

那大概也是我們這些被留下祕密檔案的人會有的天馬行空想像。在利恰努的沉思錄《我

1 譯注：羅馬尼亞歷史學家。

親愛的告密者》裡，他虛構出一個抄錄軍官，抄錄所有在他家竊聽到的內容。這個軍官覺得利恰努夫妻「非常令人喜愛」，在他做完一日的工作後，利恰努依然會占據他的心頭。至於我，當我觀看《竊聽風暴》時，我嫉妒電影中那個被監視的作家。我一樣希望監視我的軍官仰慕我。

* * *

我在二〇〇八年拿到我的檔案，之後對內容只有大致瀏覽，目的是決定哪些部分需要影印，以供日後閱讀。然後，我開始對這檔案產生強烈排斥感，因為我發現有些線民竟然是我的朋友，而且我的被監視程度遠超過我想像。不過僅僅在兩年之後，我利用一次學期休假機會坐下來細細把整份檔案看了一遍，逐頁逐頁地看。在那之前我都在為其他工作收尾，延後探索檔案裡可能包含了什麼內容。

我從九月到十月兩個月，第一次仔細閱讀檔案（之後還會有很多次），那是我做過最艱難的「研究工作」。我的反應如此多重而充滿矛盾，以至於一陣子過後我開始把感受記下來。它們漫無條理、各種不同感覺此起彼落，但經過一段時間後，我逐漸「平常化」（normalizing）我所讀的東西。我所經歷的變化，揭露祕密檔案對民族誌研究構成的巨大挑戰。一方面，民族學家時常要全身心去感受和經驗，另一方面又要退後一步，去分析這些感受和經驗。我把我其中幾種反應記述如下：

二〇一〇年九月十八日。讀了吉貝爾內亞的報告，他說我在與他的談話中反應激烈，形容我內心冰冷並工於心計。我感覺糟透了。「安卜」把我氣瘋了，她真是個卑鄙的人。我在網絡上找到她的自我描述（二〇一四年）：「我不喜歡說謊、虛偽、造假或者賣弄。」對！所以我應該用這些人形容我的字眼（卑鄙、老謀深算）反過來形容他們嗎？

二〇一〇年九月十九日。讀我在克盧日市的檔案讓我想哭，因為被捲入我的案子的朋友們要不是成了線民，就是本身也遭到監視。我看到「泰奧」在我歐陸飯店的房間裡偷拍我的一些照片。照片中的我穿著內衣褲，正在整理床鋪，然後對著床上方的鏡子梳理頭髮。雖然照片的解析度很低，但我的身體輪廓相當清楚。稍後我在腦海裡想像自己穿著內衣褲，像一隻蝴蝶般被釘在收藏家桌上、有好幾道光從不同方向照在我身上的情景。我先是難為情，然後是憤怒，再來是被冒犯的感覺。如果我被拍到跟人在床上做愛怎麼辦……真可怕。這些人是冷酷無情的。

二〇一〇年九月二十日。讀了更多有關我的不好報告。我應該將它們視為人們對「人民敵人」的想像：有控制欲，工於心計，等等。

二〇一〇年九月二十二日。讀了很多「B」的線民筆記，感覺很差。他很勤快，弄到了很多資訊。我先是生悶氣，然後是沮喪。但是別忘了，他們會吸收他當線民，八成是因為我的關係。他們要統領任何與我密切的關係，並利用它們達到目的。

然後是大量「阿公」寫的報告。他每日每夜地寫，只要我到過哪戶人家，他就會去找他們，詢問他們被我問了些什麼，並將內容一一記下。他會因為報告不夠詳細而受到責備。我開始產生幽閉恐懼，強烈感覺隱私受到侵犯，並感到驚恐、憤怒、自責。我回到家後開始大聲叫喊（沒有人在），喝了些琴酒，然後放了芮妮．弗萊明（Renee Fleming）唱的《最後四首歌》（Four Last Songs）和史特勞斯的其他歌曲，開始跟著一起唱。我需要一首大合唱之類的曲子，好讓我能夠進行一陣受控的尖叫（這是芮妮對唱歌的描述）。我必須記住我是因為我的摩托車而落入這等田地！

二〇一〇年九月二十三日。晚上讀了「阿公」從我房間拿給他們的一疊信件。那些信是格洛麗亞[2]寫的，不是我寫的，但其中包含一封我給她的信。信的內容是那麼搞笑，讓我笑到岔氣。凱絲可是有本領寫一封很妙的信的！這封信加上大叫和唱歌的宣洩效果，大大改善了我的情緒。

讀我自己的檔案有一點點像是在刺探我自己。

二〇一〇年九月二十五日。一九八八年秋天，國安局在克盧日市對我進行的跟蹤馬拉松真的很驚人。祕密警察日復一日一日跟蹤我，每天耗費十到十七小時。要動員那麼龐大的人力與物力，來對付那麼小的威脅（至少在我看來是如此）似乎不符合比例原則。必須要搞懂箇中原因。

二〇一〇年九月二十六日。昨天讀了所有跟蹤報告，令人害怕的是，每當有朋友出現在報告中，之後就會被祕密警察盯上。我本來應該維持獨自一人的。但這正是國安局的目的：孤立我，讓我和羅馬尼亞人分隔開來減少污染。朋友和敵人，裡面／外面。

二〇一〇年十月八日。因為被邀請到萊比錫演講，我聯絡拉爾夫和安娜（比爾曼夫妻），希望他們和我在那裡會合小聚兩天。讀我的檔案時，我發現有多處地方和他們有關，包括國安局對我們一九八五年四月到克盧日市玩的詳細報告。當時我們還笑著以為我們聰明地擺脫

2 編按：指格洛麗亞·戴維斯（Gloria Davis），美國人類學家，作者的朋友。

監視。我問他們是不是有興趣看看我檔案中有關他們的部分，他們說好。我到萊比錫之後，一天早上把檔案拿出來給他們看。為了幫助我們記住反應，我們對談話進行錄音。

我們從那份記錄我們克盧日市之行的報告開始，大聲把它念出來。拉爾夫念了那天早上的細節，像是他坐同事的車去買新的汽車電池等。然後他突然停下來，一隻手放在胸口說：「我念不下去！我的心臟跳得好快！我完全沒想過他們會跟蹤得那麼緊。」知道家裡的電話被裝了竊聽器後，他們大為震驚。拉爾夫開始顫抖，甚至幾乎哭出來，要花一些時間才恢復常態。我們後來繼續讀一份線民筆記，他認得那份筆記是出自他一個好朋友的手筆，而再次變得焦躁不安。談著談著，他突然說：「不知道現在有誰在竊聽我們……啊，不對，我們是在德國，不是在羅馬尼亞！」他這種反應我也曾經有過。

二〇一〇年十一月六日。電影《公平遊戲》（*Fair Game*）描述一名在老布希政府時期身分被揭露的的中情局特務薇樂莉・普萊姆（Valerie Plame）的故事。薇樂莉非常強悍、非常有人性，她漂亮、吸引人而盡心盡力。我想國安局就是以為我是薇樂莉那樣的中情局特務！這是我第一次發覺這個有意思的可能，能和薇樂莉被歸為同一類真的滿酷的。我可以嘗試作一個截然不同的角色：不是一個野心勃勃而激進的學者，而是一個強悍的愛國者。

二〇一〇年十一月十六日。我為伊雷娜（伊雷娜・格羅斯，Irina Grudzinska-Gross）在普林斯頓大學代一堂課。稍後，伊雷娜聽我說我不喜歡檔案裡的自己，她這樣回答：「妳不可能會喜歡檔案中的那個人。這就是他們工作的方式：尋找妳的短處，從妳的弱點得利，然後從中產生妳的圖像。」他們把我喜歡與人交往的性格顛倒過來，說成是不安好心。我不應該預期我會喜歡檔案中的我。伊蓮娜對於我認為自己真的是個間諜的陳述也感到不安（卻也同時感到有興趣），她說：「你看，這就是他們達成的效果！他們成功讓妳承認不真實的事！」

二〇一〇年十一月二十三日。想到祕密警察獲取資訊的方式，和今日的資料探勘（data mining）很像，兩者都具有侵犯性和操控性，只是以不同方法引人入甕。這些都是有關信任的問題。

二〇一〇年十一月二十六日。我最近似乎常常感到惱怒，懷疑是否是這個研究計畫所導致。閱讀阿布（Albu）的《線民》（The Informer）一書讓我感到不快，書中內容完全是關於人們如何互相出賣。我發覺自己無法平復對線民「B」的怒氣，很想揭穿他的身分。

克里斯蒂娜．瓦圖萊斯庫的書談到了藝術中的陌生化（estrangement）概念。藝術家的職責就是透過將熟悉的東西變得陌生，讓讀者一下失去倚仗。這就是我在讀我檔案時的感覺：我熟悉的東西被陌生化了。

二〇一一年五月一日。和兩個普林斯頓大學的同事談話。我開始更加認為祕密警察是破碎而眾聲喧譁的，是一種「集體的作者」（collective authorship）。沒有單一的敘事者／敘事。很神奇的是雖然祕密警察各自為政，但他們仍能讓人相信他們是統一和無所不在的。

二〇一一年一月七日。我最近找到我在一九八四到八五年的田野索引，今天讀過一遍後，驚訝地發現我記下比原先以為要更多的私事。當時我對被監視抱持的警覺心，比我原先記得的要多。但索引裡主要記錄的還是大量和感情有關的事。這不是一個新的發現，但還是讓我非常驚訝。我當時迷戀很多人，結交了很多複雜而強烈的關係。我對於自己竟然這麼公開寫下這些事感到吃驚，因為任何人都有可能讀到它們。我想當時我是一直把這些田野索引帶在身邊。由此，我明白自己有多不在乎把寫下的人們牽扯進來。我一整天都感到難過。

挑戰：逐漸接受自己這個人。

二〇一一年二月十二日。我的網站不斷被一個自稱是伊拉克人的人入侵。我請我叔叔迪克（Dick）幫我看一下，他是阿拉伯學家。迪克把駭客留的話翻給我聽，那些話是謾罵性的，有一部分難以解讀。我無法想像有哪個代表「伊拉克之怒」（Rage for Iraq）的人會駭入我的網站，接著我想到：是祕密警察。這種想法在我腦中停留好幾天。今天迪克打電話來說他和一個同事談過，兩人都認為駭客的留言有些文法出格，不像是母語人士。所以我的懷疑可能是合理的。他們可能聽了我最近在萊比錫的演講而想讓我神經緊張。但為什麼要假扮成伊拉克人呢？是我太過疑神疑鬼，還是真有這種可能？

接著的夏天

二〇一一年七月十九日。與克里斯蒂娜和尼古拉（Nicolae）一起為檔研會拍攝紀錄片。我到弗拉伊庫村訪談了梅妮和其他人，然後去了克盧日市……我發現自己一度這樣想：我人生中待在羅馬尼亞的時間只比在美國少，但我的檔案卻讓我對羅馬尼亞產生疏遠感，這讓我感到難過，彷彿有什麼東西闔上了。我對國安局的監視行動對人造成的長期影響感到好奇。我的到來引起一陣騷動，而這樣的騷動將引發何種漣漪效應，足以干擾人與人的關係？

我問克里斯蒂娜為什麼我會那麼難過。早上在紀錄片的一幕中，當我找到一張跟莫阿莎和「阿公」一起在錫比烏拍的照片時（他們在錫比烏與我父母見面），我激動得說不出話來。很明顯的，這位民族學家完全投入自身。我全心投入這些關係中，有時甚至過於熱衷。

這位有些自以為的年輕人挺過困境，但同時她不太懂得自我防衛。民族學家的工具就是她自身，如果妳有所保留、有所防衛，就不會成功。但這表示，在充滿告密的祕密警察世界中，出賣一個人的可能性是更加不道德的：它可以利用民族學家的工作習慣，讓她做出對自身不利的行為，同時為他們服務。而且不只對我不利，還會對其他人不利，因為別人一旦和我有過接觸就會被國安局盯上。

諷刺的是，對我來說共產主義反而是一個能讓我全情投入、較不壓抑自我的環境。而令人難過的是現在這種環境消失了。因為沒了社會主義，環境也不可逆地改變了。我會懷念當時嗎？

二〇一一年十月十四日。第二次重讀我的檔案。我讀得愈多，愈覺得它讓人窒息。國安局的監視網絡何等巨大，他們對我的不信任何等深重。這讓我想到我在學術生涯中大部分都秉持一種假設，那就是真相並不存在表面。要明白一件事，你必須深入到表面之下。現在國安局在做一樣的事：他們探入我表面之下，找到我本身不知道它存在的事。所有交流獎金得主都被全時間跟蹤，被寫入報告，討論他們的信件在國安局不同層級間往返。看見這些隱形的事物，等同於承認這些事其實一直在發生，我感覺快要承受不住了。國安局就像隱身的黑手黨，刺探活動無處不在。如果一個人類學家對這種情況一無所知，她又怎麼能算是了解一個地方。要在一個充滿監控的世界中進行田野工作，是何等的天真！

二〇一一年十二月二十九日，夢。在羅馬尼亞待了一個月，十月二十八日回到家裡，第二晚做了以下的夢。夢中我召集一個聚會，被邀者似乎是在羅馬尼亞工作的研究者和國安局軍官。這是場由為數甚少的人組成的起始聚會，似乎不比大型聚會來的有成效（儘管會議的目的並不明確）。在夢裡人們陸續抵達。那個聚會的空間安排很古怪，椅子不是圍成一圈，也不是圍在桌子四周，而是蜿蜒曲折的。我突然想起自己因為顧著想有誰會來演講而忘記準備點心。人們三五成群，幾位軍官眉飛色舞地和研究人員談話，似乎對彼此能聚在一起感到有趣。其他人坐在一旁等著看什麼事將發生。我想到我應該把錄音機帶來，因為沒有足夠紙張，但太遲了。

在我還來不及宣布聚會開始前，已經有人開始演講。我本來想讓大家先彼此自我介紹，但已經來不及了。不知怎麼地聚會廳裡的人愈來愈滿。兩位闖入聚會的人在表演一些小節目跟打廣告，我設法弄走他們，向圍觀的人道歉，說這是一場有焦點主題的聚會，沒有要上演其他事。場中噪音愈來愈大，聚會的焦點逐漸發散（姑且不論焦點是什麼）。我站起來開始說話。我說我計畫拿我的安全檔案，來看它能就冷戰時期的知識生產告訴我們些什麼、理解國安局是如何看待我們。我希望用這場聚會談這些事情，也談談我們研究員對社會主義的感想。

在我說話時，很多人開始離開，也有很多人彼此談起話。幾乎沒有人關注我，我對這場聚會的控制是白忙一場。突然間一輛行駛的卡車停在窗外發出巨大聲響，讓會議不能再以有條不紊的方式繼續進行。那位開卡車的司機聳聳肩道歉，說他只是要檢查車子狀況，說完他慢慢開著車，嘈雜地環繞房屋行駛。然後我就醒了。在夢中那輛卡車是祕密警察派來破壞我會議的嗎？

我這本書將能完成些什麼？當所有片段都是如此截然不同時，我要如何創造出一個焦點？它的用意究竟何在？又為什麼我認為有人會對它感興趣？我甚至無法吸引我在夢中召集的那群人的目光，他們有一半是到羅馬尼亞做研究的，一半則是要遏止研究的影響力。原本他們都應該對我的書目不轉睛，但現在每個人都在忙其他事情。

二〇一二年春天。繼續重讀我的安全檔案，也讀了更多有關情報工作的文獻、羅馬尼亞情報官的回憶錄和國安局雜誌等。設法把國安局看成另一個部落，他們做的事情在我眼中變得愈來愈平常。他們當然會想阻止破壞或刺探的行動，難道美國不也是嗎？他們在看到我的行為時當然會起疑。要找回我原先的怒氣，我需要重讀赫塔．米勒在《時代周刊》中談到祕密警察對她卑鄙下流的對待，或齊爾伯（Belu Zilber）在回憶錄談論他的人生是如何被不實指控完全毀掉[2]。這才能讓我回想起祕密警察不是好人。由於我開始習慣祕密警察的官僚式例行公事，我是有可能忘掉他們不是好人。

一年後

二〇一三年九月九日。現在我按照時間順序重讀我的檔案，不再是按照它本來的隨機排列方式。我看到愈來愈多證據和關係，明白為什麼我會被看成間諜。我也有愈來愈大的幽閉恐懼，彷彿被巨大的陰影籠罩。我開始出現想法上的分歧，心理上想去看朋友，現實中卻擔心他們被監視與盤問。

二〇一四年七月。當我再一次閱讀我的檔案和開始寫書時，我發現我仍不太喜歡檔案中那個凱絲。她對於在一個充滿祕密與監控的世界中應該如何自處這件事無知得令人發笑。我對她的要求可能不公平，她從未身處在那種環境中，又怎麼知道該如何應對？但是她對祕密與監控這類事情，看來也缺乏想像力。此外，她也不知道她所屬的一九六〇世代所珍視的「透明坦率」談話方法，事實上也做為一種政治操控形式。除了堅持以身作則、向羅馬尼亞人展示言行坦率的好處，她也致力於讓國內的冷戰鬥士見識共產國家真正的生活面貌。凱絲顯然是個生在優渥環境裡，習慣自身的意見占上風。簡言之，她還沒有長大。

然而，我對凱絲的這些評價不正是如伊雷娜所說，是國安局想要的？他們想創造一個讓他們行動合理化的不討喜人物。為什麼要對可憐的凱絲這麼嚴厲呢？她已經盡力做到最好。要說沒有人愛我也是不正確的，有很多人愛我，也有很多人愛凱絲。否則她不可能完成她的研究。事實上，我發現撰寫這部回憶錄激發了我對書中所提及人物的情感（他們隨時準備好付出自身的情感），也讓我想起我喜愛在羅馬尼亞生活的部分。

＊＊＊

這一連串的沉思逐漸轉化我對我檔案的態度，反映出我對這件事的思考，慢慢從個人角度轉變為研究者角度。一開始的我驚恐而沮喪，接著感受到被冒犯和憤怒。然而最終，我饒有趣味地發現自己能以較實事求是的方式看待國安局，並同意我的行為確有可疑之處。這樣的觀點一定會讓我的羅馬尼亞讀者怒不可遏。我的第一本書曾經在那裡惹上麻煩，這次的情況可能會更糟。因為這本書聚焦在羅馬尼亞歷史醜陋的一面與令人憎恨的國安局，它會被看成是在為羅馬尼亞及其人民製造一種負面形象（但我應該指出，羅馬尼亞的國安局並沒有比其他東歐國家從「格別烏」複製出的祕密警察更糟糕）。而那些不在乎負面形象的羅馬尼亞讀者將會有別的不高興之處。其中尤甚者為：我不是該譴責線民、安全官和國安局嗎？我知道很多我認識的羅馬尼亞人希望我這樣做。

上述這個問題我認為觸及了人類學家受到的一些限制，這些限制是他們研究對象本身沒有的。被研究對象大可對自己社會的某些方面感到憤怒，但我認為我不可以。我並非還認為人類學是一門「客觀的」科學——它明顯不是。但如果我不抵抗譴責的衝動，就會失去理解的可能性。也許我曾經認為我在理解之後，便可以進行價值判斷，就像我在《社會主義下的民族意識形態》中那樣。但我對國安局還沒有到達這個境界。在能做到那種境界之前，我感覺我必須有所保留。

然而，大多數羅馬尼亞人並不需要受到學術拘束。他們本身生活在當地、並受到限制，他們是會驚恐與憤怒的。因為他們要不然得和那樣的情境共存，要不然必須移民，而我卻可以拍拍屁股回國了事。雖然我也一樣是脆弱的（可能會被逮捕或驅逐出境），我受到監視的風險也不可被低估，然而他們被侵犯的卻是他們的生活，不像我只是從事短暫的田野研究。我不可能知道他們對被監視的全部感覺，只能略窺一二。

並非所有人類學家都會以跟我一樣的謹慎來對待田野工作。從事人類學研究不必然需要這種謹慎。事實上，有些「參與式人類學家」（engaged anthropologist）覺得在讓他們生氣的環境中工作收獲反而更多。不過我不喜歡生氣，總是努力用理性來馴服怒氣。又或者我的猶疑（這種猶疑，會讓這本回憶錄不受一些羅馬尼亞人歡迎），和我的性別有關。這是一個我幾乎沒提過的課題，因為自從我在一九七三年八月「結婚」[3]之後，女性身分對我便不再是那麼一種負債（除了碰到性邀約的問題時）。不過擁有女性身分可能意味著要更加賣力才能建立學術權威，而我不希望我的學術權威會因為我做出不成熟的判斷而受損。在第四章中，隨著我以更分析性的觀點來理解國安局以及我與他們和線民的關係，我將會再次與這種猶疑角力。

＊＊＊

最後讓我們來看兩段話，它們出自兩個羅馬尼亞人。他們在讀過自己的檔案之後反應比我還要極端。這並不是說他們的反應就完全是「真的」，只是說他們形容得很鮮明。

二〇一〇年，流亡作家圖杜蘭（Dorin Tudoran）在他的著作《他們的兒子》（*Their Son*）中，以自身檔案開場：

> 這是唯一一本我不應該寫的書。在其中生活過便已足夠。而事實上，並不是我寫了這本書，而是它寫了我。還寫了兩次。第一次是當我作為他們的書寫人物時。當時我被稱為「目標」、「分子」(element)、「人民的敵人」等……第二次是當我一頭栽入我原本以為可以一笑置之的毒藥之海時〔「毒藥之海」指他的安全檔案〕。現在我明白沒有人有足夠的幽默感，可以從一萬道波浪的衝擊中毫髮無傷地抽身。你會發現自己面對的是一隻分裂的巨大怪物，每當這隻怪物的一隻觸手被斬去，就會長出十隻來。你無法從外部將牠打敗，除非牠從內部開始死去。而從內部來看，牠並沒有真的死去。牠只是改變了向我們潑灑致使我們麻痺的墨水顏色。
>
> ……這些文件表示，從一九七〇年代中葉以後，我的私生活便消失了。在整個行動結束後，我變成了另一個人……我不確定我能不能逃離這個取代我的怪物，牠和我坐在同一張

3 譯注：指作者在羅馬尼亞戴上結婚戒指假裝為有夫之婦。

椅子、用同一個杯子喝水、一起看同一本書。我是不是談太多我了，在我寫的東西之中，是不是有太多關於自己的事了？這就是有人將「你」從你身上奪走時會發生的事。[3]

第二段話來自利恰努，他在二〇一三年讀過自己的安全檔案後這樣說：

我越想越驚訝。我從未想像過有這麼一個精密的羞辱性包裹（parcel of abjection）的存在。它被精心設計過，被系統化、裝訂、縫合與制度化。從那一刻起，我與自身過往的連結變得駭人……你對自我生命的自主性失去信仰，不再相信你的存在總有一個小小的私密空間。從二〇〇六年十一月打開自己的檔案起，我開始感覺被慢性剝奪擁有的一切。我發現我的生命在近二十年裡一直被偷走。事實上，在一段長得無法形容的時間裡，我私底下說的話、我的愛、我的恐懼、我的低語和我只分享給紙張的思想，全都被赤裸裸地攤開在國安局眼前。由此，我痛恨那些脫光我們衣服、把我們放置於羞辱之下的人。我厭惡那些自封為超級物種（super-species）代表的人，讓我們被迫臣服於他們任意裁決的權力之下。[4]

有了這些心理準備，現在讓我們更加深入監視機制，探索線民和那個「超級物種」（即安全官）的地下祕密世界。為了達成目的，我要離開我的自我民族誌（autoethnoraphy），再次成為一名田野研究員，我將會證明田野工作對於自我民族誌的必要性。

第二部分：進入監視機制

第三章　揭示

真相不是透過揭穿與摧毀祕密來獲得，而是透過公正地揭穿祕密以獲得。

班雅明（Walter Benjamin）

內政部　機密

表現考核

軍官xxxx和他個人網絡中的線民都表現傑出。他在每一次會面都準備充分，交給每個線民具體的任務，又教導他們完成任務的方法。透過這種方式，他成功獲得有價值的情報，特別是有關我國外國公民的情況。

我當然不是國安局祕密世界裡唯一有分身的人。另一類人同樣有分身，他們是線民，也就是祕密警察搜尋敵人的頭號武器。這些分身就像我一樣會被賦予新的名字，但和我不同的是，他們極少有多於一個的名字。線民的名字有時是自己取的，有時是被分配的。他們有些人甚至不知道自己有一個分身，不過這些化名卻會出現在我的檔案裡。迄今為止，我都是在談我的多重身分。現在我要轉向別人的身分。

安全官和線民的兩人組，還有線民與被監視對象的關係，構成了國安局工作的「基本結構」。安全官認為線民是他們打擊敵人任務中的最重要武器。在某些情況，他們會發展出類似友誼的關係。而在其他情況中，線民永遠無法擺脫最初被吸收時感受的驚恐和焦慮。但不管是何種情況，安全官和線民的關係都是祕密。線民必須簽署宣誓書，發誓絕不會把這種關係透露給任何人，甚至不跟家人透露，而軍官也對線民的身分嚴守祕密（除非是他被調到新崗位，要把手上的線民名單轉移給另一個軍官）。有些報導說共產政權瓦解後，一些安全官為了保護線民身分，把他們的檔案銷毀，只是這種說法難以驗證。

不過其他羅馬尼亞人便沒那麼小心謹慎。在二〇〇〇年祕密檔案開放查閱後，人們的一大消遣就是指認線民身分。人們在看了自己的檔案後，會認出打他們報告的線民，有些人還會把線民的名字提供給報紙。這樣的程序是預設每個化名背後都是一個有血有肉的人，可以被揭發。檔研會按照同樣原則運作，為人們檔案中的化名提供「解碼」。一個線民受到解碼的同時，通常會受到指控和譴責，但我選擇不這樣做。這一點從我在本章開頭塗黑文件上一些人名便明顯可見（有些人名是檔研會塗黑的）。

要作出維持線民匿名的決定並不容易。當我告訴檔研會一個同事我打算這樣做時，她說：「喔，真好。先是國安局用化名來保護線民身分，現在妳打算做一樣的事。這些人造成很多傷害，不應該讓他們全身而退！」像她這一類的人認為不管一個線民當初如何為勢所迫，現在都該把他的身分揭發出來。雖然有些線民是懷有惡意且自願合作，但那些我能找出來談的線民一般不是出於自願（這也是他們願意和我談的原因）。他們是受到壓力和強迫（大概是他們曾有過的非法行為有關），如果他們拒絕合作就會受到起訴。確實，現在有些聲稱當初自己是被迫成為線民的人，其實並不是被強迫的，但我寧願選擇較保守的詮釋。因此如同賈頓艾許談他東德檔案的書一般，我也不會透露線民的姓名（但很多羅馬尼亞人寫的書都不是這樣）。

不過，知道有誰告我的密確實讓人沮喪。這讓我必須重組我整個情感地貌（至少必須重組有關羅馬尼亞的部分），並做一些事加以消化。以下當我講述一些線民跟我說明告密對他們的意義時，我也是在講述他們的說法引起的一些情緒工程（emotional work）。我呈現的畫面可能會有點偏頗，因為告訴我最多事情的線民也是「善良」的線民，也就是說他們並不喜歡自己的工作，不會以打自己同伴報告為樂。不可忽視的是，如果線民不安好心，是有可能引起巨大傷害的。他們只要在報告中添油加醋，就足以完全改變被監視對象的命運。幸而舉報我的線民大部分不是這樣的人。

線民肖像，第二部分

不像西方知識分子想像的那樣，恐怖（terror）不是宏偉的。它是卑賤的、目光鬼祟。它的存在為了要脅而摧毀人類社會的結構，和改變數以萬計人們的關係。

米沃什（Czesław Miłosz）[1]，《吾土吾國》（*Native Realm*）

1 譯注：生於今立陶宛，波蘭著名詩人、翻譯家、散文家和外交官，一九八〇年獲諾貝爾文學獎。

「班尼亞明」(“Beniamin”)

情報筆記

情報來源向您報告以下事情：美國公民在一九xx年七月十五至二十五日，在布加勒斯特向xxxx尋求建議。一九xx年七月二十六日，她被一輛車牌號碼為7—Bxx的汽車載走，據情報來源所知，車是xxxx所有。她在七月二十七日晚上，和上述人物在阿爾巴尤利亞（Alba Iulia）一間飯店住宿。情報來源知道該名美國公民跟xxxx還有親密關係……

辦案軍官批註：上述筆記有按照任務分派回報。它帶來有關美國公民韋德瑞．K的關係和想法等新資料。情報來源被指示去監視她，以得知她的去向、她結交的人、她的想法和她的每日活動。

要談我的摯友「班尼亞明」很不容易，不只是因為他告密的事對我來說是一個痛苦的發現，還因為事件牽涉的細節會讓他被指認出來，而他並不想曝光。他十分羞愧。所以在引用我們談話時，我需要刪去一些細節。這麼做當然會讓整件事不夠完整，但至少我可以藉此顯示人們是出於什麼動機去當線民、當線民之後有什麼反應，以及我對此事的反應。

讀我的安全檔案時，我要花一些時間才猜出「班尼亞明」是誰。他的父母是我的好朋友，而我是透過他們認識他。他年紀比我大一點點。作為一個線民，他非常辛勤，貢獻了大量報告。他的軍官說他提供了三十五份關於我的手寫筆記，另外還有大量口頭報告。這些報告相當詳細，不過其中有些可能是軍官自己撰寫。在我檔案裡有十九份線民筆記是出自他手筆，其他可能在例行維護時被銷毀了。當我在二〇〇八年第一次讀到這些筆記時，我對他似乎知道這件事感到非常震驚，也對他的出賣感到憤怒。他和「西爾維烏」（見下一節）是最讓我心情低落的兩個線民。雖然我已經不可能和「西爾維烏」談這件事（他已經過世了），但我決定要糾纏「班尼亞明」到他願意跟我談為止。回顧起來，起初我對他怒不可遏，這讓我十分驚訝，因為我對其他大部分出賣我的線民怒氣沒那麼深。

二〇〇九年夏天，在我還沒認出他就是「班尼亞明」之前，我們有過一次碰面。當我告訴他我讀了我的安全檔案時，一種我難以解讀的奇怪表情從他臉上掠過。但他沒說什麼。我第二年夏天去到羅馬尼亞以前，我已經猜到他是線民，所以一到那裡就打電話給他，要找他見面（我每次到羅馬尼亞總會找他）。以下是我二〇一〇至一三年間寫的一些田野筆記，標題是「狂想與賦格」。它同時透露我的心靈狀態，和國安局是如何操控作為他們最佳武器的線民。為了方便講述，我把兩次談話的各部分做了調整（根據我當時跟事後做的筆記）。我的發問會一律放在括號裡。

二〇一〇年六月十六日。我一到達羅馬尼亞就設法聯絡「B」，想要跟他見一面。他沒有接我打過去的兩通電話，也沒有回電。最後，在六月五日左右，我透過他一個親戚聯絡上他。他打電話給我，說他超級忙，要寫一份報告，所以不會接他不知道是誰打來的電話。他把我的新電話號碼輸入手機，所以這個藉口不再管用了。他說他真的很想見我，建議十六日下午一點我們一起吃午餐，地點再安排。六月十日左右，他在我不方便講電話的時間打給我，說他會在明天八點至九點之間再打來。但他沒打來，也沒回我的電話。接下來兩天我又打了幾通電話，都沒有人接。星期一我打給他女兒，請她叫他打給我。他還是沒打來。今日十二點三十分，我再打電話給他女兒詢問情況。我預期將會在半小時內吃午餐，卻不知道地點。她說她在收到「B」回覆後會打給我。我一整天都沒有電話。

現在我想到，一定是有人告訴他不可以見我，而他交代家人敷衍我。就算國安局不復存在，他一定仍跟他們的後繼者保持關係，接受指令。也許他是得知檔研會已經將他的化名「解密」，所以躲起來。我把這個懷疑告訴西爾維婭，她說一個人一旦被祕密警察掌控，就永遠無法期望脫離。她認為我猜得沒有錯，一定是有人警告他要避開我。

我睡前喝了一杯烈酒和吃了一顆安眠藥。早上七點從一個有關「B」的朦朧夢境中醒來。我有一種感覺：祕密警察在羅馬尼亞仍然活躍，把網絡擴展到整個國家。只不過他們現在比以前更有效率，因為臉書和手機讓他們不需要透過線民便可以取得人際網絡。幾百萬個光點在黑暗中跳動，照亮一整群被監視者。是否祕密警察仍活得好好的，只不過是換上更好的偽裝？在手機和社交媒體充斥的後九一一時代，全民監視無所不在。但是在這方面羅馬尼亞應該更領先，因為它的祕密警察系統曾極度活躍，後來又受到極少破壞。我問這些問題和有這種想法，是不是更加證明我的「間諜」嫌疑？

我那次在羅馬尼亞沒有見到「B」，之後一整年我都耿耿於懷。二〇〇一年九月，我重回羅馬尼亞待一個月。在飛機上我想像見到「B」時的情境。我把一張字條放在他的桌前，字條上說：「親愛的『B』，我們認識彼此已經很多年，我和你很多家人都是好朋友。你我感情深厚。但現在，我從檔研會得知你就是『班尼亞明』，是個特別勤奮的線民。你願意和我談談這件事嗎？那將會大大幫助我了解像是人們面臨什麼壓力的問題。而為什麼我要用寫的，不用說的？因為我懷疑你仍然在為祕密警察工作，可能帶著麥克風。我想要你把麥克風關掉，讓我們可以好好談談。」

我開始胡思亂想。我應該暗中將他的話錄音嗎？這樣做會不會有違我的專業倫理？我應該威脅他會把他當線民的事告訴他的家人或上司嗎？我為什麼會對他特別生氣，反觀對其他做過一樣事的人卻沒那麼激烈？我漏掉了什麼？

二〇一一年十月二日。和佐利（Zoli）一起吃午餐，我把我的困境告訴他。他認為我怎麼做都是合理的，他說我應該偷偷把「B」的話錄音下來威脅他，這是他活該，或者逼他和我見面作為原諒他的條件。但後來我和達尼埃爾（Daniel）吃晚餐時，他的態度卻大相逕庭。他解釋為什麼「B」在約好見我之後又放鴿子，因為他在最初講電話時感受到興奮，那讓他必須回應：「好極了，當然要見面」而不是拒絕我。此外他也必須維持面子，然而一旦答應見我，他又面臨如何面對我的問題。他找不到藉口不見我，但也沒臉見我。我甚至不需要以祕密警察找過他來解釋他失蹤的理由，他早就知道我看過我的安全檔案了。

所以我應該設法找他嗎？我應該把他的話錄音下來或威脅他嗎？我是不是應該找個可靠的第三者傳話，說無論發生什麼事我都想見他，給他我的聯絡方法然後等待？我是否不該一直嘗試找他（那開始讓人尷尬了），而是先讓他知道和我見面將不會血流成河？達尼埃爾主張，談論這個話題的最好方法不是問對方的感受，而是抽像地問：當一個人被祕密警察吸收為線民時，通常是什麼感覺。

但我仍然怒氣十足。

二〇一一年十月五日，和一個對國安局有很深了解的檔研會同事聊天。我談到「B」放我鴿子。她說：「他有罪惡感。他覺得難為情。不是害怕，是難為情。」「那我要怎麼辦？他這樣迴避讓我很難過。」「妳應該寫一封信，叫他不用為從前告密的事有防備心，大家見個面吧。」她認為這件事對他會有重要意義。之前她一直在談一九八九年之後國安局的處境有多艱難，後來才擺平。「他們對我們幹過多少壞事！」當我對那位檔研會同事說「B」讓我感覺很不好，而她認為那是因為他感到難為情時，那一刻我突然覺得和她變得非常親近。但當我說「B」會被國安局吸收是我的錯時，她激烈反對道：「那不是妳的錯。即使不是為了妳，他也會因為別的事情被吸收。

第二天我寫了一封電郵給「B」，內容如下：

親愛的「B」：

我在羅馬尼亞，想要見你。不管以前發生過什麼事，我們是老朋友。請打電話給我。

凱薩琳

沒有回信。

二〇一一年十月十四日。我拿到「B」的電話號碼一個多星期，始終下不了決心打電話，但終於打了。我報上自己的名字，說想見他。他沒有掛斷。我們約好見面的地點。我們談話中出現一些停頓，但他似乎有意赴約。然後我問：「你去年發生什麼事？」他停頓一下說：「碰到我生平最糟糕的事。我沒有告訴任何人，但那件事就是很可怕。」他後來告訴我詳情。他確實遭受到一件毀滅性的衝擊，他一直保守這個祕密，除了他太太以外沒有告訴任何人。但現在告訴我

他這番話帶給我的衝擊就是，我的心態是多麼疑神疑鬼和自大啊。這種心態也曾經從獨裁者西奧塞古身上向外擴散。我幾乎無法從我對他的反應中辨識自己的模樣，但現在「B」告訴我發生了什麼事。我應該相信他嗎？應該相信他的失蹤和他作為國安局線民、或者跟我本身沒有任何關係，只是因為他工作上發生的緊急事件？雖然我的確有想過，他有可能是因為完全不同的理由而失蹤，但我更傾向去想他是為了自己曾為國安局工作過而心裡有鬼，因為這樣讓我有理由能繼續生氣。然而現在看來，他不是因為打過我報告而迴避我，而是因為對發生在他身上的事感到羞愧。如果是這樣，我又怎麼能責怪他？

後來到了我們約定吃晚餐那天，他出現了。我感覺我舉止生硬。我們手挽著手走入餐廳。我們談了羅馬尼亞政局的變化，又閒聊一會兒，然後我望向別處。我把一隻手放在他的

手臂上說：「我必需提出一個讓人痛苦的話題。我知道你曾經告過我的密。」「對，我是這樣做過。」他平靜地回答。「你願意和我談談這件事，說說他們是怎樣說服你，以及其他的事嗎？」「我願意。」

我只有兩次直接問過線民是否曾告過我密的問題，這是其中一次。通常我都是採取較間接的方式，留下充足的空間讓對方能夠否認。不過我多疑的幻想讓我變得更加直接，我更像一個悲憤的人而不是一名研究員。我們第一次談話的部分內容如下：

事情最早可以回溯到他讀大學最後一年。他的一個教授說有一位莫爾多萬少校（Major Moldovan）*想和他談談。「他稱讚我，說我是個好學生，問我是否願意告訴他們有關我同學和教授們的事？『大學裡有很多壞人，我們想找出他們，幫助我們的國家⋯⋯』等等。我很惶恐。我應該說些什麼？我不知道我有什麼好說的。他問我關於我的物理教授的事。我說：『他是一個很好的教授，但喜歡喝兩杯。』他回答：『這就是我們想知道的，諸如此類的事。』」

內政部 最高機密

X縣分局 沒有副本

宣誓書

簽署人XXXX，XXXX年生於XXXX，父XXXX，母XXXX……我發誓支持安全機構去了解與社會秩序和法律利益相關的特定方面。我發誓竭力執行交託給我的任務，以及把我和安全機構的關係加以保密。我理解這項事實，也理解如果我違反這個誓言，可能會有什麼後果。

「班尼亞明」

（說說看你是怎麼被吸收的？）「一開始非常『軟性』，非常友善。他透過我的教授接觸我，後者對我說沒有必要害怕莫爾多萬少校。少校叫我向他報告發生在大學裡的事，但如果我知道大學之外的事，也一樣可以報告。後來他問我大學畢業後想做什麼，我說了一些願望，例如在接近父母家的地方從事工程方面的工作。他回答：「我們不能保證辦得到。」漸漸地他建議我從事其他職業，例如當一名安全官之類，這點他們保證辦得到。莫爾多萬不斷暗示「班尼亞明」能力不夠好，無法得到他想要的工作，除非得到他們幫忙。另外，他的親戚逃到了西方一事，也讓他得到好工作的機會大為降低。不過他記得最深刻的是他們警告他如果不合作，就會讓他無法在離家近的地方找到好工作。他反覆說自己「非常驚恐」(panic-stricken)。整件事給他帶來可怕的壓力。每次當他隔天要去見莫爾多萬時，他就會無法入睡。他的室友會問他：「你哪裡不對勁？」他太焦慮了，還會胃痛

我注意到莫爾多萬要「B」為國安局生產他們需要的特定資訊的方法，他們很顯然不可能只有自己寫報告，需要線人幫他們寫。我還注意到國安局如何操縱人們的時間性：利用「B」的過去來對付他（他親戚逃出的事），又否定他的未來（除非他就範）。日後我將會在瑪麗安娜身上再次看見這種模式。

（他如何說服你加入？）「首先是愛國心。他跟我講愛國心的重要性。他說：『不是每個人都擁有你的道德素質，這就是為什麼我們想和你一起工作。』其次，他說他可以在生活上幫助我。第一次見面過兩個月，我什麼事都沒做，然後莫爾多萬打來說：『你還沒有給我們任何報告！』我想他也許知道我認識妳。我非常緊張，所以在一、兩星期後提起這件事。莫爾多萬說：『很好，我就知道我們沒看錯人。我們想知道她的事。她是間諜，準備大肆破壞

羅馬尼亞。』我猜想他們一開始其實就想用我來監視妳，只是沒有說破。他給了我大量複雜的指令，說我對必須對妳必非常小心，因為妳很聰明。」

（你怎麼知道我和誰睡過？）「他們告訴我的！他們老是說知道關於妳的一切，我要做的事只是去驗證。他們在測試我是否老實。他們施加巨大的壓力，逼我說出我知道的一切。他們會問我知不知道你和誰睡過。如果我說不知道，他們就會告訴我，又問我有沒有看見妳和那個人說過話。當我說有，他們就說：『你看！**我們都**知道。』」（所以你在報告裡寫的並非出於你自己的想法？）「他們會告訴我怎麼寫，然後要我自己補充一些。」（所以你不需去想該說出和隱瞞什麼，不像我的朋友M[2]，總是要想辦法搪塞他們？）「不需要。我嚇壞了。」

（當他們告訴你我和誰睡覺時，你是什麼感覺？）「痛苦。痛苦。**痛苦**。」

「B」的這段揭露完全改變我對他的感覺。他說報告中那些糟糕內容不是出自他，而是出自他的直屬軍官！我覺得這個說法可信，因為我曾經納悶他怎麼可能知道他報告中的某些事。答案是他並不知道。雖然我還是可以對他事後的懊悔存有懷疑，但不知怎麼的我想要相信他。

（那個軍官是什麼德性？他是怎麼和你說話？他咄咄逼人嗎？他兇嗎？）「不，不會。但他很擅長讓我失去心防，例如問我妳和誰睡覺。看我答不出來，他就劈頭告訴我，讓我措手不及，接著朝有力的方向引導。」

一九八九年之後，「B」開始擔心自己的線人底細曝光。他有和任何人提過這件事嗎？沒有，他很害怕，祕密警察也叫他不要說出去。（如果我現在沒有問你，你會自己告訴我嗎？）「會，妳第一次提到妳的檔案時我就幾乎要說了。[2]所以這是你我之間的祕密。你父母知道嗎？）他反覆強調他沒有告訴任何人，包括他父母。（你最好的朋友知道嗎？）我沒有告訴他。（你為什麼不告訴任何人？）「有兩個原因。一、害怕。莫爾多萬常說：『你不要以為你可以告訴別人而沒有後果。』他真的讓我怕到了。一、我做的事情那麼可怕，我又怎麼能告訴別人？那不是我自豪的，所以我為什麼要讓任何人知道？」（你當時知道祕密警察不是好東西嗎？）「知道。我不只現在知道，當時也知道，從我父母、我祖父母的故事。我祖父常說他們會把你抓起來，送你去古拉格，諸如此類。他說的時候眼泛淚光。我父親也好幾次對我說：『你對那個美國人做的事要千萬小心。』他就像嗅出些什麼。」

（他們在一九九四年和一九九六年繼續跟蹤我。你呢？）一九九二年，我在街上看見莫

2 譯注：指瑪麗安娜，見頁四〇八。

爾多萬，朝他直直走過去。他卻轉過身，往反方向跑！（你想和他說什麼？）「我不知道，我就只是朝他走去。」

當我們的談話進入最後部分時，我們的手握在一起。我對他表現的害怕和困惑由衷感到同情。我說我很遺憾他因為我而受到莫大壓力，他回說他是自找的，因為自己太害怕。（但你當時年輕又沒有經驗，怎麼會知道有人拒絕當線人以及怎麼拒絕！）我們手挽著手走回我的飯店。「你現在感覺如何？」我問。「好多了。我感覺如釋重負。」我也是，而且我能再次感覺到我過去對他的喜愛

每個線人都有一個線人檔案，直屬軍官在其中詳述怎麼吸收他和他後來的表現。下一次見「B」前，我仔細讀過他的線人檔案，看到他隸屬的縣兩名最高階安全官的批註，例如：「他對資訊工作表現出極大熱忱，他所有材料都具有真誠和客觀的性質。」我和「B」約了吃另一次午餐。我問他願意繼續上次的談話嗎？他願意。

我告訴他我讀了他的線人檔案：「你表現優異！他們喜歡你的工作！」他回答：「莫爾多萬習慣說我是『優秀的合作者』。他會稱讚我，但我仍感到厭惡。」我知道他是一個很仔細

和有紀律的學生，所以覺得他的話可信，但有另一個人在和我談到這件事時，卻嗤之以鼻地說：「現在人人都在改寫自己的歷史！現在都說自己肚子痛，但以前卻很辛勤工作……」

（再多談談你在他手下工作的情形……你說他對你的吸收是『軟性』的。他後來有變兇嗎？）有時非常兇，有時沒那麼兇。他非常堅持要把任務辦好，不管「Ｂ」是否有其他事要做。他讓「Ｂ」感覺需要對一切負責。他是那麼堅持要知道ＫＶ所做的一切，以致於「Ｂ」在我面前變得非常拘謹。當我滔滔不絕時，他會不言不語。他必須變成一個雙面人：在我面前若無其事，但一轉身就向莫爾多萬告密。這引發他很大的緊張和壓力。

（你和他的關係是教學性的嗎？他們得到的指示是要教導他們的合作者。）「對，他會坐在他的辦公室，態度很輕鬆地問我問題，然後說：『讓我們把這些寫下來，做個摘要。』我說了什麼，他就會複述，以精要的語言把我雜七雜八的細節整合起來。他還教我不要提尼古拉．西奧塞古和埃列娜．西奧塞古的名諱，應該說黨的最高領導。但他也塑造了我的觀點。」（你的分析能力有變強嗎？）「有，特別是透過他的複述。我非常佩服他從我的雜亂思路理出精要的能力。不過他也會想要左右我，例如說：『ＫＶ是個敵人，顯然隱瞞著些什麼。』」（他有讓你對我起疑嗎？）「有，他讓我覺得妳不可能只是來這裡做妳說要做的事。」

所以在這個個案中，祕密警察並沒有創造一個新的身分，而是將一個尚未穩固確立身分的人按照他們的目的形塑。莫爾多萬取得相當大成功，而這必然會讓「B」的人格發展複雜化，因為他家人一直提醒要他遠離祕密警察。

（你在一年內報告得頗為頻繁。你和他有變得比較親近嗎？）他猶豫了一下，像是不願意承認有這種情形。「沒有，但我有種感覺：他知道關於我的一切。他的智力看來在平均值以上，特別擅長整合資訊。他不是個蠢材。他對我展現權威感，也對別人如此。每次當我在門口表示我是來找莫爾多萬少校時，其他人會對我展現高度重視。那讓我覺得自己很重要。」（真的嗎？）「我不曾感到放鬆過。」（他除了有時向你咆哮外，會以尊重的態度對待你嗎？）「會。除了有些時候他強調我必須按照他的吩咐做事，他對我的態度就像我們是朋友。」

（你們多久會面一次？）「至少一個月一次，更多時候是兩星期一次，或十天一次，每一次長度約一小時或以上。」（你會事先寫好你的筆記嗎？）「有時他會叫我先在家裡把筆記寫好，但通常我都是在他的辦公室寫。特別是在最一開始，『當我還需要習慣的時候』。他會用複述方式把我報告的事情綜合整理。」（你都是在哪裡寫你的筆記？）「在家裡。」（不擔心會被人發現嗎？）「當然擔心。」

「他總是問我：『有人看見你來這裡嗎？』」（藏著祕密對你產生什麼後果？）它讓我心裡多了一塊大石。我總是擔心有人發現我的線民身分。」（所以有祕密並不是刺激的事。）「一點也不刺激！」

（這種經驗對你有什麼影響？）「我變得更加沉默寡言。〔頓了一下〕我仍然有罪惡感。我相信我對你做了錯事。如果我知道會發生什麼事……但我當時不夠有機靈，不敢不告訴他們一切，而寫出一些垃圾。我寫的全是『我們已經知道！』[3]的事，很嚇人！另外，有一個與我們家熟識的人在國安局工作，他會說類似：『如果山上有兩間小屋，其中就有一間是屬於國安局』的話，這讓我印象深刻。我現在絕不會再答應做這種事，但我以前很害怕。我知道他們會殺人、會把人關起來、會把人送到古拉格。我真的很害怕，認為自己沒有選擇。」

＊　＊　＊

讀者大概也感覺到我在這兩次長談中感覺到的價值混亂。「班尼亞明」對我說明很多「軍官─線民」關係的事，又提供給自己非常可信的解釋，暗示他和莫爾多萬的關係既讓他心裡

3　譯注：指他報告的一切都是國安局已經知道的事。

多了一塊大石頭，又讓他感覺到自己很重要。當我決定不把他的告密看成是出賣，而是看成讓他難受的原因時，我對他的觀感大為改觀（在瑪麗安娜的案例中更是如此）。他也覺得好多了。他在我回國後寄給我一封電子郵件，信中寫道：「謝謝妳的溫暖與圓融，讓我們得以克服友誼中的幽暗時刻。」有一小段時間，我忘了深究安全官對他的評語：「對情報工作表現極大熱忱」，也忘了很多羅馬尼亞人在一九八九年之後都忙於「改寫自己的簡歷」，並未以全然真實的視角，呈現他們在共產政權時期的行動。「B」早前修了一門社會學課程，似乎有意以此為志業。事實上，他當時非常享受這門課，還跟我說希望現在改變主修還不算太晚——這或許能作為他對情報工作熱情的註腳。但我們也應該記住，祕密警察可以在檔案上寫任何東西，沒有人能矯正他們。說不定他的直屬軍官希望透過讚揚「班尼亞明」藉此顯示自己教導線民有方。我們實在很難知道如何理解這些讚美。

我不去譴責「班尼亞明」的行為是錯的嗎？很多羅馬尼亞人會說是。二〇一四年，我和一位羅馬尼亞作家談到一件事：最近有個重要政治人物因為被發現曾向國安局打我的報告，而受到報紙攻擊，但我拒絕對此發表評論，因為那人過去曾給予我很多幫助並展現友誼。聽到我這樣說，那位作家回答：「別對他手下留情，他們會被找去當線民，正因為你們是朋友。」但對於「班尼亞明」，我更加考慮到他相對的天真和年輕。他把自己說成是一個驚恐的人，而我相信他，因為當凱絲和他一樣年紀時，難道不會也無法拒絕和情報機構合作的要求嗎？難道她不會也一樣害怕——哪怕她就跟「班尼亞明」的性格一樣，只是想做好被指派的工作？我有少許證據可以證明她會出現類似行為。

* * *

在一九八七年的某一天，我在霍普金斯大學辦公室的電話響起。來電者自稱她是為聯邦調查局工作，問我能否和她談談。我請她繼續說下去，但她表示想約出去面對面談。我在掛斷電話後感到很困惑，馬上開始斟酌這通電話的來意。我想起我在一九八六年第一次去蘇聯，一九八七年初又去了一趟。這也許是她找我的理由。另外，我當時正和一位在霍普金斯應用物理學實驗室（Hopkins Applied Physics Lab）工作的物理學家約會，而該實驗室和國防部有簽署三叉戟飛彈計畫（Trident missile program）的合約。所以也許聯邦調查局是要對那名物理學家的私生活進行調查。

因為抱持這種預設，我在和她見面時對她說的第一句話感到震驚：「我們注意到妳最近有在羅馬尼亞待過。」我回答我從一九七三年起就常常到羅馬尼亞做研究，不知道他們怎麼會最近才留意到這點。她說她無權解釋，然後問了一些反映出她對羅馬尼亞完全無知的問題。由於我在一九八四年和一九八七年見識過羅馬尼亞國安局的厲害，她的言行讓我擔心美國會輸掉冷戰。她問的問題包括羅馬尼亞人有沒有設法和我交朋友、有沒有請求我幫助（這兩件事在我待在羅馬尼亞期間，幾乎每天都會發生）、我在美國有沒有見過羅馬尼亞人等。過了一會我問她為什麼要來找我，她再一次聲明她無權解釋。後來當我依照《資訊自由法》（Freedom of Information Act，簡稱FOIA），取得一份非常小的調查局檔案時（一共十六頁，多處被塗白），我才知道他們在意的不是我，而是一位我認識又受到他們監視的羅馬尼亞人。

和那名聯邦調查局探員的會面，是我唯一一次和美國的情報人員見面。我最感到震驚的一件事是我雖然沒有做錯事，但在整個見面過程都很緊張，甚至很害怕。我的心跳飛快，

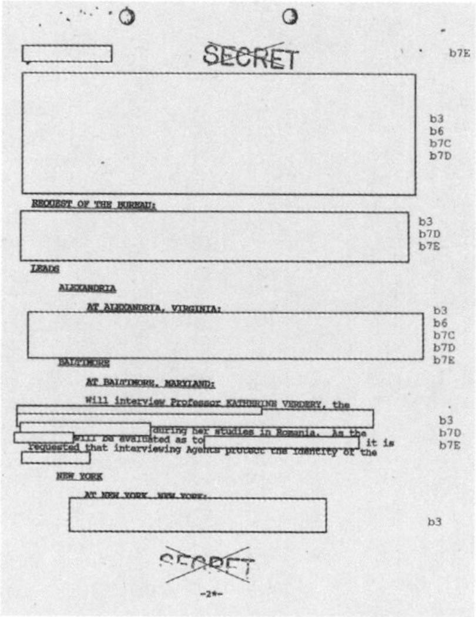
SECRET

b7E

b3
b6
b7C
b7D

REQUEST OF THE BUREAU:

b3
b7D
b7E

LEADS

ALEXANDRIA

AT ALEXANDRIA, VIRGINIA:

b3
b6
b7C
b7D
b7E

BALTIMORE

AT BALTIMORE, MARYLAND:

Will interview Professor KATHERINE VERDERY, the during her studies in Romania. As the will be evaluated as to it is requested that interviewing Agents protect the identity of the

b3
b7D
b7E

NEW YORK

AT NEW YORK, NEW YORK:

b3

SECRET

-2*-

凱薩琳多處塗白的聯邦調查局檔案，攝於一九八七年左右。

老是覺得自己應該迎合她，儘管我完全沒有理由這樣做。我猜我是希望用這種方式，消除她對我可能有的任何懷疑。那次會面讓我在二〇〇八年讀到有關我的線民報告時，可以想像當祕密警察找上一個人（例如「班尼亞明」），而且那個人又是祕密警察想吸收的對象時，他會有什麼感受。我在那場會面時的反應，將會被證明是後來我和監視我的祕密警察見面的一次預演。

有多少線民？

人們對羅馬尼亞有多少線民存在並沒有一個定論，估計的數字從低於五十萬到三百萬都有，取決於你是否有將那些和正規警察和國安局軍官合作的人也算進來。我傾向於相信保守的統計數字：四十八萬六千人（大約每三十個成年人中有一個）[1]。不過，這數字到底是涵蓋共產主義時期的所有線民，還是只有指在一九八九年活躍的那些人，並沒有清楚說明。不過有一項數據卻是重要的：一份一九六八年的報告顯示，國安局曾斷定在羅馬尼亞成人中有整整五成人口很可疑，應該加以監視[2]！這就不奇怪他們需要那麼多線民，也不奇怪西奧塞古會認為是時候掌控國安局了。

至於全職國安局人員的數字，根據檔研會研究員的估計，大約是一萬五千人，其中有一萬名是軍官。不過這個數字一樣讓人起疑，它也沒有把正規警察包括在內，國安局常使用正規警察作為輔助人員[3]。相較於羅馬尼亞，東德祕密警察的全職人員是九萬三千人，線民和合作者的數目是十七萬八千人。東德的全部人口是一千七百萬，羅馬尼亞是二千三百萬人，因此東德人口雖然較少，但祕密警察卻比羅馬尼亞多，線民則比羅馬尼亞少。而造成差異的一部分原因，可能在於監聽設備極為昂貴，那讓較貧窮的羅馬尼亞更加依賴線民。但所有這些數字都是不確定的。

對於線民被分為哪幾類，以及誰算作線民也缺少一致的共識。我所說的類別並不是指國安局自己的分類方法（例如輿論影響者、「有受訓」的線民和「無受訓」的線民、合作者、居民等），而是指從事不同報告活動的人。例如我已經指出過，法律規定任何和外國人談過話的羅馬尼亞公民，都必須把談話內容報告給工作單位的黨組織。所以如果我的檔案裡有一份關於我在某人家中吃晚餐的報告，那招待我的主人算是線民，還是只是一位守法的公民？同樣的，任何一位羅馬尼亞人不管是以何種理由出國——例如參加鋼琴比賽、參加國際會議、從事研究或探親——回國之後也必須遞交旅行報告。這種報告會讓他們成為線民嗎？很多提及這種類型報告的朋友，都堅決表示那不是線民報告，除非報告內容提及旅程中另一個人的不利資訊。不過，這一類報告也可能形成一種滑坡推論：如果一個人寫了旅行報告，又寫過他和美國人共進晚餐的報告，那要拉他去寫特定的被監視對象報告就會容易得多。

某些行業的從業人，幾乎可說是有義務要提供資訊。這些人包括郵務和電話人員、飯店櫃檯接待、公司或公家機關人員，以及一些特殊種類的公務員。他們算是線民嗎？那些寫了一份不具傷害性的報告的人呢？他和那些寫了對其他羅馬尼亞人有傷害性報告的人是一樣的嗎？有些線民是受到脅迫而報告，有些則充滿熱忱；有些線民報告的內容平平無奇，有些則惡意十足。我們應該一股腦兒把他們混為一談嗎？有時一名共產黨員會被要求提供某個個案的資訊，但他不會被建立一份線民檔案，同時祕密警察在找上他前要先得到黨的批准。這樣的話，他是一名線民還是一名負責任的黨員？有時一個人會拒絕成為線民，但答應不時向國安局提供口頭情報（會有這種情況，大概是因為他本來和辦案軍官就認識），那麼他算是一個線民嗎？在報告上簽上自己真名，和使用被給予化名的線民有沒有分別？這些問題指出為什麼要知道有多少線民存在會那麼困難。

我們還應該考慮到，祕密警察會用不同方法從人們身上獲取情報，所以這些人可能夠有資格、又可能不夠有資格被稱為線民。一位去城裡上班的弗拉伊庫村朋友埃列娜（Elena）告訴我，她機構的安全官會定期到她辦公室問她：「妳朋友好嗎？我看見她回來了。妳有看見她嗎？她最近都在幹些什麼？」他的問話都非常隨性。「我不覺得有時候我真的有意識到他在套話。他看起來只是在聊天。」我問她有沒有簽署過一份線民宣誓書，她說沒有，我在檔研會也確實找不到她手寫的報告或線民檔案。當我們談到弗拉伊庫村的人是否知道誰是線民時，她說：「那時村裡的人不會留意這種事。」因為鄉村地區部署的線民較為不足，國安局可能更常以聊天方式獲取情報。

我的另一個熟人有相似經驗。因為他懂一些德文，有時會被叫到國安局在城中的辦公室幫忙翻譯一些東西。然後祕密警察會開始和他談我的事，問他我都在做什麼。要從這個好相處的人身上套到話很容易。在他個案中有許多書面的報告，但全都是打字稿，上面也沒有他的簽名。所以報告大概是祕密警察在和他聊天後自己撰寫。和我朋友埃列娜不同，他有一個化名：「瓦倫丁」(Valentin)。但我要調閱他的線民檔案時，卻沒有這樣的檔案存在，這意味著他從來沒有被正式吸收為線民。我問梅妮她認不認為他有告我的密，她並不認為。「他害怕妳！他千方百計避開妳，只有在街上遇到時，會和妳愉快地打招呼。」這大概是因為他意識到自己被利用，所以想方設法不讓自己有可以告密的事情。

在我看來，他的個案可能顯示辦案軍官想擴大線民班底，卻又懶得處理正式吸收線民的必要手續。幾乎所有「瓦倫丁」的報告都反映他被當成一名線民，唯獨缺少檔案可以證明他有被吸收，報告上也缺少他的簽名。雖然其中一名後來和我談過的祕密警察否認存在一個吸收線民的「中心計畫」（central plan）或其他動機，我卻覺得很可疑。在不同時期國安局都有特定的線民招聘目標。每個軍官必須有三十五至四十名線民，後來甚至要到五十名線民。一些羅馬尼亞研究者根據檔案庫的文件指出，就像其他參與羅馬尼亞經濟的人一樣，每一位安全官也被賦予計畫，需要吸收到一定數量的線民。例如，一份對軍官表現的考核上有這麼一則批註：「從量上來看，他的線民數目是不足夠的。」一位軍官可能會從被調職的前一位軍官那邊繼承一些線民，還有一些線民可能是他自己「發明」的，「瓦倫丁」就可能是如此。社會學家瑪麗亞．沃希（Maria Łoś）指出同樣的事也曾發生在波蘭，祕密警察會競相吸收線民，上級軍官也鼓勵這樣做，因為有更多線民就可以獲得更多運作經費[4]。

每個線民的分身都有某些共通性，也就是說那些被吸收成為線民的人並非個案。總是會有一套用標準語言寫成的劇本，創造一個特殊的現實世界。在這個世界中，愛國者—線民被訓練辨別被監視對象身上的一些可以入罪的特徵，並且願意保持自己的線民身分（「我發誓絕不洩漏……」）。他被培養成一位與直屬線軍官共謀、對同伴表裡不一的人，自我在這些角色（personae）之間分裂。要達成這種目的，其中一個手段是透過軍官堅持訓練線民採用的古怪報告方式——用第三人稱代名詞來自稱。例如一位線民從來都不會寫：「我在三月二十七日看見凱薩琳．韋德瑞和某甲在一起」，而是會說「情報來源通知您，凱薩琳．韋德瑞在三月二十七日被看見和某甲在一起」。所以寫報告的人並不是「我」，而是另一個人，一個名叫「情報來源」的人。因為在羅馬尼亞語中，「情報來源」（sursa）一詞是陰性的，所以情報來源用來自稱的代名詞一律是陰性。例如：「情報來源邀請K韋德瑞到她家吃飯。」我不知道這種做法是不是要讓線民感覺他的分身完全不同於他的「真我」。這是否能讓他們的主體性隨時準備好增殖，讓他們將寫報告的自我分裂於其他自我？由於大部分線民都是男性，我很好奇使用陰性代名詞是不是能讓他們更進一步疏離於自己和自己的工作。

＊＊＊

二〇一四年六月二十七日，給菲爾（Phyl）的信

今天我花了一個早上在檔案館，閱讀一九五〇年代晚期至一九六〇年代弗拉伊庫村線民的檔案。那些檔案吸引人的地方在於它們所創造的世界：軍官如何計畫招募線民？他們如何執行計畫？他們又如何設法改變這些人的習慣？例如，他們早在吸收一個酒鬼前就知道他

是酒鬼，但吸收他之後，會設法讓他戒酒。很清楚的是，他們常蓄意找上那些有瑕疵和劣行的人，作為招募對方為線民的施力點。他們會告訴對方他們知道他的底細，如果他因為這些底細而丟掉工作，那就太可惜了。

吸收線民

雖然我們不能把線民的檔案內容照單全收，但它們確實打開一扇有趣的窗戶，讓人得以一窺告密現象和羅馬尼亞村莊生活。試看以下這份招募檔案。被招募者住在弗拉伊庫村，他在一九七〇年代負責監視我。他的經驗是很典型的。

建議招募HW（德裔），化名「穆勒．馬丁」（Muler Martin）

提議招募HW作為線民，他住在奧萊爾．弗拉伊庫村，那是屬於民族主義分子的領域。

招募的目標和必要性：弗拉伊庫村有很多人是參加GEG的民族主義者，像xxxx（GEG是民族主義團體，很多成員在羅馬尼亞與希特勒為盟友時，加入了納粹軍隊）。

國安局之前曾在弗拉伊庫村展開監視GEG前領袖xxxx的獨立線民行動，不過至今都沒找到能報告他的人。但在德裔民族主義圈和xxxx的朋友圈中，有HW這麼一號人物。他曾是GEG成員……他得到上述人士的認同，並且在專業角度和文化角度來看，都比他們受過更好的訓練。

候選人的資料。出生在弗拉伊庫村，沒有財產。他從事的活動：去上學，之後受雇為學徒。在不同地方工作過，他是以下這些GEG成員的朋友（人名）。

候選人的可用之處。他生活在那些我們想跟蹤的人之間，也曾是GEG成員。他很聰明，有受過成為特務的合宜訓練，知道如何和國安局感興趣的人建立良好關係。他沒有壞習慣，個性穩定，受到村民肯定。

招募的基礎和方法：運用我們掌握到的不利素材。他曾經參加GEG，自願和德軍並肩作戰、攻打蘇聯，之後在蘇聯被俘虜。他在他工作單位隱瞞這些背景……有另一名線民告訴我們，HW暗中在自己的工作坊工作，為村民修理東西。這是違法行為。他有兩個小孩，分別是五歲和八歲，如果我們起訴他，他兩個小孩的未來就會被毀掉。我們將會利用這一點吸收他。我們認為他會就範，因為他是個膽怯的人。

招募計畫：我們會問他以下三件事：他是否參加過GEG、他是否曾自願為德國人作戰、他是否偷偷為別人修理東西。招募的工作將會在他工廠的人事經理辦公室進行。如果他承認我們問的事，我們就會進而招募他。否則會轉向招募其他GEG成員。

他將會被教導怎麼和家人相處，怎麼和村裡的人相處，以及怎麼安排和他的軍官的會面。

有關招募過程的報告：他在下班路上被帶走，從工作地點帶到總部。他承認我們發現的一切事實，也告訴我們弗拉伊庫村誰對政府有敵意態度。我們覺得他是合適人選，於是便招募他，給他取名為「穆勒．馬丁」。他收到大量指令。

招募過程從十一點半持續到十七點四十五分（接著是雙方問答內容的逐字稿）。他說：「我承認我犯了錯，但請求國安局讓我以報告誰有敵意表現的方式，給我改過自新的機會。」然後他起了誓言，其中列舉所有自己做過的錯事，最後說：「我將會報告我聽到的事，並在報告上簽上『穆勒．馬丁』。我發誓保密我和國安局的關係。如果我違誓，那將證明我不老實。我要求依法受到懲罰。」一九六一年四月二十四日。簽名。

（來自不同村民有關他的報告、談話和審訊）

從這份報告中，我們得知很多國安局軍官如何把人拉進他們線民網絡的事。他們會在事前仔細研究、決定挑選對象、預設退路，然後再制定一個混合了威脅和利誘的招募計畫。（另一個典型方法是直接訴諸愛國心，例如對「班尼亞明」那樣）。威脅的方式通常是指出對方有過的非法行為（墮胎、同性戀、投機買賣、在集體農場進行偷竊，或者像「穆勒」那樣偷偷賺取非法外快），又或者是指出他們沒有在工作申請書上，註明自己參加過法西斯活動。祕密警察以不起訴來交換線民簽署宣誓書。但他們的關鍵策略，是讓對方相信他們知道他的一切底細。祕密警察所受的心理學訓練讓他們能洞悉一個人的軟肋，讀懂一個人的心思，可以用對方的軟弱之處來吸收他。就像我們看到的，他們有的是時間：他們誘導「穆勒」的過程長達七個多小時（這在我讀過的招募報告中是常見的）。他們有足夠機會命中他的死穴。

我在本章介紹的線民，全都經過某些招募程序。現在他們要經歷另一次招募：由我發起的招募。我訪談他們每個人的方法各不相同，不過一般來說。我不會直接說我讀過他們的報告，而只會說我讀過我自己的安全檔案，有興趣和告過我密的線民談一談，聽聽那對他們來說是什麼感覺。除了我跟「班尼亞明」和瑪麗安娜的談話以外，我的筆記都是事後才補寫。雖然有些跟我談話的人會否認自己是線民，但透過筆跡、間接證據和檔研會的確認，我相當確定他們是線民的事實。但這並不表示在我或他們的檔案裡，每件被提到的事都是「真實的」（true）。

「格羅查」（"Groza"）

最高機密

一九八八年八月十三日

情報來源：「格羅查」

情報筆記

一九八八年八月十二日，情報來源造訪院士大衛・普羅丹。一小時後，他告訴我凱薩琳・韋德瑞來探望過他……他跟我說她極度後悔她在書中放入兩則格言，此舉愚不可及。在我看來，大衛・普羅丹對凱薩琳・韋德瑞有不切實際的看法，深信她是心懷好意……依情報來源所見，老教授是透過一貫老實人的眼睛來看事情，如果凱薩琳・韋德瑞想欺騙他，她輕易就可以做到。一方面來說，她蒐集各式各樣歷史學和方法學的資訊；另一方面，大衛・普羅丹博士仍認為她可能在從事的平行活動是多疑者的虛構。4

「格羅查」

「格羅查」是其中一個經常給我製造麻煩的線民。他是最先告訴國安局我的書有兩則醜化羅馬尼亞人笑話的人，當時是一九八四年八月。他的報告讓國安局提出將我驅逐出境的建議，現在他又對普羅丹授對我的好評不以為然。他也說我寫的一篇會議報告的壞話、舉發我和匈牙利人的關係，並提供他的軍官其他花邊新聞。我起初和他很友好，但後來厭煩他對我的反覆勾引，對他敬而遠之，這因此讓他的告密活動無以為繼。在二〇一二年，我決定和他談談這件事，卻突然發現他健康狀況惡劣，而無法談下去。

二〇一二年六月，田野筆記

雖然「格羅查」夫妻和我已經多年不見，但他們對我打招呼的樣子仍很熱情。「格羅查」的妻子把三個杯子放在桌上，坐下來，要他去拿些水，然後悄悄告訴我他得了阿茲海默症，記得的事情很少。稍後我趁他妻子出去拿東西，低聲問他：「你太太知道你向祕密警察告我的密嗎？」他猛地看著我說：「是誰說的，是她嗎？」不是，就在我的卷宗裡。他否認這件事，然後他太太回來了。我們的談話非常散亂。他妻子老是把話題岔出去，要掩飾丈夫的健康狀態。談話內容有八成五是出自她口。

我不記得我們是怎麼談到他父親是政治犯的話題。他太太插嘴說，祕密警察在他家的房子住過。他們有強制居住權，因為他姑姑是個希臘天主教修女。他父親在一九五〇年被捕，表面理由是對一個顛覆性組織的存在知情不報。他父親為此坐了一年牢，後來上訴，在一九六二年獲得平反。他們給我看一份文件，指出他父親是因為在獄中發明三樣東西改善監獄的生產力，而得以出獄。他主動說明：「因為我父親曾是囚犯，我們有一大堆事不能做。」他太太補充：「家裡從不談這種事。直到最近，我們才從他妹妹那裡得知，她丈夫曾被關在古拉格！」為什麼他們不談這個？「那時你不能相信任何人。」

這家人逃到另一個城市。在共產黨查禁東正教之後，雖然他們家裡住著祕密警察，他母親仍然讓一位神父住在家中地下室，她說她需要有一個告解對象。與此同時，他父親接觸

4 譯注：意指普羅丹認為懷疑作者在進行間諜活動這件事，只是多疑者的想像。

不同教會，替自己決定真理何在。他父母後來都改信基督新教。（這在過去對你有造成什麼後果嗎？）「我失去很多機會。」他太太說：「他申請了兩次大學都進不了醫學院，XXXX也是這樣。他找工作時也不順利，後來被分派到一間XXXX博物館當館長助理。館長是個很有權勢的人，很喜歡他，在退休時推薦他繼任。他為了獲得這份工作加入共產黨。」

他妻子接著離題，談到一個他們家族幫助過的女人。「她在XXXX餐廳當服務生，而他常帶外國訪客去那家餐廳吃飯。那女人有一天告訴他妹妹：『因為你的家庭幫助過我，所以我必須告訴妳，妳要警告妳哥哥他們總是在他盤子底下裝麥克風。』」我告訴他每當我們上餐廳吃飯，談話常常被錄音。他想知道錄音的人是誰，但後來失去了興趣。

（有各式各樣的壓力逼迫人成為線民。為什麼人們會屈服？）他妻子說說：「一種工作責任。」他說：「大概是個人興趣。」然後，他們馬上把這個話題拋開。一路談下來，他愈來愈坐立不安，不斷站起來，走到書架找東西。這可能和話題有關，或者和他的阿茲海默症有關。

因為他太太不停插嘴，要和他真正談些什麼變得很困難。不過我們的談話卻反映有好幾個原因可能會讓一個人成為線民。其中一個顯著原因是家裡有政治犯。那是極大污點，會讓人失去很多機會，也可能讓人透過答應當線民來洗刷污點。另外，和希臘天主教教會有牽扯也是其中一項原因。羅馬尼亞共產黨因為忌諱希臘天主教教會有羅馬教廷作為國際靠山，而對之實施鎮壓。而家中若有基督新教教徒，也會遭受同等待遇。「格羅查」是如此聰明而有野心，必然感受到內心極大的壓力在逼迫他當線民，何況他家人跟不受歡迎的宗教群體又有所牽連。在他線民檔案上的一則批註，說他是在被逮到把宗教作品帶入羅馬尼亞後，受到國安局的招募。

身為一個線民，「格羅查」有自己的線民檔案，裡面包含他的報告和招募資料。但作為一個被監視的人，他也像我一樣有多冊關於自己的DUI檔案。裡面充滿線民對他的舉發和祕密警察的批註。後一種檔案很好玩，因為它們透露出有些人雖然打了很多別人的報告，但本身卻不被國安局信任，所以會受到密集監視。在一九八〇年代，「格羅查」被懷疑受到美國情報機構吸收成為雙面間諜（很顯然國安局認為我就是因為這個目的而接近他）。他應該是個不錯的線民，他寫有關我的報告都很詳細，篇幅常常很長，有一次還翻譯了我的書的章節標題和引言。但是他也會被他的想像力誤導。其中一個例子可以在他對我們某次共進午餐後寫的報告中看見。我後來讀了檔案，才知道他事前曾向祕密警察報告這場飯局，並偷偷把我們談話錄了音。「格羅查」在報告結尾處這樣說：

從她所有舉止、在我們離別時帶有男女情愫的挑逗（並非透過言辭，而是透過手勢和眼神傳達），我想我們處在一個非常可能合作的情境中……

辦案軍官批註（N.O.）：這點透過特殊的移動式竊聽裝置得到證實。

上級軍官批註（N.S.）：這次會面是由凱薩琳・韋德瑞提議，而我相信她的目的是策反「格羅查」。透過比較他的筆記和我們的錄音顯示，情報來源對談話內容有確實的記載，只是在詮釋上有點不一樣。情報來源被交代要讓自己被對方吸收，而看來這正是事情發展的方向。

這份報告把我不經意問「格羅查」的一句話：他有沒有興趣到美國走走，誤解為我是在利用性暗示作為一部分誘餌，來吸收他當雙面間諜。

「維奧雷爾」（"Viorel"）

（以下引自一九七四年，一個查證「民俗學家」目的的行動計畫）四個情報來源——德裔的「穆勒・馬丁」（"MULER MARTIN"）、集體農場工人xxxx、「維奧雷爾」和退休人員「奧雷爾」(“AUREL”)……會被用在留意她去過哪裡和接觸過什麼人，特別要注意她有沒有接觸過在庫吉爾兵工廠（UM Cugir）工作的人。

田野筆記，二〇一二年夏天

他坐在酒吧一張桌子前喝酒，已經有點醉了。他主動談到他會收聽自由歐洲電臺（我說：「那年頭幹這種事會有危險！」）他說他不是黨員。他邀我坐下，說他聽過我在「美國之音」(Voice of America，簡稱VOA）說話。不管我否認多少次他都不予理會，他認定我有在「美國之音」說過話。接下來我們的談話繼續是各說各的。

然後我說：「你因為工作關係必須向國安局遞交報告，對不對？」他看起來渾身不自在。（你別無選擇，必須要這樣。）「對，但我搞定了他們。我很快就擺脫他們。只要對他們說謊，他們就會走掉。」（你都是跟誰見面？祕密警察還是地方警察？）他拒絕回答。（你們在哪裡見面？是他們來找你，還是你得到什麼地方去？）「我去找他們。」（去哪裡找？）「這是祕密。」（過去是，但現在不是了。）他不願回答。但到最後當我再問他一次時，他說：「不是我去找他們，是他們來找我。」他依然沒有說是誰，但這一次看來比較可信。

「但他們被我篡在手心裡。」他主動說。（怎麼個篡法？）「我上司給了我一臺照相機，我可以跟蹤警察拍照。他們最後會出現在警察報《反光標記》的頭版。你知道我還做了什麼嗎？我認識一位開伐木貨車的司機。當我聽到他們（警察）說：『我們明天不會過來』，我就會打電話給那位司機，跟他說：「安全了。」他們就把木材載來賣人。如果我知道警察要過來了，就會打電話給那位司機說不要過來。所以我搞定警察了。」

「妳受到非常嚴密的跟蹤。」他說。（你知道？弗拉伊庫村的人知道嗎？）「大家是這樣說的。記得伊萬．D嗎？他有跟蹤你！他姪兒是國安局的大咖。」然後他告訴我很多關於我被跟蹤的事。「妳的筆記一共有幾冊？三冊。妳看，我都知道！」他也知道他們如何在火車站偷我的筆記、知道「美國之音」的事。他堅持說他有次聽見我在收音機裡說話。「還有別人知道嗎？」我問。「沒有，只有我。」「那就不要告訴任何人。」所以我就像他一樣，看起來疑神疑鬼、懷藏祕密。他再次申明他不是黨員，但他讓他太太入黨。（你是怎麼知道這些事的？像是我有三冊筆記之類的？）「他們會告訴我！」

（談談他們。你認識一個叫貝爾久的嗎？）「就是他！貝爾久！一個下流傢伙，很壞的人。」他不確定他記不記得其他人。他回憶起好幾個警察的名字，但仍然沒有回答我問的，他是和一般警察交涉過，還是直接和祕密警察交涉。

在談話過程，他好幾次交代我不能把他的話告訴別人。我問：「你曾經發誓守密？」他點頭。「不把任何事說出去？」他點頭。「但這些限制已經結束了，你可以談了。」「當然……」我們分別時他再一次交代我不要說出去：「我不想讓別人知道我幹過什麼。」

「維奧雷爾」是個很特別的人，我和他的關係在一九八九年之後經歷很大的轉變。在那之前他扮演傻瓜，除非是必要不然都拒絕和我說話。因為工作關係，他固定會把他在村裡看到的任何事上報，也就是說他不太可能被吸收成為線民，因為打報告就是他的分內事。他在行動計畫中會定期出現，但在我的檔案裡並沒有出現他的報告。我猜他主要是向祕密警察進行口頭報告，不會遞交書面報告。我也懷疑他會幫他的直屬軍官向許多和他一起工作的弗拉伊庫村民散播我的謠言。

一九八九年後，當時已經退休的他有時會在街上和我搭訕，拉住我講一些悄悄話。例如他會說即使在共產黨統治時期他一直都愛美國人，或告訴我他現在變得非常虔誠，但又交代我不要告訴任何人，因為這是祕密。他的酒後真言向我打開了他一直隱藏的內在自我。他在喝酒後之所以這麼愛吐露祕密，似乎和他多年來扮演的角色有關。在前面記錄的談話中，特別值得注意的是他說的最後一句話：「我不想讓別人知道我幹過什麼。」那意味著他對他打過的種種報告感到難為情。而這在線民之中絕不是常態。

「阿歷斯」（Alex）

凱薩琳・韋德瑞和xxxx維持非常密切的友誼關係，會去她家裡探訪，並認為她是個聰慧的人。這個人告訴她城裡的各種八卦……（KV）和我談到歐陸飯店的櫃檯接待員瑪麗亞・德梅特爾（Maria Demeter）時非常興奮，說她完全信任這個人。

田野筆記，二〇〇八年六月十三日

「阿歷斯」是多年的朋友。我們起初偶爾通信，後來透過電子郵件保持聯絡。因為我在他信上看過他的筆跡，所以相當確定一九八〇年代一些線民報告是出自他手筆（後來我又從和他很熟的人那裡確認那是他的筆跡）。他的報告提供了比我本來希望的還要多的資訊，包含我拜訪過的朋友的名字。其中一位就是因為被他反覆提及而受到傷害。

我們幾個人圍坐成一圈坐，「阿歷斯」談到《歷史學家和國安局》（*Historians and the Securitate*）一書。有趣的是，這些人的筆跡他都認得。談到有誰可能是線民時，他很肯定 xxxx 是其中之一。當我提到我看過我的安全檔案時，他提醒在我們第一次見面時，我邀請他到我的飯店房間要給他東西，而他把身分證留在櫃檯。不久之後，「格羅查」便出現了。他想傳達的訊息很明顯。他說他後來預期會被找去問話，卻沒有被找去。他繼續說各種故事，賣力假裝他是無辜的。

兩年後，我跟「阿歷斯」和其他一些朋友吃午餐。就像我對好其他幾人那樣，我談到我的檔案，說我準備用它來寫一本回憶錄，又說我有興趣和曾經告過我密的人談談。我解釋我的目的不是為了攤牌，只是想了解他們為什麼會變成線民，以及對此有何感覺。有幾位聽我談起這個興趣的朋友都說：「他們也找過我。」我說：「要拒絕當線民一定很困難。我可以想像換作是我，我一樣會答應。」我問大家覺得人們會不會想和我談，他們全都表示會：這樣可以一吐為快，對減輕罪惡感有幫助。

兩天後，我帶著啤酒去「阿歷斯」家。聊了一下後，我裝作不經意提到有另一個朋友也說被祕密警察找過。

田野筆記，二〇一〇年六月

他（「阿歷斯」）開始說：「我有事想對妳說。」我心想，哦，他要認了，激動地說不出話來。然後他談到有一段時間他媽媽需要在羅馬尼亞不方便取得的醫療設施，為了得到簽證，他什麼事情都願意做。祕密警察告訴他，如果他願意合作，就可以獲得簽證。「我嚴正拒絕了。」他說，不過他答應如果他發現他圈子裡有任何人對政府表現敵意，他會報告。祕密警察下一次找他時，他沒有事情可以報告。不過他們沒有放過他。他們對他一位同事特別感興趣，最後他答應了。他打了那位同事一次報告，感覺糟糕到不行。「我被自己嚇壞了。」他決定不再做同樣的事，也發誓絕對不會打我的報告。

我說：「這就奇了，因為我覺得我在我安全檔案裡看到你的筆跡。當時想這也許是我書裡那兩則笑話導致的惡果吧。」他說：「我發誓不是我，如果妳想要，我可以給你我的筆跡樣本。」我拒絕了，覺得做到這種地步太傷感情。他繼而說我的朋友費莉恰（Felicia）*常常說我從匈牙利人的立場來看待事情，接著又批評她其他地方。這種甩鍋給別人的做法，也是我在他的線民筆記上看到過的特點。

（人們都害怕國安局嗎？）「怕死了。當他們來找我，我會腸胃緊繃、嘔心想吐。」

然後我們去一間餐廳用餐，談到同性戀的話題。禁止同性戀是羅馬尼亞申請加入歐盟的燙手難題。歐盟對同性戀除罪化的要求在羅馬尼亞引起極大反彈。我問他羅馬尼亞人對這件事有沒有變得比較寬容，他說：「不瞞你說，我也有同性戀傾向，但我大多數時候都沒表現出這種傾向。」我感到極為震驚，而沒有聽清楚他接下來說什麼。他繼續說：「即便到今天，羅馬尼亞人仍然不接受同性戀，社會會排斥你。那太複雜了。只有少數人或多或少會出櫃，例如利維烏．丘萊（Liviu Ciulei）（知名劇院導演）。」我說這種情況真是太糟了，因為我自己有個幸福的家。又問他為什麼過這麼久才告訴我，讓我備感榮幸。「我一直打算要告訴你，我是本著誠實的精神。」他其他朋友知道這件事嗎？不知道。

稍後，當我們要離開時，他問我：「如果我告訴你，我過去時常要打別人報告，妳會有何感想？」我回答：「我一直假定人們會打報告。我會感謝他們的坦誠，但也知道如果他們跟我說這件事，會讓自己陷入麻煩。」他表示同意。

我們這段讓人錯愕的談話，讓我更加肯定他曾經告過我的密，只是無法下定決心承認。

他透露自己的性向是在告訴我他不得不當線民的原因。他必然是在某個不光彩的性處境中被逮個正著，而無法拒絕國安局要求，否則他會被起訴，讓家人、同事和朋友都知道他是同性戀。當時羅馬尼亞對同性戀者的歧視比一九五〇年代的美國更甚。他和他的家人會因此被毀掉。他因為驚恐而答應成為線民的心態很容易想像。

稍後我開始懷疑他所說的是否全部可信。他看來決心要撇清自己的責任，而有鑑於他對我的了解，他有能力編得出一個動聽的故事。我在我的田野索引找到我已經忘記的東西：一九八四年某天他告訴我他非常沮喪，因為他被國安局叫去，問他我見了哪些人和讀了什麼資料。他說他以前從沒遇過這種事，所以難過得想離開羅馬尼亞。直到當時為止，沒有其他人告訴我祕密警察找過他們。這是一則對他有利的筆記，而我當初沒把這件事放在心上。目前為止我決定接受他的說法，那讓我可以理解什麼力量驅使他當線民，也讓我們的友誼得以維繫下去，哪怕他沒有公開地「懺悔」。我唯一期望的……是他的筆記能更友善，不會把我的性癖好攤在祕密警察面前（他是唯一這樣做的人）。而且他經常提到我其他朋友，而讓他們遭到監視和可能的報復。

「西爾維烏」（"Siliviu"）

線民筆記，一九七九年十一月十九日。她上次在這裡時，兩次進入外國人禁止進入的地區。同樣的，在這段期間她對一次大戰前的資料感到有興趣，特別是對有匈牙利裔名字的人們。

根據布加勒斯特的科普教授所述，他看過她在美國出版的著作，它們並未扭曲我國的真實情況。

辦案軍官批註（N.O.）：他被賦予任務……要查出她有沒有進行民族主義和領土收復主義活動（即煽動匈牙利裔的活動），她是否戴著同一張無辜的面具，再次侵入外國人禁止前往的地區。查出她結識那麼多人的用意何在。

多年來我在羅馬尼亞認識的人中，最喜歡的其中一人是一位中年男子，以下我將稱他為「西爾維烏」。他住在德瓦，透過我在弗拉伊庫的熟人認識。他為人溫暖、聲音柔和，漸漸地我在每次碰到難題或需要建議時，會第一個向他尋求協助。在我第一次田調之旅期間，他似乎變得很喜歡我，而我對他也愈來愈有好感。我喜歡他身上散發出來的靜謐凝聚性，有時他會暗示他和我心有靈犀，例如當我沒有預先告知就去他家時，他會說他早有預感。在那十五年間，他好幾次暗示他一直被國安局的人騷擾，但他始終沒有退讓。

因此，我對我在安全檔案中找到的東西完全沒有心理準備。例如連同前述線民筆記一起出現的是以下的線民報告（底線由安全官所畫）：

（一九七九年十一月二十二日）我在德瓦偶然看到她坐在一輛汽車中。她說過那輛車是屬於天主教或新教的阿拉德教區（reformed bishopric of Arad）……有意思的是，在談到一些歐洲城市之美時，她指出布達佩斯是一座美麗的城市，她來羅馬尼亞之前曾在那裡一遊。

她告訴我，在她過去的旅程中，她去過庫吉爾和伊利亞（Ilia），儘管有告示牌指出她不該進去。她說她去庫吉爾是出於好奇，去伊利亞是為了找一個當老師的朋友。

（一九七九年十二月十八日）在和韋德瑞・凱薩琳談話中，我得知她買了一輛價值四千七百美元的車，但她很幸運，車主是匈牙利裔，把車用四千美元賣給她……她人生中另一件重要的事是她曾在紐約和一名匈牙利裔歷史學者見面。她承認她非常喜歡他。

辦案軍官批註（N.O.）：上述素材為分派任務的結果，它帶來讓人感興趣的新元素，特別是她和匈牙利裔移民的關係。情報來源被指示花盡可能多時間待在她身邊，以作為後續行動。

最高機密

胡內多阿拉縣分局　一九八二年七月十五日

有關美國公民韋德瑞・凱薩琳的報告

一九八二年七月二十四日，我與「西爾維烏」聯繫，他告訴我以下事情：

……她對不懂匈牙利語感到遺憾，因為這讓她讀不懂一些她在克盧日—納波卡找到的檔案文件。所以她決定學匈牙利語（情報來源的印像是，她懂得匈牙利語但假裝假裝不懂，以混淆視聽）。她每次來羅馬尼亞都會經過匈牙利……

「莫爾多萬」中校

從這些短篇報告中，我們能明顯看出「西爾維烏」的職責是要穩固我的匈牙利裔新身分，除此以外也要確認我是中情局特務。

（一九八〇年一月十五日）因為有機會和韋德瑞・凱薩琳吃過好幾次飯……我對她的活動形成一些觀點。我仍認為她的物質條件不是特別好，但她希望從物質和社會兩方面改善自己，並準備好用任何方法達到目的。

在這種情況下，我有一個現在還不太敢確定的看法，那就是她和五角大廈或中情局有聯繫……她翻開一本羅馬尼亞的書，給我看她認識的一位五角大廈高層人士照片。這人寫過一本談論越戰的恐怖的書……〔我先前在一個會議上遇見過艾爾斯伯格（Daniel Ellsberg）[5]〕

從她的行為來看，她似乎只對對她的書有用的資料感興趣，但她蒐集到的資料卻隨時可以為美國政府或其他人服務，用在對我們不利的地方……

很可能她頭兩次的羅馬尼亞之行，只是在為她真正的工作進行準備。

「西爾維烏」還在其他方面和國安局合作。他協助他們從弗拉伊庫村拿走我的田野筆記、拿去影印。在我房東的幫助下，祕密警察進入我的房間，找到田野筆記。而當時「西爾維烏」正載著我，在國安局的監視下在奧勒什蒂耶和德瓦到處兜風。

在我檔案裡所有線民報告中，「西爾維烏」的報告傷我最深，其程度更甚於「班尼雅明」。因為後者大體是忠實的描述，而前者包含赤裸裸的謊言。檔案中的劃線處反映出祕密警察熱衷於發現的事，而寫出它們的是一個有著無懈可擊正直名聲的男子。他把我描繪成一個騙子，認定我做的所有研究都是在掩飾不可告人的行動。他說我「出於好奇」去了庫吉爾和伊利亞（兩個地方都有軍事設施），這是跟我在一九七四年九月，在托普力察村誤闖軍事禁區一事相互混淆。他反覆影射我的匈牙利裔身分，也強調我對一戰前此區匈牙利貴族的關注。這等於是讓國安局惡夢成真：我是一個有匈牙利僑民身分的特務，目的是要詆毀羅馬尼亞，破壞它在世人眼中的形象。另外，他明確懷疑我是間諜，又為這種說法找出證據。他在一九八〇年的最後一份報告（我看到的最後一份）認為我已經準備好發動圖謀已久的知識分子政變，其後他幫助祕密警察搜查我的房間。

我第一次匆匆讀過這些文件是在二〇〇八年六月。我感覺非常受傷，但當時我沒有時

5 編按：丹尼爾·艾爾斯伯格（Daniel Ellsberg），曾擔任美國軍方分析師，一九七一年因五角大樓機密文件事件而知名。

間坐下來仔細閱讀。我的感受是，這是我愛過的一個人寫下的一份真正具有殺傷力的線民報告。我那時要去德瓦看他，打算和他談談這些報告，卻得知他心臟病發（不久後他便去世了）。要和他談論報告的事變得困難，而我必須在他缺席的情況下想辦法和他言歸於好。

田野筆記，二〇〇八年六月七日，四點三十分

我打電話到他家，他太太在啜泣。他病情更差了，大部分時間都在睡覺。她對我沒有早點到感到沮喪。掛斷電話後我開始哭，感覺到十分淒涼。昨天我躺下小睡，我的腦袋出現巨大嗡嗡聲。我一定是在用這吵鬧的聲音，來掩蓋我可怕的失落感。腦中出現一張嚎叫的大嘴的形象，與其引發的陣陣回聲。我知道假如我一開始叫就無法停止。然後我真的叫了：「『西爾維烏』，你**怎麼可以**這樣對我！你**怎麼可以**這樣對我！」我哭了起來，又拼命忍住哭泣，想擺脫被出賣的感覺。「我不能這樣說他。他一定有他的理由。」但我沒辦法不感到被背叛。

他躺在臥室的床上。他太太招呼我在廚房坐下，談到他們的子女和孫子女的所有成就，談到她現在因為徬徨無助而心情有多糟。她帶我去看他，然後自己回廚房煮東西。我俯視他的枯槁容貌。不可能算帳了。

「我們可能再也見不到彼此了。」我說。他伸手擦眼睛，哭了一下。他已經好幾天不能說話。

「我不會忘記你，我以前也非常愛你。」他低聲說：「我也是。」

「我知道你因為我的緣故惹上麻煩，我很抱歉。」他比了一個叫我別放在心上的手勢，低聲說：「已經過去了。」

「你有什麼要對我說的嗎？」他設法說了些什麼，但我聽不見。他的話太短促又太小聲了。他望向別處。他一直握著我的手，現在又把另一隻手舉起來，摸我的手臂。我親吻他前額，說了像是「願你一切順利」的話。他點點頭。我走向門口，轉過身給他一個飛吻，他也以飛吻回禮。

我靠在他太太肩膀上啜泣，然後離開，一邊走一邊哭。

更早以前我曾經問過「西爾維烏」太太，他有沒有被要求告我的密。她說沒有，但又記起某一次有位軍官來找他，就是要他做這件事。她把他憤怒的回應學給我聽：「王八蛋，你竟然叫我做這種事？你會有報應的。我像是那樣的人嗎！」那軍官走了之後就沒有再來過。不過她又補充說「西爾維烏」總認為自己被跟蹤。雖然她否認，但我知道她丈夫有打我的報告。

「西爾維烏」去世後不久，我和他兒子米哈伊（Mihai）*談過話。我沒有說我已經讀過我的檔案，只說我即將開始讀，並且預料會有出乎意料的發現。他平靜地回答：「如果你檔案中有我爸爸的報告，我不會感到驚訝。他是個非常膽怯的人。只要他覺得有必要就會屈服。他的過去讓他有充分理由感到害怕。他有很多優秀特質，但勇氣不是其中之一。」三年後的另一次談話中，米哈伊重複這種說法，又補充道：「他把自己表現為一個喋喋不休而十分親善的人，但他其實非常脆弱。從心理上來說他不是個強壯的人。」他兒子接著談到「西爾維烏」家族史中一些會讓他在政治上處於風險的因素。包括曾經因為親戚而被盤問、「不良的社會出身」（"unhealthy social origin"）、被朋友出賣等。我們也談到他愛喝酒的習慣，這讓一些嗜飲的祕密警察有機會接近他。酒精會促使他吸引別人注意、講故事和笑話、誇大與渲染事實。由於「西爾維烏」太容易害怕有權位的人，可能會為了迎合祕密警察，而說出一些本來不會說的話。米哈伊總結道：「他告密是出於軟弱，而非出於惡意。」

我大可補充說在「西爾維烏」的報告中有部分或全部內容可能是祕密警察提供或口授，然後要他簽名，那不是他自己的意見。這種事很常見。我知道負責「西爾維烏」的這名國安局軍官，對另一個案子的線民就是採取這種做法，他在同個縣工作認識的人眼中是出了名的下流與霸道。（他一定也很堅持不懈。在羅馬尼亞政權更替六年後，他仍然跑到弗拉伊庫村問村民我在幹些什麼——只不過這一次村民把這件事告訴了我。）

憑著這些想法，我想努力把「西爾維烏」救回來，讓他擺脫他寫下的種種醜陋和破壞性東西，並將它們歸咎於他的直屬軍官。但這種解方是不穩定的。往後多年在我心中反覆響起疑問：既然他對我表現那麼親切，又怎麼麼能寫出那些惡意中傷的毀謗？我應該如何理解我和他的關係？他是完全裝出來的嗎？還是那是他要表達他的情感所須付出的代價？當時我怎麼沒看出他內心的脆弱，進而抱持更大警覺？有太多懸而未解的問題了。

友誼與背叛

「西爾維烏」和更早之前的案例，都能被視作我許多友誼關係中的背叛。有的朋友認識我時本來就在為祕密警察工作，有的則是後來被找去。讀他們寫的報告時，我必然會感覺到被背叛，就像我曾經大喊：「你怎麼可以這樣對我！」一樣。閱讀我的檔案有很多這樣的時刻，不過它們大部分都沒有像「西爾維烏」那樣極端，那是因為我對他特別信任，而且認為這種信任是相互性的。因為其他人將他視為一個異常正直的人，所以我也深信不疑，這意味著他不可能會對祕密警察說我的壞話。但他的報告卻是所有關於我的報告中最具殺傷力的。

但我的期待是合理的嗎？我們的感情有深厚到足以讓我認為這是一種背叛嗎？在義大利社會學家加布麗埃拉・圖納圖里（Gabriella Turnaturi）的著作《背叛》（*Betrayals*）中，布麗埃拉指出，只有在一段奠基於信任並預期彼此忠誠的關係中，背叛才能成立[5]。她對關係（relationships）而非特定個體（specific individuals）的強調，有助於我將自己和線民的關係擺放在他所擁有的其他人際脈絡中，不單是聚焦於我和他兩個人，認為這僅僅是一人出賣另一人的事。

雖然我們的確有可能抽像地討論背叛，但我覺得那會需要我們雙方或其中一方如此看待它。因此，如果我認為我朋友告密的行為是放棄了我們的關係，我或者可以認為那是一種出賣的行為，又或者可以認知為對方是被一種更急迫情況所逼，而在這種急迫性面前我顯得微不足道。換言之，我所採取的策略是拒絕將放棄界定為一種出賣。要做到這一點，我必須拋棄在美國文化脈絡中一種主要用個人自主角度思考的傾向。這種文化性的反射是如此根深蒂固，以至於連理當質疑這項前提的人類學家也常展現這種傾向。我必須把這些「破壞我們信賴」的羅馬尼亞人放在他們所座落的更大關係脈絡中，以明白他們答應告我的密是為了保護其他人。要能把他們的拋棄視為出賣，我將需要堅稱我比其他人對他們更重要。這樣看問題就削減了「出賣」的力量，因為想像我對我的朋友來說，比他們的家人、朋友和正過著的生活更重要明顯是荒謬的。這些關係比我們的關係久遠得多，他們告我的密就是為了保護這些關係。

人類學家和他們的田野朋友的環境差異——更不要說他們文化理解上的差異——對於思考我們的線民是不是出賣了我們是關鍵性的。我在田野裡結識了不少親密朋友，在他們很多人身上投注了強烈感情。作為回應，很多認識我的人看來也受到我很大的吸引。這部分是因為我代表了「美國」和自由，更一定是因為我是稀有物種。除此以外，我也賣力吸引他們（就連祕密警察都注意到這個，指出我是危險的，因為我擅於建立交情）。我好笑而風趣，可以中立地聆聽別人不想對親人或其他村民說的話。我可以告訴他們有關美國的有趣花絮，滿足他們對毒品、犯罪和變態性愛的好奇，讓他們的生活更有生氣。有時我甚至可以提供稀有商品。但他們對友誼和信賴的定義和我不同，甚至早在「朋友」在美國受到社交媒體絕對低貶以前就是如此。羅馬尼亞人常常對我說，美國人對友誼的理解太膚淺，以為兩個人只要有過兩、三次談話和有一點點相互的吸引力就可以一夕間變為朋友。那時候的羅馬尼亞或其他東歐國家並不是這樣。

對友誼的這種看法差異由幾個理由導致。首先，在羅馬尼亞人中，很多親密關係都是培養自出生時的親屬關係，然後是長期培養自出生地、學校、職業或工作場所。其次，友誼作為社會連結的替代基礎，需要很長時間培養，而且常常是在上述紐帶的框架中發展出來。

忠誠度的建立很緩慢，常常落後於兩個人起初感受到的正面吸引力。只有經過多年時間，通過一系列強度漸增的信任度測試之後，一個人才會成為另一個人的真正朋友——在共產主義受監視的環境下尤其如此。我待在羅馬尼亞的時間太少，無法經歷測試過程，而我的行為無疑讓我處於一個真誠信賴和可能出賣的接壤地域。一旦受到測試，一個人很可能會輕易認同於親屬的範疇而不是朋友的範疇。對我而言，梅妮固然是一個親愛的朋友，但她表達這種感情的方式卻是在相識多年後說我像是她的女兒。

第三，羅馬尼亞人和像我之類的外人的友誼，同時包含著人們其他關係所沒有的障礙和機會。例如，我可以在他們的生活脈絡了解他們，但他們卻不可能這樣了解我，因此我們對彼此的了解不可能是對等的。但正因為我是一個不受他們的脈絡約束的外人，人們常常告訴我一些他們不願告訴其他羅馬尼亞人的事情，因此加強了我們彼此間的強烈連結，儘管這種連結不必然是奠基於信賴。因為美國人把熱情和好客的行為視為友誼的證明，他們很容易很快就會感覺自己「交了一堆朋友」，因為很多羅馬尼亞人都有奇妙的能力，可以建立一些讓我們感覺像是友誼的強力連結。美國人會預期這些連結能支撐信賴關係。但太快從這些關係預期信任要冒失望的風險，這不是因為人們不值得信任，而是因為你們的關係也許依然太嫩，而這關係周遭的社會世界又太危險。身為羅馬尼亞人，他們的歷史蹂躪了信賴（一種珍貴而脆弱的關係）底下的可預測性。這正是祕密警察的目的，他們要以最蓄意的方式攻擊信賴（例如，他們在一九八五年一份文件中寫道：「我們的機構必須採取特殊措施擾亂她的信任關係」）。

事實上，信任的可能性在我進行研究的整個期間反覆變換，也影響背叛的可能性。羅馬尼亞在一九七〇年代的氣氛不如在一九八〇年代肅殺。在一九八〇年代，當人們面臨更大當線民的壓力時，彼此的可信度可能也因此隨之降低。當時，看不見的出賣可能會不著痕跡地影響朋友間和親人間的關係，因為政治大環境的改變，讓人們掉回經過忠誠測試的較窄關係圈。就像所有民族學家一樣，我設法為我的熟人創造信賴和可預測性，學習扮演一些他們所能理解的角色，好讓他們能夠把我收攝到他們的關係系統。可是在一九八〇年代期間，愈發歇斯底里的西奧塞古政權讓我早前打造的信任面臨新的考驗。

例如，我和比爾曼夫妻的友誼在一九七四年至一九八〇年代期間不斷深化，但卻在一九八六年受到嚴重挑戰。當時兩個祕密警察去到他們在鄉村的週末度假屋，把拉爾夫押上車帶走，獨留下安娜一人，讓她在接下來幾小時愈來愈恐慌。他們把他帶到一片遠離人煙的田野（拉爾夫說那田野給人的感覺像是要槍決犯人用），然後告訴他我被控以「叛國罪」，即將被逮捕，而如果他不願意檢舉我，就會以同謀的身分被捕（他沒有答應，他們把他放回家）。我猜測早十年前這些朋友的可信賴性不會遭受這麼嚴苛的考驗。

這些思考把我對出賣的看法帶到哪裡？在二〇〇八年時，當我知道某個人檢舉我時，我的反應在某種程度上會視乎我感覺那人和我有多親近、他的報告有多少傷害性，以及我是不是能想像出他這樣做的理由。「西爾維烏」的報告讓我特別受傷，它們專提供那些讓我在祕密警察眼中最要不得的資訊，把它們編織為一個指控。「格羅查」和「馬爾庫」的報告專挑我活動的不好方面，又把我的朋友牽連進來，反觀其他人（例如「雅各布」）的報告則相當良性，狀似配合卻沒有透露我多少事情。我努力提醒自己，在那些可怕的年代，我不可能是他們生命中最重要的關係，一定有一些重要原因讓他們拋棄我們的關係（儘管是在暗中拋棄）。

這表示我不會像很多在羅馬尼亞公共空間謾罵線民的人那樣，要求披露線民的真面目，並予以懲罰。我要採取這種立場並不太難，但對於那些被出賣的羅馬尼亞人來說，出賣他們的人常常來自他們最重要的關係。由於我被告密所牽涉的不如他們被告密重大，我完全可以理解為什麼有些人對線民深惡痛絕。但我的目的是不同的。雖然我就像其他人一樣，因為看了自己的檔案而必須用一種不同的眼光看我從前的關係，但我希望從願意和我談的人的口中，理解是何種力量導致他們打我報告。也就是說我把我的人類學家自我放在我的個人自我之上，而大部分羅馬尼亞人並沒有這種選項。

雖然定罪和究責從倫理的觀點來看可能是重要的，但我寧願問這些檔案——儘管我的樣本少而偏頗——教導我們哪些有關監視的事，以及人們為什麼要當線民的事。有鑑於國安局的檔案不完全可信，我們無法真正知道線民做了什麼。在這一點上，我願意仿效羅馬尼亞女詩人安娜．布蘭迪亞娜（Ana Blandiana）的做法。她寫道：

我深信，比恐怖〔發現誰是線民時感到的恐怖〕更有力量的，是同情那些被強迫、被要脅、被羞辱、被以種種方式逼迫做這些事的人。我會想起……他們是有小孩、他們需要一戶公寓、他們其中一個妻子生病，另一個念不成博士班。所以可以有很多理由和解釋，共同構成他們生活在其中的有毒濕滑污泥，那更多是有關宰割他們的機制，而不是有關他們的靈魂。[6]

拒當線民

一九九八年，在一九七三年逃亡德國的羅馬尼亞作家利爾貝亞努（Nicolae Corbeanu）出版回憶錄《一個懦夫的回憶》（*Recollection of a Coward*），其中談到他當國安局線民的那段歲月和這件事在以後幾十年的影響。自從去國以後，他多年來一再問自己，當年為什麼無法拒絕那個找上他的祕密警察，而他的一個回答是：「如果當時有人告訴我曾經有過一個拒絕當告密者卻沒有落得坐牢或更慘遭遇的例子，我想我的態度會大為不同。」[7]這是今日人們常常用來回答他們為什麼沒有拒絕當線民的說法。事實上，它已經成為線民拒絕為自己過去行為負責的合理化理由。

從二〇〇八年到二〇一六年，我發現即使你沒有直接問，人們也常會主動告訴你當初他們拒絕簽署告密同意書。想要找到人談他們為什麼要簽告密同意書反而難得多。和我談話的人隨時都準備好主動告訴我，他們是怎麼拒絕成為線民。以下是一些例子。第一個例子來自一位農婦，第二和第三個例子來自我的學術界同仁，最後的例子則來自作家赫塔・米勒。我用他們來揭示祕密警察據說常用的策略，和人們有多願意主動提起這類事情。雖然我們不可能確定這些人說的事一定是真的，但他們在其他方面都是值得信任的人。

田野筆記，二〇一三年六月

我在喬阿久村的女房東再次告訴我，當縣府在一九八四年把我安置在她家之後，她被國安局的人叫到人民委員會去。祕密警察責備她收留我，威脅她除非答應打我報告，否則會把她兒子踢出工廠。她以有力的方式回應：「不是我自己要收留她。我一開始就不想收留她，到現在還是不想。我是被迫的！我丈夫生了病，我最不樂見的是家裡多一個人要照顧。是副村長說他們想讓她和一家人同住，好讓她有家的感覺。把她弄到別的地方去吧！如果你把我兒子踢出工廠，我就會把她的衣服全部扔到街上！」祕密警察制止道：「不要這樣做！」她說最後副村長不得不讓她離開，因為那名祕密警察真的很生氣。但後來他們沒有再去糾纏她。

我問她發生這件事時是什麼感覺。「起初我很害怕，但當他開始威脅我，我的勇氣陡增，不再感到害怕。」

下個例子顯示，擁有一個曾經成功拒絕當線民的父親或母親很重要。我從其他幾個人那邊聽過類似故事。

田野筆記，二〇一〇年十月

我問康尼（Koni）是否曾經被要求當線民。他說有，但他用父親教他的一個方法拒絕。他父親坐過一陣子牢，國安局在他出獄後想吸收他當線民，但是他父親說：「我因為被人舉報而坐了兩年的牢，我不準備對其他人做同樣的事。」稍後他告訴子女：「當他們設法吸收我時，我就是這樣告訴他們的。後來我並沒有因此遭遇什麼禍事。如果有人想吸收你們告密，就照我說的去做。」康尼遵照他父親的建議去做，同樣沒遭遇禍事。

另一例子中的當事人拒絕害怕。

二〇一一年十月

佐利開始回憶一九六〇年代的往事。他當初很害怕祕密警察。跟他同班的孩子曾經因為開玩笑而被帶走。但到了一九八〇年代，他坦率地做每件事。當他們要求他充當線民時，他說：「你們知道我有哲學學位。我懂馬克思—列寧主義。我知道我作為羅馬尼亞公民的權利和責任，也知道我應該把我看見的任何問題向黨報告，而不是向你們報告。」祕密警察表示可以給他在求職的妻子弄一份工作，他說不需要。他們沒再來找他。

最後是赫塔・米勒的自述，摘自她的諾貝爾獎受獎演說，她因為拒絕當線民而失去工

作。一名祕密警察逼迫她寫下告密同意書，

> 我還沒坐下來，就按照他命令的寫下我的名字、出生日期和住址。再來是聲明我不可以告訴任何人，不管是多親密的朋友或親戚的內容。然後出現了那可怕的字眼：colaborez（合作）[6]——我正在合作。這時候我停筆了……我望著外面的街道，說：N-am caracterul，我沒有這種本性。「本性」這個詞讓那位祕密警察勃然大怒。他抓起我的紙張撕成碎片，扔在地上。然後他八成是想起他必須向上級表現他有努力吸收過我，所以彎下腰撿起地上的碎紙，塞入公事包裡。第二天拉鋸戰開始了。他們想讓工廠開除我。[8]

「如果當時有人告訴我曾經有過一個例子……我的態度將會大相逕庭。」但上述例子似乎反映拒絕是可能的，而且有些人不只聽過一個例子。正直、無所畏懼和狡猾——這些都是讓人擺脫國安局線民網絡，和避免創造邪惡分身的方法。儘管那可能讓你付出失去工作的代價（如赫塔．米勒那樣），或面臨其他艱難情況。另一些拒絕的案例，出現在阿爾布（Mihai

6 譯注：這個字有通敵、勾結的意思。

Albu）《線民》（*The Informer*）一書中[9]，它告訴我們，祕密警察在制定每個招募計畫時，都會留下行動不順的緊急出口。所以被他們找上的人雖然不知道自己可以拒絕，祕密餠警察本身卻知道。但整體來說，他們成功讓大多數人相信拒絕是不可能的。人們不可能總是找到逃生的路徑，他們會評估自身擁有的選項和拒絕的代價，然後想像能用一種傷害性不那麼大的方法，服從祕密警察的要求。

因為受過密集的心理訓練，祕密警察有本領看出誰是恐慌的，特別容易被吸收。其中一位這樣的人是瑪麗安娜，她是我在第二章介紹過的死黨。

瑪麗安娜（Mariana）

他屈服了，檢舉在他人生中的每一年都會祝他生活生日快樂的鄰居。而他居然還相信他除了是這種犯行的加害人，還是其受害者。

馬拉（Anthony Marra），《生命如不朽繁星》（*A Constellation of Vital Phenomena*）中的線民之語

這個線民被用於對美國研究員「薇拉」進行情報追查，提供了引人興趣的情報素材。

她勤奮地完成任務、會面準時，並小心保存機密材料。未來她將會再次被用於對美國研究人員「薇拉」進行資訊追查。有鑑於她和「薇拉」的會面將發生在線民家中，等到「薇拉」抵達我國時，我們將會採取措施，將T.O.〔竊聽設備〕引入線民的住處。

就像「班尼亞明」一樣，瑪麗安娜答應在我不披露她身分的條件下，和我談談她當線民的事。我會隱去她一些重要人生細節，並虛構幾個細節。我們是在一九八四至八五年間發展出密切友誼，這件事並沒有逃過祕密警察耳目。我從她的線民檔案得知，他們在那年春天對她經過仔細調查，和進行連續六、七小時疲勞的招募程序後，給她取名為「伊莉莎伯塔」（Elisabeta）。

我在一九八七年回羅馬尼亞待上一個月。當我去找她時，發現她對我出奇地疏遠。我探望了她一、兩次，但她的態度很拘謹，又不肯說為什麼。雖然我很困惑和受傷，但她的態度不足以把我永遠趕走（她似乎是想這樣的）。然後，當我翌年再回羅馬尼亞待三個月時，我收到她要求我去找她的訊息。她已經改變主意，現在想要我的陪伴。最後，經過兩個月的頻繁見面後，她告訴我上一年發生什麼事。在我們的友誼開始不久，她就被要求打我的報告。她也照做了。她告訴我這讓她感覺極為糟糕，把那經驗稱之為「毀滅性的」（devastating），每次和我見面後她都誠惶誠恐，等著祕密警察約見她的電話。每次要見祕密警察前一晚，她都徹夜失眠和胃痛。她恨透這種情況，認定我們的友誼帶來的快樂，不足以補償她從祕密警察那邊感覺到的焦慮，所以決定在我下一次來羅馬尼亞時冷落我，後來也真的照做了。

這段自白讓我大驚失色，而我們的關係也更穩固了。我們沒有細談國安局是如何吸收她、或是她打了我哪些報告，這都是等到我讀了我的安全檔案後才知道。檔案裡包含許多她寫的報告，有些篇幅不短。我也讀到她的線民檔案，包括負責吸收與管理她的廷卡軍官的報告。據他指出，她交了二十多份線民報告。有五份報告保存在她的線民檔案，有七份保存在我的安全檔案，所有報告內容都十分無傷大雅。在打我報告的七十幾個人中，只有她和「阿歷斯」是在共產政權垮臺之前，就告訴我國安局要求他們當線民，而只有她承認她答應了。所以我選擇從我給她的名字中刪除污名化的引號。

後來在我讀過我的安全檔案後，我們得到一個共識：了解她和國安局打交道的經驗，將會是我們的主要話題。她談了很多國安局吸收她的方式、她的心靈狀態和她在事後的感覺。對我來說這些對話相當動人，它們近距離顯示當一個人被拉進國安局的軌道、被迫對這段關係保密時，他的自我概念和身分會受到什麼影響。

二〇一〇年六月九日，田野筆記

在長時間閒聊與詢問彼此近況後，最終我問她能不能談談這件事。我可以做筆記或錄音嗎？她偏好哪一種？她說錄音會讓她不自在，還是做筆記好。又表示跟我說這件事是送給我一份大禮。

國安局在我們剛開始來往時就找上她。有天當她三點左右回到家，一位氣度不凡的男人對她說：「我們必須談一談。」他已經進過她的公寓，發現她的阿姨在裡面，所以就到門外等。這時他說：「我們走吧。放下妳的包包，告訴妳阿姨妳要和我出去一下。」她阿姨問她什麼時候回來，但她不知道。一輛等著的汽車把他們載到火車站附近的國安局大樓。此刻她才知道對方是為了什麼事找她，在那之前她一直不敢確定。人們一直對這棟大樓敬而遠之，但現在她卻要進去！

國安局裡有另一個男人在等他們。她至今仍清楚記得那兩名軍官的樣子（現在我已能跟她說他們的身分：武爾坎軍官和廷卡軍官）。他們非常有禮貌。「我們必須建立一些座標（coordinate）……妳過去遇到過一些創傷性事件，像是你祖父的事……[10]。國安局現在的做事方式已經大為不同，但我們仍必須捍衛我們的國家。你和一個美國人有聯繫。我們不會要求太多，只想要幾份筆記。我們每隔一段時間就要見個面。」他們問她我在研究什麼，並認為她的回覆印證了他們的懷疑：我有「別的任務」在身。為了以防萬一，最好是能時時知道我在搞些什麼，這需要她的幫忙。

這番談話持續了七小時，到晚上十點才結束。在她離開前，他們命令她不得告訴任何人發生什麼事。我問他們是怎麼做到的。「透過語氣、語境、堅決的態度和周遭的氛圍」。他們暗示如果她洩漏出去，就會有很嚴重的後果。「主要不是他們說了什麼，而是語境——非語言性的溝通。還有他們知道我本身容易感到害怕。他們一開始就聲明：現在的國安局和一九五〇年代的國安局（也就是她深愛的祖父被逮捕和槍斃時的國安局）並無相同之處，妳不需要恐懼。害怕是無謂的。新的國安局有不同的做事風格，而妳要做的事對妳國家很重要。」但她依舊感到驚恐，而他們也心知肚明。他們叫她不要怕反而會讓她更加害怕。

她不知道他們為什麼要花七小時和她談話。有些談話內容很平常，是關於她的工作。她很緊張，不斷地喝水，但他們老是叫她放鬆。他們並不咄咄逼人，反而有禮貌地和她閒聊。「這是最讓我困擾的地方。我感覺他們在用一個我不明白的方法包圍我。我老是想：我必須要挺住，必須要比他們更聰明。」他們沒有語出威脅，但她卻慢慢擔心自己會工作不保，因為他們一直問她，她的社會學研究能讓她晉升不會讓她感到奇怪嗎？因為他們聽說那些研究很落伍（passé）。「他們很不著痕跡地質疑我的專業能力。但我不能拒絕他們！我的工作當時已經出了一些狀況，如果我拒絕，可能會飯碗不保。我本來就因為祖父是政治犯而失去過工作，不能再失去另一個。所以我決定答應當線民，又下定決心要比他們棋高一著。他們很聰明，但我要想辦法比他們更聰明。」這次會面後，她失眠和憂鬱了好幾天。「我不能和任何人提起。每當我想到這件事，我就會全身僵硬、開始發抖。我還會做可怕的惡夢。」

即使我不在羅馬尼亞，祕密警察一樣會打電話給她，安排會面，要她談談對我的看法。他們老是追問我的名字是不是匈牙利名字，設法誘導她說出一些我不應該做的事。又繼續問我去找過哪些人，我去找她時為什麼都在幾條街外下車。「我拚死不跟他們說任何重要的事。」她說。他們不會記筆記（她認為他們是用錄音的），但會拿水給她喝，仔細聆聽她說話，然後要求她寫下來。「最讓人難受的部分是，他們會給我幾分鐘讓我把說過的話記下來和簽名。要簽下我的名字是最困難的。」她顯然認為這件事很重要，清楚地記得當時情形。「我覺得那是最讓人尷尬和煩惱的。我懷疑簽署一個人的真實姓名與否，隱含什麼樣的心理價值。」

她簽的是她的真名，不是化名。

這番回憶中值得注意的是，她在提到和她見面的軍官時，都是用代名詞「他們」稱呼。

在我追問下，她確認除了她被招募那一次之外，後來每次跟她見面的都只有一名軍官。她會使用複數可能是因為她把後來的見面，全數都壓縮到那可怕的第一次會面中，又或者她是在使用「我們／你們」的方式在思考，如同她在後段提及。在我們的另一次談話中，她回憶起和廷卡軍官見面是什麼感覺：

「每次我走出咖啡廳都會感到暈眩和噁心。我會試著重複對自己說一切都結束了。我對他給我的那杯果汁（或任何其他飲料）感到作嘔。當我走下坡道時，會因為想起自己可能被跟蹤而感到驚慌。而當我感覺到有兩名男子在我家附近站崗、整晚都沒有離去時，我的恐慌到達極點。第二天我向一位朋友訴苦，說我懷疑自己得了被害妄想症。」

她回憶起她向祕密警察報告過的兩件事。第一件事是我告訴她我的飯店房間被搜查過，並有向別人提出投訴。由於他們總是在跟她要情報，她認為這件事沒什麼新鮮的，就告訴了他們。第二件事是我有次把田野索引留她家裡，她跟祕密警察說了這件事。「我想給他們一些可以思考的東西。那名軍官問：『妳找到任何值得注意的事嗎？』我說沒有，內心很得意。」她會得意是因為她以為這樣說是保護了我！「我覺得我乾淨的像一滴眼淚。」但她有所不知的是，祕密警察由此知道了田野索引的存在，而把它列為一個搜查目標。

到了一九八七年，我已經決定不再見妳。我是想見妳的，只是再也受不了了。最糟糕的是我不能把這件事告訴任何人，包括我的朋友阿德里安娜（Adriana）和約內爾（Ionel），還有我的哥哥。我不能向他們解釋，雖然我想他們有猜到。在〔羅馬尼亞〕革命兩、三天後，我和他們談的第一件事，就是我被吸收為線民那時發生了什麼事。我以前從沒告訴過任何人，所以能說出來是一次大解脫。我們談到祕密警察時總是把『他們』（them）與『我們』（us）區分，而我想一旦我自白後，我們所有人就可以繼續是『我們』。我不斷堅稱自己從沒打過報告，沒有變成『他們』。我必須自白，否則我就不能繼續和朋友保持友誼關係。我害怕他們的責難，需要他們的理解，以便我們中間沒有隔閡。我需要他們的赦罪[7]，就像我和神父的關係一樣。我稍後告訴另一個朋友這件事，她說：『別擔心，所有知識分子都會當線民。』我以前一直納悶我是不是唯一一個！知道有很多人也曾經是對我來說很重要。」

她之前除了我的之外，拒絕告其他人的密。而在革命之後，她更進一步拒絕再告我的密。「十二月之後，另一個人出現了。當時我快要下班。我真的嚇壞了。但這一次我非常勇敢，立刻把他趕走。我非常堅定地告訴他：永遠不要再出現在我的辦公室。他跟我道歉之後馬上

7　譯注：原文使用absolution一詞，指神父赦免信徒告解的罪惡。

離開，從此我沒有再見過他，在街上也沒有。不過時至今日回憶起這件事還是會讓我後背發涼。即便發生了革命，他們還是有他們的計畫！」

「革命之後我心想：我是個線民！真是可怕，但這是人們的稱呼。我對檔研會披露我的身分感到難過。除了承受壓力以外，我從沒感覺自己做過要緊或有新意的事。我從不覺得我是個線民，也無法把這個詞和我自己聯想在一起。知道現在線民這個詞在官方上和我連結在一起，是件令人沮喪的事。『線民』這個詞彙讓我感到厭惡，我拒絕接受這個標籤！這可能是為什麼我能輕易談起這件事。」

她一直害怕和我談這個，那是一個涉及自身形象的問題。但她認為我能夠理解，甚至可能會同理她的處境。叫我不要再去找她是最讓她痛苦的事，但她無法忍受祕密警察再度找上她。我們這番談話的情感力驅使我說：「雖然這樣講有點多餘，但我對妳因為我受那麼多苦，感到無法言喻的抱歉。」我激動地說不出話，眼睛望向別處。

經過漫長的一天後，我們去吃了晚餐。我因為心情激動而大吃大喝，回家後又吃了更多東西。我同時感到精疲力竭和精力充沛，對她所受的苦感到不捨，又對兩件事情感到奇怪（她為什麼堅守保密的規定和她為什麼不認為自己是個線民）。

二〇一〇年六月十一日。我們繼續談線民的事，像她被招募的更多細節，和那對我們關係的影響。「這件事可怕地破壞了我們的友誼，讓我們的友情建築在欺騙上。妳不知道這種關係有多可怕。我想更靠近妳和建立信任，但又一直知道我是兩面人。這在我內在形成激烈衝突，改變了我和我自己的關係。這是在一九八七年，我決定和妳分開的部分原因。和妳分開勝過於永遠擔心國安局會打電話來。否則我就得想辦法比他們棋高一著，這會讓我一整天泡湯，我的神經……任何電話都會讓我神經緊張……如果他們早上打來約我下午見面，我一整天就毀掉了。如果他們晚上打來約我第二天見面，我就會徹夜失眠。然而我又強烈渴望見到妳，發展我們的連結。」

在這次談話的最後，她變得退縮和充滿防禦。她離開房間，當她回來時，她問我：「妳有關掉錄音機嗎？」然後又說道：「想想看即使我問這個問題是開玩笑的，它又是什麼意思！」過了一會她說：「妳為我帶來多大傷害啊！」又說：「我知道你沒這樣做，但阿德里安娜和我討論過整件事之後說：『凱薩琳怎麼可能不知道她會對你造成多大傷害？』」

在這以後我整晚輾轉反側，一直想著她的問題，感覺很不好。是誰出賣了誰？要防止這種創傷發生，又是誰的責任？多荒謬的問題，當然是國安局的責任，或者是黨的責任，又或者是邱吉爾和羅斯福的責任，因為他們在雅爾達會議中答應讓史達林控制羅馬尼亞。那不是任何個人的責任，更肯定不是我一個人的責任。儘管如此，我仍對於把那麼可怕的經驗帶給一位我在乎的人感到內疚。

再一次的，怎麼會這樣？為什麼明明是她告我的密，卻反過來是我傷害她？這讓我想到《西奧塞古的自傳》（*The Autobiography of Nicolae Ceauşescu*）這部電影。在電影中，加害者和受害者被混為一談，加害者不斷**變成**受害者。這是很多線民會表現的傾向：他們拚命解釋自己的行為，把自己說成體制的受害者。事實上，我對這種立場是同情的，特別是同情那些被祕密警察要脅當線民的人。但我也樂見於他們能有一些悔恨的表示。然而瑪麗安娜卻像今日很多羅馬尼亞人那樣，否認線民的身分而熱烈認同受害者身分。每個人都想當受害者，這樣就不用被指控勾結祕密警察，也可以幫助他們維繫關係。這種抗拒承認自己有過告密行為的現象，會不會有一部分是因為他們在寫報告時，都以第三人稱「情報來源」（Source）自稱？也許在一種極端焦慮的情境中，透過使用第三人稱把自我一分為二，將有助於減低焦慮。「情報來源」不是我，而是別人。

對於瑪麗安娜問我為什麼沒有意識到自己為她帶來多大傷害這件事，我可以這樣回答：我並不知道。我是在羅馬尼亞做研究的第一代美國民族學家，而我們都很無知。我總是預設別人會被要求打我的報告，但我對實際情況會如何毫無概念。雖然我知道我可能會被跟蹤、我的電話談話會被監聽，但不知怎麼地，我總是認為我有辦法應付。例如我都是上街打電話，而不是在飯店房間，坐計程車去找人都會提早幾條街下車等。另外，羅馬尼亞是一個極沒有效率的地方，所以我可能以為祕密警察的監視行動也是是如此。不只是我，就連一些羅馬尼亞作家——例如塔納斯（Stelian Tănase）和利恰努——也是在讀過自己的安全檔案後，才明白自己從前太天真，完全低估了國安局的能耐。知道這件事後讓我稍感寬慰。

事實上，我還能補充說就連瑪麗安娜自身都不知道我會帶給她什麼傷害。我在一九八四年十月二十日寫下的一則田野筆記，記錄了她對監控活動的一個看法（當時她還沒成為線民）：「對付監視的最好方法，就是在行事為人上毫無隱藏。」當我指出我的朋友不想要我打給他們時，她說：「妳應該告訴他們不要擔心，沒有事情會發生。這些事原先大多只是策略問題，但妳卻把他們當成跟感情有關的事。妳個性中有一部分會為了各種事情或別人的決定而承擔過多責任，但那是不必要的。妳會出現那麼多扭曲，是因為妳想要別人喜歡妳。」我在筆記結尾處說：「要不然就是這個女人真的太天真，要不然這就是人們不懂得提防他人的絕佳範例。」瑪麗安娜將很快就知道她錯得有多厲害。

但我和瑪麗安娜談話得到的最重要結論（如同她敏銳地揭示），在於國安局運用的方法是如何改變了我們與自身和他者的關係。就像被病毒擾亂健康的有機體一般，國安局翻轉了正面情感，讓我因為深愛我的朋友但沒有好好保護他們而感到內疚。瑪麗安娜差點要說出口的話是，我因為想和她在一起而傷害了她。我對她的感情讓她變成她不想成為的人：線民。在我看來，我們不應該覺得這只是她在拒絕為自己的行為負責（雖然有一部分確實是如此），這也是國安局蓄意製造的結果。

二○一○年六月十三日。兩天後我們再次進行讓人筋疲力盡的談話。在開始前，我問她我們迄今的談話是讓情況變更好還是更壞，還是不好不壞？她回答：「沒有更壞或不好不壞，但絕對沒有更好。」這些談話讓我們兩人都鬱鬱不樂，經常失眠。

我們先是談了我們的友誼是由誰先開啟的棘手問題，然後談到我怎麼可能不知道我會為她帶來多大傷害。她說我來羅馬尼亞是帶著結識很多人的企圖，而她是其中之一，然後我就離開了。她是一個受害者（casualty）。我提醒她，從她第一次自願邀請我到她家，她就已經讓自己被牽連進來，為自己帶來傷害。如果她不邀請我，她就可以避免受傷。她接受這個說法，但又重新談起各種讓她不能拒絕告密的原因，以及她在面對她的直屬軍官時有多勇敢。雖然這次她沒有再提到她當線民的最重要理由，但我卻視之為我想原諒她的關鍵：當兩名軍官把她帶到國安局總部，整整將她滯留七小時的時候，她小時候目睹國安局破門而入、將她祖父永遠抓走的種種恐懼被再次喚起。她在被吸收後的幾星期都夢見這件往事，每次和軍官見面完也會做類似惡夢。

晚上六點。要登機回國前，我在機場打電話給她，說我們應該因為我們的告解而獲得——借她的用語來說——赦罪。我先給予她赦罪。我聽不太清楚她的反應。

赦罪？這樣說有道理嗎？我有什麼資格赦免一個困在全球衝突下的人的罪？她主要的「罪」只是對我的情感作出回饋，只是為了生存做出不得已的事（即便那意味著要對我隱瞞她雙重身分的祕密）。我知道她為此吃了很多苦頭。當然，從國安局的觀點來看，她背負的是另一種「罪」：和一名可疑的外國人交朋友，和一名間諜交朋友。但我卻不是能針對這件事對她赦罪的人。

二〇一五年六月，我在網路上尋找瑪麗安娜的直屬軍官廷卡。我找到一張很大的照片，照片中的他穿著學位服，是奧拉迪亞大學（Oradea University）法學院的知名院長。網路上還有一部他的Youtube影片，是他就勞工契約為題發表的演講。經過一番考慮後，我寫電郵給瑪麗安娜，問她是否有興趣看看這些提醒她過去的資訊。她答應之後，我把連結傳給她。她確認那人就是要她當線民的人，也是後來聽取她報告的人（不過那時他用的是別的名字）。

她又寫道：

最初幾秒，在打開妳的郵件和看見他的臉時，我的憎惡是那麼強烈，以至於全身都痛苦不已。所以我馬上把它關掉。我不知道我在預期什麼。也許是一些更好的、讓我可以繼續讀下去的東西。我馬上就認出他的臉，他就像一隻覆蓋著冰的獵食性魚類。他這幾十年來沒有改變太多。看到他時我跟過往每次相同，感受到令人噁心的戰慄⋯⋯。

妳問說他之前有沒有用不客氣的態度對待我，答案是沒有，但這完全無法減少我的噁心，因為我總是感覺被侵犯。就像妳知道的，最糟的是我在事後不能和任何人說。

他每次打來約見面時我都認得出他的聲音。那就像是一個祕密正在發生，一旦我答應赴約，那不管那個祕密有多醜陋，我都不能抗拒或反對它。就像是這個事實是「被接受的」（accepted），但那又是怎麼樣的一種接受啊！無論如何，一旦我有同意過他們的要求，恥辱就始終跟隨，我無法逃脫。

她用以下的話作結：「我想我現在更清楚地理解，我曾經活在其中的惡的性質，和這些人〔事實上是這個系統〕如何扼殺我的人生⋯⋯我的人生沒有好好活過，它是不得志而極度痛苦的，受到恐懼與幼年開始半數的行動所壓迫。」我想到她在這麼小年紀就成為受害者，那是否會讓她永遠被囚禁在這個角色中。

受害者與究責

在東歐，懲罰或原諒線民的問題在公共論述中占據很大空間。同樣的討論出現在波蘭、匈牙利、德國、羅馬尼亞、斯洛維尼亞，也就是在能調閱線民檔案的地方。例如在匈牙利，學者蘇奇（Anikó Szűcs）便針對作家塔爾（Sándor Tar）的爭論進行討論。塔爾因為知道自己的線民身分即將曝光，而寫信給歷史學家兼哲學家凱內迪（Janos Kenedi），為自己當初告他密的事致歉[11]。凱內迪收到信後，馬上回信表示寬恕對方。然而蘇奇認為這樣的舉動是在公開主張線民就像被他們告密的人一樣，也作為政權的受害者，不能也不應該為過去的背叛行為負責。而儘管凱內迪已公開表示加害者是共產政權、不是那些試圖在其中苟延殘喘的人，但他後來又認為自己的舉動太過倉促。他的寬恕姿態免除了線民的罪，讓他們不再需要對自己做過的事負責；反過來說，線民也可以反對人們為了究責，而要祕密警察坦承他們所犯的罪。

有太多要追究的責任，這之中有一部分牽涉到受害者身分的問題。誰是受害者？是被國安局監視的人、那些本身作為線民，但也受到運作機制所壓迫的人？還是被他們所擁護的體制荼毒的安全官本身？既然每個人都是受害者，那就沒有人需要負責了。在經典的羅馬尼亞民謠《母羔羊》（Miorița）中，有兩位牧羊人因為嫉妒另一位牧羊人擁有很多綿羊與優良的狗，而計畫要殺死他。一隻母羊向這名牧羊人提出警告，但他不但沒有逃命，反而請母羊幫忙告訴他母親，他不是死了，而是和一名皇后結婚了。在評論這首民謠時，詩人安娜・布蘭迪亞娜指出，羅馬尼亞人一向認同民謠中被謀殺的牧羊人，而不理會他是被同伴殺死的事實。羅馬尼亞人對那位死去牧羊人的認同，讓這首民謠的重點聚焦在牧羊人漂亮的死亡婚禮，而非如同安娜（相當有勇氣地）指出，那首民謠是對羅馬尼亞人「傳統上沒有團結能力的分析……是對棲息於我們之間上千年的惡的承認。」[12]但她的觀點並非羅馬尼亞主流的觀點。

如同瑪麗安娜的案例，上述思考都涉及相同問題，那就是傷害。線民（以及後來和我談過話的安全官）時常會說：「我到底對你造成什麼傷害？」或「我的指導原則是不造成傷害。」這是一個複雜的問題，稍後我會回過頭來討論。在二〇一四年六月，我和朋友安德烈一起吃飯時談到這件事。當時我提及有人對我的舉報很輕微，其中內容讓我沒什麼好反駁的。但他並不同意。他說：「假設我們一起喝咖啡，然後妳奉命要舉報我。妳在報告中提的都是一些妳認為無關緊要的小事。像我們談的無關痛癢的話題、我點了咖啡，在裡面倒了一些伏特加。這些細節看似不重要，但當祕密警察決定吸收我時，一開始就會說：『你想喝咖啡嗎？我們有加一點伏特加的咖啡。我們知道你喜歡這種咖啡。』這個細節足以讓我失魂落魄，因為我馬上會想：『如果他們連這種事都知道，那一定知道我其他一切。』所以喝咖啡加伏特加這種小事，會變成我被調查或吸收時一個讓我方寸大亂的方法。」根據一些曾經被吸收過的人的描述，他們動搖的關鍵時刻正是感覺到祕密警察知道他們一切事情時，之後要逼他們就範就容易多了。這是一個線民能造成的傷害：讓他們舉報的人露出要害。

在我們的談話中，瑪麗安娜將事情顛倒過來做出令我震驚的宣稱：是我傷害了她而不是她傷害我。但我對另一位拒絕承擔責任的人更感到驚訝，他是珀特魯列斯庫軍官（officer Pătrulescu），是負責監視利恰努的國安局人員。利恰努控告他嚴重侵犯隱私與破壞羅馬尼亞憲法，以及違反羅馬尼亞曾簽署的國際條約。但珀特魯列斯庫的律師卻回應利恰努，說他應該對自己的指控感到羞愧。他一直被允許和一群知名哲學家呼吸新鮮空氣，獲得在德國做研究的獎學金（儘管他是在申請兩年後才獲得），也沒吃過什麼苦頭，甚至不曉得自己被監視過。珀特魯列斯庫只是在做自己的分內事[13]。

羅馬尼亞民族學家武爾圖爾（Smaranda Vultur）進一步探討線民和他們受害者的關係：

我看過一些在一九七〇、八〇年代被監視的人，他們在看過自己的安全檔案後，並不想揭發那些打過他們報告的人，因為那些人沒有報告什麼壞事。當監視沒有造成嚴重後果時，原先的受害者甚至可能對告密者心懷感激……因為告密者曾經設法保護他們。其他人則不好意思透露線民名字，以免自身同樣招致譴責。有些人則會覺得內疚，認為是自己不夠警覺、說話太過隨意或沒有慎選朋友。[14]

如同我在先前觀察中發覺一件讓人驚訝的事：很多人願意原諒告密者，彷彿維持社會連結比維護正義更重要。這再次揭露了一個事實：相較於多數西方人，告密在羅馬尼亞是社會性的（social）。成為一位線民不完全取決於個人勇敢或懦弱的決定（即便那些人格特質還是多少有影響）；相反的，正如我在前面談背叛時指出，人們有可能為了保護家人或社會網絡而被迫答應告密。指控某個人出於懦弱而答應成為線民，是預設了他是一位憑良心做事的孤立個體，並且必須為自己的決定全權負責。但當基本的社會單位是社會連結而非個人時，這種假設就無法成立。國安局會如此強力要求線民保密，甚至要求拒絕被吸收成為線民的人，或許就反映羅馬尼亞人強烈的社會性。否則他們會輕易把國安局的神祕屏幕揭開。

＊　＊　＊

要回顧性地描述在這種情況下做田野的影響是不可能的。當我在做研究時，雖然常擔心幾個朋友不可信任，但我會試著不去想。那讓我成為善於抑制不好念頭的高手。事實上這也可能是讓我神智保持相對清晰的方式。但現在我發現了真相，那種永遠無法都確定誰值得信任的感覺就像受到酷刑一般讓人幾乎難以忍受。也許更好的說法是，每當我與人們建立良好關係，這些人就會被招募為線人，這讓他們成為最初不存在的信任隱憂。在一九八五年春天我在一則田野筆記寫道，當我詢問瑪麗安娜有關信任的問題時，她變得很憤怒，而且比起過往對我流露更多敵意。瑪麗安娜的檔案顯示她就是在那不久前被招募的。我在田野工作中經歷這種對信任關係的妥協，讓民族誌的研究方法產生讓人警醒的結果。

國安局希望能挖出被監視者靈魂深藏的祕密。但他們有別於早年透過審問本人的方式取得供詞，現在則試圖尋找被監視者吐露心聲的對象，並向他們取得供詞。對祕密警察而言最有價值的情報來自深度線民（depth informer）。他們被仔細安插在被監視者身邊。「和標靶的關係極為親密，有充分機會可以知道標靶所做的事和意圖。」無論如何，瑪麗安娜就是這樣一位線民。不過從她寫的報告來看，祕密警察的策略並不管用。她知道我很多事，但沒有把它們供出來，這點可以證明我對她的信任是對的，但她卻付出相當大的代價，有充分理由感覺自己受傷。我將會持守傷害她的人不是我而是監視機制的觀點，但誰又能確定事實真是如此？

安全官的肖像：比馬龍時刻

妓女年老之後會成為修女，老去的祕密警察會開始懺悔。

——羅馬尼亞格言

那麼，負責偽造身分的祕密警察又是什麼模樣？如果與線民談話可以揭露監視機制的一部分面貌，那麼我們能否從祕密警察身上學到什麼？要知道答案，我們必須先將這些人找出來。

尋找祕密警察

一九八九年五月十六日

宣誓書

我發誓在我受僱於內政部期間，我絕不會將我專業工作的任何祕密洩漏出去。如違此誓，我願受羅馬尼亞社會主義共和國法律嚴懲。

「I・格里戈雷斯庫」

二〇一一年某天我在紐約的辦公室，突然很需要一個在羅馬尼亞的人的電話。我一時興起用「羅馬尼亞，電話號碼」作為關鍵字在網路上搜尋，出乎意料地發現一個叫 whitepages.ro的網站，又馬上找到我需要的號碼。在得到這個意想不到的資訊後，我自問還想知道誰的電話。於是我輸入幾位出現在我安全檔案中的祕密警察名字。有很多名字我都搜不到，但找到了兩個人。其中一位是出現在前面宣誓書中的「格里戈雷斯庫」軍官，他住在德瓦，網路上有他的電話號碼和地址街名，但沒有居住的大樓或公寓門牌號碼；另一位是「德拉戈米爾」軍官，他住在布加勒斯特，我沒有他的電話號碼，但有完整地址[15]。我把這些資訊存檔，雖然還沒想到如何使用資訊的具體計畫，但心中卻有一種興奮感：我在無意間窺視到在我四周建立起的祕密世界。

一年後，也就是在二〇一二年七月，我人在德瓦，決定打電話給「格里戈雷斯庫」軍官。我寫下要說的話，感覺到自己脈搏加快、雙手因為害怕而顫抖，但還是打了電話。接電話的是個女人。

凱：請原諒我打擾。我想找「格里戈雷斯庫」軍官或他的兒子（軍官與他兒子同名）。

格里戈雷斯庫太太：他在，請等一等。（他接起電話）

凱：請問是「格里戈雷斯庫」軍官嗎？

格：不是，我退休了。

凱：（用最尊敬的語氣）我叫凱薩琳．韋德瑞，是一名美國公民。我計畫用我的安全檔案寫一本書。由於您有出現在我檔案中，而且會被我寫入書裡，我很想和您談談，好讓我的書可以盡可能客觀。

格：我沒有任何……我並沒有參與……妳說妳叫什麼？

凱：凱薩琳．韋德瑞，我是一名美國公民。我在一九七〇年代曾來這個國家做研究。

格：我從一九九〇年，不，從一九八九年，就沒有任何關係……

凱：我知道您在一九八九年退休了。我想拜託您……

格：不行。（掛斷）

我擦掉臉上的汗，等待脈搏緩和、顫抖停止。我環顧四周，突然意識到任何一位路過或在我旁邊建築物的人，都可能聽到我說的話。我花了幾小時才恢復平靜。

＊＊＊

這不是我第一次想聯絡承辦我案件的祕密警察。更早之前是在二〇〇五年左右，當時我甚至沒看過自己的安全檔案。我有幾位擔任過低階軍官的朋友，跟我說他們與很多資深的國安局軍官有良好關係。他們興高采烈地談到兩位認識幾十年的安全官，說兩人現在都已經退休，住在首都。我問他們是否認為他們提起的第一名軍官會想見我，朋友便給了我電話號碼，要我以他們的名義打給他。雖然當時我還沒看過我的安全檔案，不知道這名軍官可能對我做過什麼事，但因為我的朋友們喜歡他，所以我打電話時心情很平靜。我報上我和朋友的姓名，說想要見他。但我聽到一個刺耳的聲音回說他不想見我，也不想再聽到我的聲音，然後他就唐突地掛斷電話。

兩年後我問了同一批朋友，能否幫我引薦他們提到的第二名軍官。他們曾表示那名軍官是他們多年好友。朋友和那名軍官談話後得到以下回答：「我一輩子都在同一個機構工作。我不認為現在和一個美國人談論它是適合的。」那名軍官又補充說，如果他同事發現他做了這種事，他會覺得非常丟臉。（幾年後我湊巧在他出殯當天去到布加勒斯特。後來我得知他的遺孀曾邀請我參加喪禮。她告訴我們的共同朋友說：「我聽過她很多事，很想見見她。」）

我在收到自己的安全檔案、並在二〇一〇年第一次仔細爬梳過檔案後，變得更想知道國安局軍官長什麼樣子。但要透過什麼方法呢？二〇一一年，我一位住在德瓦的朋友告訴我，她和一位在一九八九年領導胡內多阿拉縣國安局的人談到我，對方表示樂於與我見面。但當她安排會面時，他卻臨陣退縮了。第二年她又試了一次，也沒成功。她說會在我下次到羅馬尼亞時再試一次。當我要離開她辦公室時，她提到：「他就住在這附近，在公園旁邊。」並給了我他的大樓號碼：F4。

我決定自己試試看。我去到F4大樓，在建築物四周繞繞，找到大樓後面的入口。我爬上樓梯看見住戶門牌，他的名字在門牌上隱約可見，是五號公寓。我站在公寓門口好一會兒（也許有五分鐘之久），因為太過緊張而無法行動。然後我拿出一張名片，在我的名字下面寫道：「如果你要的話我會馬上離開。」我伸手向電鈴，但沒有按下去，就這樣又呆站了幾分鐘。我要對他說什麼呢？我和「格里戈雷斯庫」有過牽扯，但這個人呢？我為什麼想見他？是想問他是否真的認為我是間諜嗎？這真的太蠢了。我的手從電鈴縮回。倒不如看我朋友能不能幫忙安排會面。我在離開時問自己：我想從這些人身上得到什麼？既然他們受過扭曲事實的特殊訓練，我對他們是否會老實回答我的問題毫無信心，頂多只能知道他們的說話風格。但是在經過這麼多年被他們從暗處監看後，我想看看他們的樣子，想聽聽他們的聲音。如果能和他們說上話那更好。我想像一幅畫面：我和這個人四目相視，然後向他遞出一張我的名片。

為什麼我的目標這麼含蓄？原因之一是我很害怕這個組織。我從我的冷戰成長背景、我和羅馬尼亞朋友的談話，還有我在寫書過程參考的資料中（我的書是關於共產黨如何打造集體農場），都聽過有關「格別烏」的可怕傳聞。其次是他們在建立我檔案時，為我設計了種種負面形象。如果他們不認為我是好東西，那我理當感到害怕。另一個原因則是祕密警察在退休時都會發下重誓，保證絕不洩漏他們的工作內容。我有一位熟悉國安局運作模式的朋友，便不相信有任何祕密警察會願意和我談話。「他們都曾發誓過要保密。如果他們透露行業祕辛，將會受到別人的咒罵。」我必須非常小心謹慎。

當我抱著這種想法去找祕密警察時，我無法預見事情將如何發展。我不知道我去找他們的過程會讓他們反過來吸收我；不知道我所尋求的揭露（revealation），將開啟與我的想像截然不同的景觀；也將發現祕密警察不是利用恐懼與群眾隔離，而是透過恩惠融入人群。

＊＊＊

二○一一年十月，我去了一趟克盧日市。當我在朋友費莉恰的書桌上尋找一組電話號碼時，我發現退休軍官「布利達魯」（V. Blidaru）的名片。他是在一九八四到八五年間，承辨我案子的其中一名軍官。名片上有他的住家地址和電話號碼。幾天後，我想出幾個要問他的問題，然後坐上計程車，跟司機說出名片上的地址。在去他家的路上我問自己要如何開啟話題：「我不知道你是否能和我談幾分鐘……」、「羅馬尼亞國安局一直受到多方詆毀，我現在正在寫一本關於它的書，希望能獲得更真實與精確的描述。也許你可以幫我……」、「我只想看看你的長相與聲音……」他會問我是否有帶錄音機，而我的確有帶，也將錄音機打開了。

他的公寓是在史達林時代那些無名的灰色公寓的其中一棟，外表相當普通。我在住戶名牌上找到他的名字，按下電鈴，但按了好幾次都沒人回應。我想像門口架了一臺攝影機，而他正在觀看影像。又或者他從來不會為沒有事先約好的訪客開門。我來這裡時到底在想什麼？他當然不會隨隨便便開門！我敢說他一定是個疑神疑鬼的人（我從冷戰時期的間諜電影中得到的印象）。我希望能進入大樓，直接敲他的門，但這是不可能的。我搭來的計程車還在等我，於是我回到車上，打道回府。我的嘴巴乾澀、脈搏跳得飛快，我的下一步是要打給他，看他如何回覆。但我沒打電話。

兩天後我去探訪我的同事「格羅查」。我在前面提過他是告密者之一。我本來計畫問他這件事，但我們的談話卻出現意料之外的轉折。

凱：每個重要的機構都有一個負責的安全官。你的機構的安全官叫「布利達魯」，你記得他嗎？

格：記得！在我當上所長的前幾天，老是有人進我的辦公室說：「我是負責法國的」、「我是負責美國的」、「我是負責英國的」等。所以我就跑去找縣的國安局頭頭，對他說：「我不想應付那麼多國安局軍官。」兩天後，「布利達魯」軍官出現在我面前說：「從現在起，我負責你整間研究所。」〔意指他不只處理研究所和某一國的關係。〕他指給我看藏在我辦公室的竊聽麥克風位置。這幫了我一個大忙。

凱：他是怎麼樣的人？

格：在我看來他是個大好人。他在大學裡主修xxxx，收藏了一批非常好的民俗畫。我們知道這些人是不准公開亮相的，所以我就幫他的畫辦了一次畫展。

凱：你必須對他報告很多人的事。

格：對，我常和他聊天。〔他太太補充說：「他們現在全都發展得很好，擁有自己的公司。如果你沒錢會被他們看不起。」〕

凱：我想和他談談。你認為他會答應嗎？

「格羅查」拿起電話，我給他電話號碼。因為「布利達魯」的手機沒人接聽，「格羅查」改打給他女兒，她的電話號碼能在電話簿上查到。他報上自己的名字，和她熱情地打招呼。經過幾分鐘友善的交談後，「格羅查」問道：「Vxxx在哪裡？」（所以他們是以姓名相稱！）「他去一個球會看球賽，八點後會回家。」「格羅查」答應會再打電話並把結果告訴我。

我第二天打給「格羅查」，「格羅查」太太告訴我：「我們打了電話給他，他說他要考慮一下。」（我懷疑這表示他必須問過他的上級）他們提供我的電話號碼給他，如果他決定見面，就會打給我。他始終沒有打來，但我想既然他現在有了我的號碼，他們會開始監聽我講電話的內容嗎？（他們當然會，而且一定早在拿到我電話號碼前就這樣做了。）

有一晚，我在半醒半睡間做了一個夢。我夢見自己和「布利達魯」軍官談話，問他作為一名安全官的人生是什麼樣子？典型的一天長什麼模樣？他有一間屬於自己的辦公室嗎，還是總是一直往別人的辦公室跑？他們如何劃分工作、如何待在同一間辦公室，卻又保守自己的工作祕密？他們有一個吸收線民的計畫嗎，像是規定線民報告的頻率和篇幅？當我意識到自己在做夢時，我認為我們的談話內容相當有意思，而感到興味盎然。但夢中的內容不可能成真。

第二年，也就是二〇一二年夏天，我打電話給費莉恰（她認識「布利達魯」軍官），問她能否幫我邀他出來喝一杯，她答應了。我去到克盧日市後，得知他們以下的談話：

費：「你好嗎，Vxxx？你知道我是誰嗎？」

V：「我知道。妳是誰？」

費：「我是費莉恰。」

V：「我想也是，妳好嗎？（兩人說了一些客套話。）」

費：「對了，我想提出一個邀請。」

V：「聽起來很好玩，但我現在真的很忙碌，無法抽身。是怎麼樣的邀請？」

費：「和一個非常特別的人一起喝杯咖啡或喝杯酒。她快要來羅馬尼亞了。她很想你，也想見你。」

V：「是凱薩琳嗎？」

費：「對，我們希望你這個週末能出來見個面。」

V：「很抱歉，我真的沒辦法。我必須去參加一場婚禮，星期一早上才會回來。」

費：「好可惜，她一定會很失望。」

費莉恰相信他說的是實話，因為他不假思索就說出不能見我的理由，所以我現在不知道該繼續嘗試還是放棄。但我被他猜到我在羅馬尼亞這件事嚇到，我有些懷疑他並不是「猜到」而是「知道」。這也讓我好奇他和費莉恰的關係，儘管她一再堅稱沒打過我報告，但他單憑她的聲音就認出她來。這讓我再次落入可以信任誰的疑惑。我請費莉恰告訴我「布利達魯」的為人，得知他開朗外向，平常會吹吹豎笛，她偶爾會在演奏會上看見他。她以一種愉快的方式談論「布利達魯」，看來是喜歡他這個人。

當我和另一位朋友拉杜（Radu）*談到「布利達魯」時，我發現他太太和「布利達魯」很熟。拉杜建議我試著找另一名軍官，對方就住在同一棟大樓，是十分和藹可親的人。拉杜說會幫忙問他[16]。我發覺拉杜和費莉恰都認識一些和他們研究中心沒有直接關係的祕密警察，那讓我不禁納悶，如果一般平民都認識祕密警察，他們還有什麼祕密可言？

「格里戈雷斯庫」：第一個比馬龍時刻

內政部　工作機密
一九七八年十一月二十九日

報告（關於晉升「I・格里戈雷斯庫」的建議）

這名軍官擁有領導團體所須具備的儀態與威嚴。他在必要條件下會挑剔和苛求下屬，但又會謙恭有禮地對待那些光榮完成任務的人……他是部門內最優秀的上級之一，以紀律、技巧、精確度和理解力著稱。他具有一名領導者的特質，總是耐心而冷靜地判斷局勢，進而獲得客觀結論，找到最佳的解決方法。他是一名優異的籌畫者……善於進行整合分析。

之後十月我又在羅馬尼亞待了一段時間，這次決定對一年前掛我電話的「格里戈雷斯庫」更加主動。我知道他住在哪條街，那條街並不長，我就從其中一邊街道開始找起，一棟一棟大樓地看住戶名牌。其中有一棟大樓沒有名牌，有些名牌不在外面，所以我必須等有人從大樓出來再溜進去。我以相當機械性的方式操做這件事，除了整體感到一絲不安，沒有其他特別感覺，因為整件事都很虛幻不真實。我查完北邊第一排大樓後，我穿越馬路去查位於南邊第一街區的大樓，但一無所穫。然後我在第一街區找了大約二十分鐘後，終於找到了。是D棟樓的十四號公寓。我滿心興奮，又突然恐慌起來。接下來我要怎麼辦？

一位美國的同事曾經建議我，如果想要見這些人最好是帶一些花或一盒巧克力，因為這是很多羅馬尼亞人拜訪人的習慣。那表示我沒有打算要讓場面難堪。所以我就到附近的花店，打算買一把不會太花俏也不會太普通的花束。我的選擇並不多，店裡販售的主要都是大型花束或單支的玫瑰，似乎都不是符合我情況的最佳首選。最後我買了一些金黃色的菊花。但當我一走出花店，菊花看起就已經有一點點枯萎。後悔也來不及了。

我回到D棟樓。這是另一棟不起眼的史達林時期大樓。我在電鈴前站了兩分鐘，試著回憶我坐火車來德瓦途中想出的策略。接著我按下電鈴，脈搏開始加快。我按了好幾次。正當我感到鬆一口氣時，一位男人從對講機裡說話。「我帶了一些花給你。」我說。他按按鈕打開大樓大門。我爬上三層樓梯，在頂層看見一戶公寓的門打開，門內隱約站著一個男子，他的身材高壯，漸禿的頭頂上有一縷頭髮。他走出屋子來到走廊，隨著我走近，他的五官逐漸在陰影中浮現，神情充滿懷疑和疑惑。我既驚訝又興奮，心想：「天哪，這一招竟然有用！」我不敢相信。我把花遞給他，心臟狂跳。我伸出一隻手說：「我是凱薩琳．韋德瑞。」他和我握了手，繼續用懷疑的眼神看著我。「妳以前是不是有來過？」「對，去年夏天我打電話給你，你掛了我電話。但我想再試試看。」

他穿著很隨意，上身是一件芥末色球衣，下半身則是一條黃竭色褲子。他精心修剪過他的白色八字鬍、上唇清晰露出，但他眉毛所剩無幾、牙齒狀況也很糟，明顯需要看牙醫。他已經退休一陣子了，我問他這段時間都在做什麼？他說在家裡種菜，然後以不是很歡迎的態度說：「進來坐吧。」我進去了。他讓我坐在門邊一張椅子上，自己則繼續站在廚房門口。這是一種相當不友善的安排，讓我更感焦慮。「所以妳找我有什麼事？」他問。

我在來之前考慮要不要帶錄音機。我有一臺非常小的錄音機，可以放在皮包或口袋裡不被看見。他一定不會同意錄音，所以我只能偷偷摸摸進行。我跟自己說，既然他們可以偷錄我談話，我又怎麼不能以其人之道還治其人之身？接著我提醒自己，我和他們不是同一種人。對我而言沒有獲得同意去錄音是不道德的。確實我在第一次嘗試找「布利達魯」軍官時帶了錄音機，但我馬上就後悔了。所以這次我把錄音機留在家裡。因為這個緣故，也因為我不認為一邊談話一邊做筆記是恰當的，所以後來我忘記很多談話內容，也無法以精確的順序重述。我這場冒險進行得有些倉促，雖然是有幾件事想知道，但我並沒有擬定一個精確的訪談計畫。我也沒有太追問他的反應。我更感興趣的是和祕密警察會面的感覺，而非我們談話內容的資訊。這些資訊與我的談話目的是不太相關的。

我首先表明我在檔研會讀過他的人事檔案，又重提我正在寫一本有關我安全檔案的書。他清楚表示他不樂見我們這次見面的事被公開。我很緊張、說話速度飛快、老是掛著一張笑臉，表現得盡可能健談和風趣。不久他就想起我做過什麼：「喬阿久村，弗拉伊庫村，田野研究計畫……」然後他完全記起來，說我沒有改變太多。「所以您知道我長什麼樣子？」「知道，當然知道。妳住在拉澤爾・B的家。妳是一個很有趣的個案。」那可是四十年前的陳舊往事了！幾分鐘後他說：「我不認為我有對妳造成任何傷害。我的座右銘是不要傷害人。」我回答：「我不認為您有傷害我。事實上在讀您的檔案時，我覺得您相當討人喜歡。這也是我想見您的原因。」他從廚房裡拿出一張凳子，坐了下來。後面的談話清楚顯示他很聰明，而且記憶力超好。

我繼續緊張地談我當年來羅馬尼亞是要做什麼，又如何因為兩件事而受到阻礙。一是我對羅馬尼亞民族誌不夠熟悉，二是我騎著摩托車誤闖一個軍事基地。這就不奇怪我會被認為心懷不軌。他聽完以後面露笑容（事實上他變得很常笑，似乎已經放鬆了）。「我的指導教授來到德瓦，問縣政府該讓我去哪裡做研究。縣政府說：喬阿久鄉。但那裡沒有符合我研究計畫需要的特徵。因此您在報告中說的完全正確：我沒有依照我的計畫進行研究，但這是因為我做不到（他笑得很開心）。我記下我學到的每件事，而您也對此有所評論。」[8]

我問他如何看待我。他說：「每當有人進到我們國家，我們都會設法查出他們真正的目的。」然後我問「間諜」對他們意味著什麼？「它可以是好幾種不同的事情：政治的、經濟的、社會的……要斷定一個人是不是間諜，你必須確定他們有沒有在蒐集情報。妳說妳來這裡是要蒐集民族資訊，但萬一那只是個幌子呢？有好多大使館人員都是特務。我們必須調查有沒有別人也是這樣。」「我可能會蒐集什麼呢？」他說：「有關人們心理狀態的情報。」這是國安局開局以來的重大關心，而我跟村民探聽的也常常是這一類事情。但他最終斷定我蒐集的資訊並不構成危害。我向他指出，在很多方面我和他做著一樣的事。我對社會主義感興趣，會記下蒐集到的一切資訊，然後把它們帶回家，設法弄懂其中含義；他對我和其他人也做一樣的事，設法蒐集各種情報來搞懂我們。我這個說法讓他滿臉笑容。我問他喜不喜歡這份工作，他說喜歡。

「談談我的房東『阿公』。他在向您報告我在做什麼事時，態度會不會誠惶誠恐？」「完全不會。我很早就認識他。我在加入國安局之前曾和他在同一間工廠工作。我們是朋友。」（這讓我以完全不同的眼光看待「阿公」寫下的詳細線民報告。我曾經以為他就像「班尼亞明」和瑪麗安娜那樣，去見祕密警察時是提心弔膽的，但這種想法顯然大錯特錯。）

「您為什麼會想加入國安局？」他表情尷尬地笑著說：「我當初沒有非常認真。當時我

8　譯注：指安全官有偷看她的田野筆記，並寫入報告。

想：領幾年高薪也不錯。我有一個朋友也是在國安局工作，有很好的薪水，但他為人有點無賴，當了三年就被踢出來。我想我也可以做一樣的工作。我對這份工作本身不是非常有興趣，但過了一陣後便習慣了。」

我們談話的前半小時只有我們兩人，然後起居室的門打開了，他太太穿著浴袍走出來，吃驚地看見和他丈夫談話的人不是他們的媳婦（我的聲音和他們媳婦有點像）。後來她坐下來聽我們聊天一直到結束。到了這時候我們的交談已經變得非常熱絡。他時常微笑，我則努力讓自己被喜歡。他還一度對妻子說：「這位女士敢來這裡真的非常勇敢。」

他詢問在他不再管我的案子以後我又做了哪些研究。我談了我的所有研究和著作，向他證明我的學術能力。當我談到我那本有關土地歸還的書時，他問我認為把土地歸還原主是好主意嗎？我說不是。「看來我們有志一同。」他說。我說我的政治立場偏左，而解散集體農場似乎不是正確的做法。他們也認為這樣的改變不是好事。他妻子補充道：「妳說妳有左派的思想情感，我也是。我認為人們本來過得很好，工人有錢也有好的工作，他們的生活水平正在成長。現在看看變成怎麼樣了。」他表示同意。我問：「當您加入國安局時，你也是有著左派的思想情感嗎？」「對，我是個工人。即便我不是一位狂熱的共產黨員，但我仍贊同共產主義的基本理念，並因此加入黨。一九八九年後，很多人在街上把他們的黨證撕毀或銷毀，但我沒有。我的黨證還在。」

有一度我問了他某個問題，他沉吟不語。「如果您覺得不舒服，您不用一定要回答。」我以為那是因為他簽過宣誓書的緣故。「不是，只是因為我在二十五年前退休後，就沒有再和任何人談起我的工作。我告訴自己，過去了的就讓它過去，不要再提起。」但他還是回答了我大多數的提問，這當然也是因為我沒有問太超過的問題。後來我們談起他去年掛我電話的事。他說他當時不記得我，如果記得就不會那麼粗魯。「我要為那件事向你道歉，但現在我們和好了。」我也說了同樣的話。

我們的交談持續一個多小時，期間我兩度想要告辭，但他繼續說話，最後我說我擔心打擾太久，造成不便。他站起來伸出手，笑著說：「下次再來。說不定我們哪天可以到城裡哪邊走走。」第二天我打了電話，接電話的人是他太太。「我是昨天去拜訪你們的客人。我想要感謝你們的接待，讓我收獲良多。」她回答：「我對自己衣衫不整感到不好意思，妳下次再來時我會截然不同。」這已經是他們第二次對我提出邀請。我決定明年赴約。

＊　＊　＊

這次會面讓我的內心陷入混亂幾天。我感到極度困擾。他怎麼會是那個可恨的祕密警察呢？我現在應該如何看待他們？他們是否只是盡好自己工作本分的普通人，就像漢娜鄂蘭（Hannah Arendt）形容艾希曼（Eichmann）[9]那樣？還是他是在用親切的態度蒙蔽我的雙眼？他是祕密警察中的異類嗎？或是一位欺騙我相信他為人正直的好演員？不知怎麼的我感覺自己交了一位特別的新朋友。但這很荒唐，這些人都受過心理訓練，懂得怎麼操縱別人和隱藏自己。我怎麼可能想像這是一次真正的會面或他對我是坦誠的。很顯然是我想要這麼認為，這很讓人困惑。我想起德拉庫利奇（Slavenka Drakulić）的著作《他們連一隻蒼蠅都不會傷害》（*They Would Never Hurt a Fly*），這本書是有關那些在海牙國際法庭上被起訴的南斯拉夫內戰戰爭戰犯。在書中，德拉庫利奇寫道：「我越是關注這些戰犯的案子，就越不相信他們是妖魔鬼怪……隨著日子過去，你會發現這些戰犯愈來愈像人，你會不懂這些服務生、計程車司機、老師和農夫怎麼會犯下這些戰爭罪行……而當你愈認識到戰犯有可能是普通人，你就會愈害怕。」[17]她的結論是，認為這些人是妖魔鬼怪而非一般人，會讓人感到更放心。

拜訪結束後，我在回家路上到朋友埃列娜（Elena）家中坐了一下。以前因為我的關係，她常常被祕密警察找上。我跟她說我見了「格里戈雷斯庫」軍官，感覺很混亂與困惑。她說：「霍莫盧德安軍官（officer Homorodean，埃列娜過去的直屬軍官）也是這樣，為人客氣友好。

他來找我時我從來不會害怕，不像貝爾久上校那樣讓你嚇得半死。貝爾久上校有某些特質會讓人害怕。」此後有好幾晚我輾轉反側，「格里戈雷斯庫」軍官不斷出現在我夢中，讓我備感壓力。我有幾天都想著那次會面，同時感覺難過和鬆一口氣。為什麼感到難過？是因為我失去一個珍藏了四十年的形象嗎[10]？是因為我對羅馬尼亞的理解受到嚴重質疑嗎？我不確定。我的釋然可能出於幾個原因：我成功跟一明祕密警察見面而沒有被生吞活剝；我與他建立的正面關係，平衡了我檔案中一些醜陋的事情；而我們的會面也帶來某種程度上的和解……但那樣的會面是真實的嗎？我覺得不太可能。我腦中不斷跳出問題與疑惑，找不到解決的辦法，這讓我陷入精神錯亂。

* * *

二〇一四年六月，我再次前往羅馬尼亞，計畫按照「格里戈雷斯庫」軍官的邀約去見他。

9 編按：阿道夫．艾希曼（Otto Adolf Eichmann），納粹德國奧地利前納粹黨衛軍中校，二戰針對猶太人進行大屠殺的主要負責人之一，以組織和執行「猶太人問題最終解決方案」而聞名。漢娜．鄂蘭（Hannah Arendt）的重要著作，《平庸的邪惡》，便是以一九六一年艾希曼在以色列耶路撒冷法庭的審判為觀察對象。艾希曼最終在公開審判後被判處絞刑。

10 譯注：指安全官在她心目中的醜陋形象。

我先寄了一封短信通知他我即將到來，又在抵達德瓦後就打給他。他太太接了電話，跟他說：「是那位來自美國的女士打來。」他在電話中聽起來很猶豫，有所保留甚至狐疑。我沒有說客套話，就直接問他：我們可以再見面嗎，或者讓事情保持去年的樣子就好？他寧願讓事情維持在去年的樣子。他說他女兒來他家裡，要住三天，明天他要陪女兒到鄉村走走。他最後帶著一絲惱怒地說：「凱蒂女士[11]，我不是所有事都能事先安排好時間。」我掛斷電話後感到很落寞，我本來有很多有意思的話題想找他聊。

我是在和一位朋友索拉娜（Solana）＊談話到一半時打電話給他。索拉娜的妹夫帕維爾（Pavel）＊是一名國安局的輔助人員，知道我賣力要找一些祕密警察談談。我和「格里戈雷斯庫」軍官講完電話後重新和索拉娜談話，我跟她說我不會去德瓦了，因為我想見的那個人不能見我。她聽完說：「是承辦妳案子的其中一位祕密警察嗎？他們說什麼妳都不能信。他們滿口謊話，無時無刻不在說謊或編造故事。妳相信他們就像靠在一排腐爛的籬笆上。」

接下來一整天我都因為約不到「格里戈雷斯庫」而心神不寧。我沒有想過會發生這種事，因為我以為我們已經建立了交情。多麼愚蠢啊！現在的我是不是就像我第一次踏入羅馬尼亞時一樣天真？說不定我上一次跟他見面，已經給了他需要的精神淨化，說不定是他的家人不想要他進一步爆料，說不定他的女兒是真的來了，他不想犧牲父女相聚的時間，又說不定他是受到現在情報機構的責備。那天晚上我睡睡醒醒，夢見和他有愉快的談話，其他時候則感到沮喪。第二天早上是個寒冷的雨天。

一年後，我打電話給他，想送他一本我最近被翻譯為羅馬尼亞文的書。

凱：I先生？

格：對。

凱：我是來自美國的「民俗學家」[12]。〔他笑了兩聲。〕您好嗎。

格：〔聲音突然變得冷淡〕還好。

凱：我想送您一本我談集體農場的書，它剛剛翻譯成羅馬尼亞文。我明天或後天會去德瓦……

格：不必，我不想再和妳有任何接觸。

11　譯注：在這裡「格里戈雷斯庫」軍官所稱呼的「凱蒂」（Katy）與本書提及的凱絲（Kathy）同樣指作者凱薩琳（Katherine）。

12　譯注：作者以國安局為她取的化名「民俗學家」（Folclorista）自稱。

確實是腐爛的籬笆。

「S．德拉戈米爾」（"S. Dragomir"）

辦案軍官對「阿林」（Alin）線民報告的批註

一九八八年九月一日

美國情報機構的特務K．韋德瑞，目前正受到克盧日—納波卡第三科的注意，這個案子在我們單位的控制下被處理。

我們將對「阿林」（我的交流獎金辦事人）採取識別與驗證的複雜措施。「阿林」和K．韋德瑞下一次談話，將透過特殊方法驗證（意即他要偷聽他的線民談話）。

S．「德拉戈米爾」

回到二〇一二年十月，我在成功見到「格里戈雷斯庫」軍官後，回到布加勒斯特的檔案館做研究，也計畫與另一名安全官「德拉戈米爾」見面。由於我有他的完整地址，我這次的前置作業大不相同。我用羅馬尼亞文寫了一封信，在去拜訪他之前電郵一位布加勒斯特的當地朋友，請他幫我投遞信件。

尊敬的德拉戈米爾先生：

我不知道您是否就是我要找的那個人：在一九八〇年代任職於國安局的德拉戈米爾軍官，他出現在我的安全檔案裡（我甚至有一張他的照片，當時我在人行道上遇見他）。如果您不是他，請原諒我的打擾。

如果您就是我要找的人，我在這裡致上問候和邀請。我將會在十月十六至十九日期間待在布加勒斯特，我非常期望和您見面。我正在根據我的安全檔案寫一本書，想呈現一些承辦我案件的軍官觀點，好讓我的書能盡量接近真實。不管如何，您的照片都會被刊登在書上。如果書中除了有過去異議分子的說法，還有您本人的說法，那將再好不過。

我知道您發過誓不洩漏工作的細節，所以如果您不願回答我其中一些問題，我將予以尊重。我的問題包括您的一般境況（有哪些家人、教育程度、您是否有親戚為國安局工作）、您是否記得對我或其他在羅馬尼亞的美國人的看法、您能否協助我理解一些出現在我安全檔案上的紀錄（例如「為展開起訴而進行的預備行動」）等等。我不打算翻舊帳，我是出於好奇而想與您見面。

（關於他可以如何回覆我的指示）

我非常希望您接受邀約，那樣就太好了。

二〇一三年十月一七日，一位朋友幫我把信放入他的信箱。我計畫下星期三去找他。前一晚我睡得不是很好，心情非常忐忑不安。星期三下午，我買了一些花，然後彷彿是想盡可能延後見面一樣，我步行相當長的一段距離去到他家。沒有人來應門，我在他的公寓門外留下花朵、名片和電話號碼，聽看門人說他去了鄉村。

第二天，我在檔案館工作，午餐時間才打開手機。不久電話響起，我聽見一個男人的聲音說：「我是德拉戈米爾。」「真是難以置信！」我不假思索地驚呼到。他謝謝我送他的花，覺得我非常貼心。他現在人不在布加勒斯特，但後天會回家。是他兒子回家時看到花和我的名片，打電話給他我的電話號碼。他說回來之後會再打給我約時間見面。「我很感激你打電話給我。」我說，而他回答：「但願我們共享這份喜悅。」

這通電話讓我很興奮，我跑去告訴別人這件事，就像自己有了新的戀情。我開始在腦中演練我要對他說的話。他會對他的照片將被刊登在我的書《祕密與真相》（*Secrets and Truths*）

上感到惱怒嗎？他說的「但願我們共享這份喜悅（“I hope the pleasure will be mutual.”）」是什麼意思？他是怕我會對他不客氣嗎？兩天後，他按照承諾打電話來。我們約好了見面地點。在掛上電話前，他用有點僵硬的語氣說：「別對這次會面抱太大期望。我不知道我們是否能共享這份喜悅。」

下午三點，我坐計程車去我們約好的地點。就在我準備打開車門時，我感覺車門自動打開。我嚇了一跳，抬頭一望，看見外頭站著一位個子頗高、體格結實的男子。他的頭髮全禿，蓄著白色大八字鬍，他手上拿著一束白菊花，面露迷人的笑容。我猜他的年紀介乎六十五至七十歲之間，依然精力充沛。他的深栗色眼睛熱情而睿智，樣子絕對比我上次看到他時來的好看（當時是一九八八年，他走出一棟大樓阻止我進入）。他似乎跟「格里戈雷斯庫」軍官一樣，也有一口爛牙，但因為有八字鬍遮蓋而不顯眼。我們進入餐廳點了飲料。我不記得自己點了什麼，但他點的也許是可樂、我的也許是茶。就像上一次那樣，我選擇不打開皮包裡的錄音機，而他也沒懷疑我是否有帶錄音機（但誰知道他有沒有帶）。以下是我憑記憶寫下凌亂而不完整的談話內容。

他記得我嗎？不記得了。但在那年頭，任何進入羅馬尼亞的外國人都會受到偵查，以確保他們不會做出損及羅馬尼亞利益的事。他們必須知道我們在搞些什麼。我問他記不記得

「薇拉」這個化名，但他也不記得了。然後他說我和羅馬尼亞顯然有深厚關係，他們的工作也沒對我構成什麼阻礙，因為我完成了很多研究。原來他有先在網路上搜尋過我。我告訴他我也是用同樣方法找到他的地址，又跟他說我是怎麼得到我的安全檔案。就像和「格里戈雷斯庫」軍官見面時一樣，我們雙方臉上都堆滿笑容，而且（至少我是如此）使出渾身解數讓自己顯得有吸引力。我心中緊張的像隻貓。

他已經退休了，但我沒問他是什麼時候退休的。雖然在一九八九年退休對他的年紀而言太早了，可是我不好意思問他在那之後做了些什麼。當我問他這星期去了哪邊的鄉村時，他支吾以對，說只是省內某個鄉村。然後我問他是哪裡人，他愣了一下。「這本來要保密的。我是外西凡尼亞人。」（我對這種事為什麼要保密感到不解）。他父親是礦工，他弟弟（已經過世）也是。所以他有著就像「格里戈雷斯庫」軍官一樣良好的勞工階級背景。他家族裡沒有其他人為國安局工作過。「我是第一個也是最後一個。」

「您為什麼要加入國安局？」他促狹地笑：「我一直喜歡它……隱形的一面！」「您小時候喜歡讀偵探小說嗎？」他回答他小時候能找到的只有關於二戰的俄文小說，內容常常是追捕間諜。他很喜歡這一類小說（他對間諜的著迷，可能就像我嚮往到「鐵幕」背後一探究竟一樣）。他大學主修法律，畢業後被招募，專職於反間諜活動。

我談到我先後因為被懷疑從事哪些活動而受到監視。首先是因為涉嫌軍事刺探，我解釋原因，他聽完笑了。然後是涉嫌蒐集社會—政治資訊，但他不認為這項指控夠有說服力。然後是我被懷疑是匈牙利裔，因為我的姓以y結尾。他嗤之以鼻，說換作是他絕對不會這樣想。我沒有提我第四個涉嫌從事的間諜活動（勾結異議分子），因為他當時就是辦案軍官。他又重複說一遍：「我們必須確定妳不是間諜。」「間諜是什麼意思？」「那跟蒐集社會—政治資訊無關。我們所謂的間諜是指為中情局或聯邦調查局工作。」由此看來，他對間諜的看法和克盧日市的軍官不同，後者將我蒐集社會—政治資訊的舉動視為主要間諜罪行。所以國安局對間諜至少有兩種不同的定義。

我問他有關線民「阿林」的事，有很大一部分他關於我的情報是來自這個線民。他說：「『阿林』非常不聽話，不會每次都願意給我需要的情報。」「您靠線民工作，那您是不是也需要吸收線民？」「當然，那是我們工作的一部分。線民非常重要。中情局太過依賴科技，忽略了線民，也因此得不到好的情報。我從來不用強迫威逼的方式招募線民，有時我會花很多時間在一個人身上，但他們一樣可能會拒絕。很多人都會拒絕。」我反對說：「但國安局給人的印象是很可怕的。」他解釋在一九六四年以前確實是這樣，那時國安局大量使用暴力。但自從新一代祕密警察出現後，情況便不同了，他就屬於新的一代。當時新招募的軍官都有大學學位。「老一輩會向我們誇耀他們是怎麼做事情的，透過恐嚇別人。但我們這一代不是如此。」他的話可信嗎？那的確符合政策變遷的時間點。

我們談論跟處理檔案一般程序有關的事，然後我請他幫忙解釋我檔案中的那九份文件：「實施某些預備行動後獲得的發現，這些行動的目的是蒐集到展開刑事訴訟所須的資料[13]」。我給他看我對國安局報告所做的筆記，大聲念出第一則：它精確記下我在電話亭打了很多通電話的事，儘管它指出「要得知談話內容是不可能的」，又把我說成是念歷史的博士候選人（當時我已經拿到人類學博士的學位十年了，國安局的情報蒐集能力由此可見一斑。）「德拉戈米爾」軍官饒感興趣地看了那些筆記，說：「只有某些軍官有權發起這類工作，我是其中之一。我會發出命令，然後他們執行和撰寫報告。」他說話的語氣就像這種事完全稀鬆平常。「但除非您認為情況嚴重，否則不會下達這種命令，對嗎？」他聳聳肩，不置可否。

談到他的工作程序時，他說：「如果我們蒐集到某人的情報有異狀，就會進行更集中的偵查。我們會蒐集大量資訊並加以過濾，設法看出他在搞什麼。」「這麼說來你們和民族學家很像。我們也是蒐集大量資訊再加以過濾篩選。」「那我們確實有共通之處。」他說。一旦他們查出一個人圖謀不軌，就會宣布他是不受歡迎人物。「那為什麼在一九八五年，當克盧日市的國安局分部建議將我驅逐出境時，布加勒斯特方面沒有接受呢？」他微微一笑，似乎是對克盧日市的軍官有些嗤之以鼻，覺得他們太過歇斯底里。「當一名軍官向我們提出建議但我們認為不足採用時，就會退回去，不予批准。不過妳要記得，一九八〇年代是非常艱困的時期。」我表示同意，然後問他：「在一九八〇年代晚期時，您知道大限已經來臨了嗎？」[14]「知道。我跟妳說一個祕密：我是從一名外交史團的成員那裡得知的。他告訴我他總是會被外派到政權即將改變的地方。」雖然他告訴了我一個祕密，但我沒有禮尚往來。當他問我要找的其他軍官是誰以及是否已與他們見面時，我說我只見過一個，但不透露是誰。

我們的談話在四點三十分開始出現疲態。是時候結束了。我問他為什麼答應見我，他露出大大的笑容回答：「有何不可？」然後我說：「我不明白您為什麼會在電話上叫我不要對見面期望太高。它對我非常重要。」他回說：「因為誰又知道結果如何？我這次會面也很高興。」我跟他道別後就帶著花走了。

就像我和「格里戈雷斯庫」軍官見面時一樣，我意識到我投入太深，一路談話下來我的身體都向前傾，一副願聞其詳的樣子，臉上肌肉因為不斷堆著笑容而痠痛。而且，我又很荒

13　譯注：這是那份文件的標題。其事見頁三〇〇—三〇一，編號二一二／NS。

14　編按：意指發生在一九八九年的羅馬尼亞革命，該革命直接導致羅馬尼亞共產政權的垮臺。

唐地再次感覺到交了一個特別的新朋友。我開始對於之前把他的照片放在《祕密和真相》中感到後悔，因為當我提到這件事時，他強烈懷疑照片中的人不是他。但書上卻列出他的名字。我希望把這張照片刪除。當我把這件事告訴我的檔研會同仁時，她哈哈大笑。我說：「是我的斯德哥爾摩症候群作祟嗎？」她表示同意，又補充說儘管「德拉戈米爾」軍官簽署過那麼多監視報告，他在一九八九年十二月卻弄到證明他是革命分子的證書！但如果他的祕密警察身分被揭發，證書就會撤銷。現在已經有好幾個人正式要求揭發他的身分。她對我帶著花去見祕密警察的做法叫好，我說那是我的敲門磚。但她認為那顯示出一種謙遜，反映我和發生在我身上的事保持距離，不準備大吵大鬧。這一定會讓那些安全官印象深刻。

不過我感到印象深刻的卻是我過度的情感反應。就像在早期田野工作中我很容易迷戀別人那樣，我現在也對這些祕密警察感到著迷。在接下來一整個傍晚，我眼前都是「德拉戈米爾」軍官眼睛和笑容散發的暖意。由此我們可得知國安局在徵人時，一定懂得如何挑選一些擅長和別人建立關係的人。我在西爾維婭開車載我時跟她說出這個感想，又表示我對於要如何看待那兩次會面感到很困惑。她卻回答：「妳已經擁有我們經驗他們的部分方式，就是學會害怕他們。但他們受到的訓練是把我們都看成敵人，這是我曾經認識的一位祕密警察告訴我的。」然後她激動地繼續說：「透過謀殺、透過監禁、透過把人丟到車底或打得半死，他們在人民心中散布一層又一層的恐懼……他們毀了我和我家人的人生。我在一九八九年後才開始有自己的人生。」她想傳達的訊息很清楚：妳好大的膽子，竟敢為他們辯護！我感覺我受到了責備。

這段談話清楚反映人類學家模稜兩可的位置：我們雖然不是局外人，但也不是局內人。我們的工作存在於歧異的時空，讓我們既屬於又不屬於從事田野的空間。這一點在我表達對「德拉戈米爾」軍官的觀點時清楚反映在西爾維婭的兩種反應中。一方面，她認為我看代世界的方式——也就是我對我的加害者既害怕又認同的態度——就像一位羅馬尼亞人；然而同時，當我表示後悔刊登「德拉戈米爾」軍官的照片並渴望保護他時，我在西爾維婭眼中又完全不像羅馬尼亞人。

儘管如此，我還是一直想著他那張被我刊登在書中的照片並感到自責。最後我在一張一模一樣的照片背後寫下這段話：「尊敬的德拉戈米爾先生：這就是我們上次見面提到的那張照片。如果您確定照片中的人不是您，請立刻跟我說。」我提供幾個聯絡我的方式，把照片寄了出去。一整晚我輾轉難眠，再次被我心目中祕密警察的邪惡形象，和我如今見到面的兩個友善的人這兩種落差壓得透不過氣。與此同時，我不斷告訴自己這是一種愚蠢的反應。我對這次會面的感覺和想法是那麼矛盾，乃至無法有定論。

「德拉戈米爾」軍官沒有回音，但我寫信給出版社，說如果還不太遲，請正在幫《祕密與真相》進行最後校對的編輯，把他的名字從書上刪除。

＊＊＊

二〇一四年六月十五日，星期日。我去拜訪朋友索拉娜一家，帶了一本《祕密與真相》給他們。她的妹夫帕維爾（以前是國安局的輔助員工）把書拿去看，半小時後回來說：「我想告訴妳我的初步感想：內容非常平衡（balanced）。」他似乎深感嘉許。兩小時後他把書看完，回來時說了一樣的話，又補充道：「妳沒有進行指控，而是努力以不偏不倚的目光看事情。這非常好。雖然妳是一個受害者，但妳沒有指著別人鼻子罵。」（我後來想到我應該對他說：相較於大多數指著國安局鼻子罵的人，我的利害得失要少得多。）在送我到門口時，我跟索拉娜說帕維爾認為我的書很平衡是一種有趣的反應。她回應：「妳要記得這些人從受訓第一天開始，就是學會將世界分成我們和敵人兩部分。凡是不屬於我們的人就是敵人。所以當他們看見妳沒有這種反射動作時，自然覺很驚訝。」

帕維爾的反應最初讓我感到振奮，因為在我最重要的目標讀者中，至少有一位並不生氣。但接著我又想這是好事嗎？我寫的東西得到他們認同，對我而言會是多大的恭維？

「V．布利達魯」"V. Blidaru"

對線民報告的軍官批註

一九八八年二月二十七日

本報告是按照被分派的任務寫成，被監視者屬於「美國問題」的範疇，透過一份DUI檔案加以追蹤。情報來源被交代的任務，是通知我們有關該名美國博士候選人在專業外的活動和關注。情報來源會將她導向特定歷史資料，以幫助她為她的研究主題做出一個客觀結論。

「V．布利達魯」

在十月那次成功的激勵下，我決定再用同一種方法聯繫克盧日市的「布利達魯」軍官（克盧日市的檔案在我的安全檔案中佔了大宗）。雖然其他克盧日市軍官在偵查我的案子時表現得更加活躍，但「布利達魯」是我唯一查得到下落的人。就像上次那樣，我請一位朋友幫忙寄信給他。那位朋友後來跟我說，他打電話來，告訴她我抵達後可以直接致電給他。我在六月十六日去到克盧日市，抵達的那天早上便打給他，是一位女人接的電話。他不在家。「我什麼時候打來可以找到他？」「這是他家裡，但他現在在工作。」我跟她要他工作地點的電話號碼。她詢問我的名字，然後把電話號碼給我

接電話的是一個略帶刺耳的中音男聲。我報出姓名，他的反應很熱烈：「我親吻你的手！（I kiss your hand!）」（一種老式的招呼語）。我說很高興聽見他的聲音，希望可以見見他。他說明天是個不錯的選擇，我可以明天早上同一時間再打給他。一路談下來他的態度都非常親切。我滿心歡喜地掛上電話，然後想起他明天也有可能失蹤，或者像「格里戈雷庫斯」軍官那樣改變心意。

這樣的情形並沒有發生。第二天，我們約定中午在自由廣場（Liberty Square）碰面。他在中午準時到達。他戴著眼鏡、留了一頭白髮，相貌十分親切。他的身材中等，穿著黑色皮夾克。他帶著愉快的笑容走向我，然後緊緊挽住我的手走進一間咖啡廳，體現了東歐典型的有魅力老人家的形象。由於鮮花是我這次行動的記號，我帶給他一把花束。他為此感到困惑：「應該是我送花給妳才對！」我們的談話持續了兩小時，因為我沒有做筆記，有很多內容都不記得了[18]。我們一坐下，他就不間斷地說了一陣子話，不太需要我給予提示。起初他

說話很快，我插不上嘴，而他的右肩也明顯抖動，但過了一陣子之後他沉寂下來。他主動說出他在國安局的任務：蒐集經過驗證的情報並將其處理為知識，以讓黨妥善利用。我們會面期間，他好幾次強調他們情報的可靠性（不過我指出在他一九八八年寫的報告中，並不知道我在一九七七年就已經取得博士學位）。

他接著說在雷根接替卡特成為美國總統後，國安局的監視行動變得頻繁許多，因為雷根毫不隱瞞他想要打倒蘇聯體制。「冷戰當時進行得如火如荼，讓環境變得很棘手。我們的工作是找出間諜，所謂的間諜不只是指隱藏的情報人員。間諜蒐集到資訊之後，會用它們在國外散播不利於羅馬尼亞的負面形象。」值得注意的是，他對間諜的觀點和另外兩名軍官不同。這種差異有助於解釋我為什麼會被指控涉嫌從事那麼多種類的間諜活動，原因就在他們對間諜的定義缺乏共識。我指出國安局認為我在蒐集社會─政治資訊這點是對的，對此他表示：「我們並不介意人們來這裡了解羅馬尼亞，依照它原本的樣子看待它。但他們不應該用偏頗的詮釋去詆毀它。我們知道至少一些人是抱著這樣的目的來這裡。」

就像其他兩位軍官一樣，他的微笑幾乎沒有間斷過，特別是在第一個小時，除非他是因為說到什麼而變得激動（這種時候有出現過兩、三次）。他告訴我他在哪裡出生、大學是念什麼。「我不是從一開始就是軍官。我大學畢業後被分派到鄉村的一個教師職位。當時我已經結婚，太太是城市人。所以當時我面臨一個抉擇：要把她帶到她不喜歡的鄉村去，還是想辦法留在城市裡。後者看來是更好的選項，所以我就讓自己被說服加入了國安局。」我聽過有其他人也是因為同樣理由而加入國安局，所以認為他的說法可信。大部分被分派到鄉村工作的人都興趣缺缺，會寧願選擇去當祕密警察（或線民）。稍後他提到另一名祕密警察加入國安局的動機，就像「德拉戈米爾」軍官一樣，是因為他也喜歡為「隱形的」機關工作，認為這非常有趣。

我們談到祕密警察每天的工作是什麼樣子：「我們二十四小時無休，沒有真正下班的時候。」他當然認識其他單位的軍官（跟蹤的、電話竊聽的、書信審查的等），因為他們全部都需要密切合作（工作單位區隔化之說便不成立了）。他自己的專職是分析和整合。他日復一日坐在辦公室裡過濾資訊、寫出報告，不然就是到他負責的機構去（例如博物館、圖書館和大學系所），蒐集更多情資。「您和鄰居的關係有受到您工作的影響嗎？」我問。「沒有。事實上我們為人們做很多事，為他們解決各種疑難雜症。」他的社交生活如何？他喜歡與人交往，隨時準備好參加派對，為新年或其他假期策畫派對、朋友眾多（很多朋友都和國安局沒有關聯）。

我提到我第一本書中的兩則笑話。「這是其中一件我們必須責怪妳的事，」他說。「那兩則格言惹上了真正的麻煩，因為它們得罪了羅馬尼亞人。這就是為什麼我們會在一九八四到八五年建議把妳驅逐出境。它們無關國家安全，但有關民族情感，是一個攸關國家形象的道德問題。在當時，有關羅馬尼亞的報導都非常負面。」「那你們為什麼又不把我踢走？」「因為冷靜佔了上風。和美國人保持關係對我們來說非常重要。為了幾則笑話而破壞羅美關係非常不智。」「您認為我是匈牙利人嗎？」他一頭霧水，他從沒有想過我的名字會引起這種聯想。這大大地出我意料，因為我一直以為那是人們對那兩則格言那麼憤怒的原因：認為我站在匈牙利人一邊，取笑羅馬尼亞人。

他說他有五十名或以上的線民。我問他都是怎麼得到線民，是接收別人的還是自己創造?「一開始時我接收了一些，然後我建立起自己的網絡。」他指出如果想要吸收一個黨員充當線民，要先得到批准：「KV來了，米胡（Mihul）是一個適合窺探她的好線民，所以我們就請求准許他在KV停留這段期間判斷她是否老實，並且確保她會成為羅馬尼亞的朋友而非敵人。我們利用線民的目的，是要誘導被監視對象喜愛羅馬尼亞，有正確的觀點。所以線民『斯特凡斯庫』（"ŞTEFANSCU"）有一個化名但卻不像『特拉揚』（"TRAIAN"）和其他人那樣有一份線民檔案。」這意味著可能有很多人舉報我，卻沒有出現在線民檔案上。在聽到國安局目的是要誘導我愛羅馬尼亞時，我愣住了。我一直覺得我的羅馬尼亞朋友們異常愛國，比我愛美國多得多。他們會不會是被安插在我身邊，要對我施加正向影響的另一種方式？十之八九不是。我又在疑神疑鬼了。他們會那樣愛國大概是因為他們國家小，不像較大國的人有更多選擇愛不愛國的空間。

「布利達魯」軍官不需要我推一把，就主動告訴我所有國安局軍官在革命之後都改服後備役。然後在一九九〇年十二月（或一九九一年一月）有很多人又被召回新成立的羅馬尼亞情報局。他認為被召回的人有四成舊軍官那麼多[19]。他們大部分都年紀較長，因為新的情報局面臨知識不足的窘境，這種情形就像共產黨剛掌權，與國安局剛成立的時一樣。較年輕的舊國安局軍官必須另覓工作。他在五十歲開始領退休金，退休第一年從事農耕工作，然後被召回，到一九九七年再次退休。他沒有把他的線民傳給他的接替者。

他對反國安局的宣傳很感冒，認為檔研會是在蠱惑羅馬尼亞人民，提供我不實資訊。然後他告訴我，除了我之外，還有另一個人在自己的安全檔案中找到他，譴責他是國安局成員。他被叫到布加勒斯特受審，但他拒絕前往，只給法庭寫了一封信。信的內容包括三個重點，其中兩點是：「一、請問我犯了哪條法規？我以前做的事都是符合當時的法律。二、控告我的人看到我寫在他的檔案上的話，但我卻看不見他回家以後所寫的話，這些話有可能是詆毀性內容。」他說因為這個緣故，他的名字被公布在官方的出版物《官方監視》（the Monitor Official），向公眾證實他曾經是國安局的僱員。「他們去查國安局的人事名單會更省事！」對於檔研會可以公開祕密警察身分這件事他愈談愈難過，開始哭著說：「有時候這讓我非常惱怒……！」

然後他談到國安局的組織，問我知不知道有一本叫《彩繪玻璃窗》（*Vitralii*）的刊物。他建議我讀一讀特奧多雷斯庫將軍（Gen. Filip Teodorescu）寫的書《承擔的風險》（*A Risk Assumed*），說他會去弄一本，明天給我。書中主張一九八九年不是一場革命，而是外國情報組織策畫的一次不流血政變。他顯然是想讓我對國安局有好印象，而我必須說他十分成功。他常常說他們只是「想確保羅馬尼亞安全的大好人。」我問他為什麼國安局的形象會那麼差，引起那麼大恐懼。他回答在一九五〇年代的國安局確實很可怕，但之後就不再是這樣。「我們不靠恐怖手段一樣控制了局面。」[20]

他好幾次重複類似的話語：「我們只是盡好本分，確保沒有間諜。我們不是人們描寫的那種妖魔鬼怪。一九五〇年代的國安局確實是那樣，但自從普萊西塔將軍（General Pleşiţa）[15]在一九六四年接管，開始把所有匈牙利人從組織中排除，情況就開始好轉。」他沒

15 編按：羅馬尼亞情報官員和祕密警察調查員，普萊西塔將軍從一九六一到一九六七年，擔任克盧日祕密警察機構負責人，並於一九八〇年代領導羅馬尼亞對外情報中心。

有直接說是匈牙利人讓國安局變壞，但他的意思盡在不言中。而就像他上面講的這番話一樣，他在許多話題中都流露出強烈的愛國情緒和反匈牙利情結。一個例子是談到在二次大戰期間外西凡尼亞被割讓給匈牙利時，這件事讓他父親失去工作。他父親向一個匈牙利人求一份工作，但被粗魯拒絕。講這件事時「布利達魯」再次哭泣

他會為自己曾在國安局工作高興嗎？「我為自己曾經是安全官自豪，也對於國安局受到各種詆毀感到難過。如果可以，我會馬上回去就職。」他對國安局要為黨領導階層的錯誤政策背鍋感到沮喪。黨高層才是制定政策的人，國安局的工作不過是把情報呈報給黨，讓他們在施政時有所依據。他說的話傾向於醜化黨和檔研會，把國安局抬舉成一個好的機構。

最後我說：「我的目的是盡可能平衡，設法顯示安全檔案背後一些人們的事情。我可以利用這次談話的材料嗎？但提到您的時候，我當然會使用化名。」他同意了，對於我將會為他取化名的主意感到莞爾，大笑了幾聲。我們討論要給他取什麼化名。他是怎麼想到要叫我「薇拉」的？「很簡單。截取妳姓氏中 ver 的部分，再加上一個 a 便成了。那是一個討喜的俄國名字。」他再一次緊緊挽住我的手臂，護送我到下一個目的地。

因為要努力記住談話內容，和在一個精力異常充沛的人面前扮演一名投入的同伴，我完全精疲力竭。我們的談話清楚顯示他聰明而深思，儘管他也是一個愚忠而有偏見的人。我

相信他說的，他有很多朋友，而他在吸收和培養線民一事上肯定也十分成功。與「格里戈雷庫斯」和「德拉戈米爾」相比，「布利達魯」自願提供我更多資訊，也更加堅定地要為國安局營造好形象。他在會面結束時顯得興高采烈，像是有信心他已經達成目的。雖然我從他身上獲得更多資訊而且也很喜歡他，但我對他並沒有產生對另外兩人那樣的特殊依戀。這大概是因為他在談話過程中顯得更有血有肉，又或者是我已經馴化我腦中的祕密警察，習慣了他們。不管如何，「布利達魯」仍然是國安局精於用人的另一個證明，他在建立良好的人際關係上表現傑出。

第二天我們又短暫見了一面，因為他要給我之前答應給的兩本書。我們談到了「格羅查」，他是「布利達魯」線民網絡的一員。「格羅查」最近去世了，出席喪禮的人中只有三個人不是親戚，「布利達魯」是其中之一。「他是我的親密朋友！」這句話打破了我對軍官—線民關係的刻板印象，讓我很吃驚，情況就像「格羅查」當初在電話裡稱呼「布利達魯」的名字一樣。他繼而談到要如何吸收線民。「有兩種方法，一個是用愛國精神打動他們，一個是用不光彩的情報使他們軟化。我們可以吸引你為國家服務的渴望，或者是在你在做什麼違法的事情被逮到時說：『為我們工作吧，否則你就會被起訴和坐牢。』」既然沒得選擇，有那麼多人選擇當線民會很奇怪嗎？

他指出，克盧日市的國安局人員總數大約是一百五十人，包括軍官和輔助人員（不包括線民）。又補充說：「所以說我們無所不在是錯的！」我回應說他們顯然很成功地散播不實資訊，不然民眾不會以為他們無所不在。他喜歡我這個說法，但對於祕密警察已經變成貶抑詞感到難過。

我問他性別的問題：他們對男性和女性會懷疑不同的事嗎，還是一樣？他說一樣，但用來處理男性和女性的手段不同。雖然他們可能會用男人來誘惑女標靶，但也會透過女人來達成此目的，以女人們愛說八卦的習性。男人主要是被用來當作愛情陷阱。男人和女人有不同習慣：男人喝酒較多，更想要性；女人則較謹慎頑強，可以施展她們的魅力。至於為什麼女性祕密警察的人數會那麼少，他說是因為工作很困難的關係。由於工作時間很長，有時會好幾天都回不了家，這樣一個媽媽做得來嗎？把她們納入團隊也會引起後勤問題。他停下來算：在他當軍官的三十多年，他只記得有過四名女性特務。大部分女性都是在辦公室工作，上一天八小時的班，不是當情報人員。

他也問了我一些問題，不過我沒有透露太多。像是幫我寄信給他的朋友是誰？（我沒有說）我們的共同朋友費莉恰知道我們會面嗎？可以告訴她我們見過面嗎？（可以）我見過的另外兩名軍官是哪裡人，我是如何見到他們的？（我回答得很謹慎）然後他又回到昨天的話題，說監視我是想讓我喜歡羅馬尼亞。我問他為什麼答應見我？「出於職業好奇。」他想驗證他對我的所知有幾成為真。

會面結束前他總結到：「國安局曾經有過一些壞人，但自從一九六四年後，在國安局工作的人大部分都善良、言談舉止得體和認真。」我則回應說和三名軍官見面影響了我對國安局的觀感，現在我為自己和檔研拍攝的紀錄片感到抱歉，因為片中我一竿子打翻一條船地指責祕密警察凌虐人民。他說：「我們不可能期望每個人都有這種觀感。重要的是要設法保持平衡，聽取各方面意見。」他跟我吻別。我們後來又見了兩次面，分別是在二〇一五年和二〇一六年。他一樣迷人而熱情，回答了我很多問題。我感覺我們幾乎是朋友了。

＊＊＊

回到克盧日市後，克里斯蒂娜問我「布利達魯」有沒有告訴我什麼我不知道的事，又補充說：「他們仍試圖把事情搞複雜、散播不實資訊，創造蜘蛛網纏住那些渾然不覺的人，透過他們的精神分裂方法（schizophrenogenic methods）分割身分。」我意識到雖然「身分」是說這個故事的好工具，但我一直把它想得太簡單。克里斯蒂娜的話提醒了我，國安局的主要策略不只是讓身分倍增（multiply），也是讓身分破碎化（fragment）。

儘管如此，我和三名軍官卻形成一種不同於往昔的關係（不管多麼短暫）。現在這種關係不是奠基於隱形和陰影，而是奠基於親身互動。我好奇這些會面對他們有什麼意義。他們回家之後，是否會因為自己成功扮演了一個不同的角色而哈哈大笑？他們這次是不是又要了我，只是是以面對面的方式？他們會不會也神經緊張？他們會不會對回憶往事感到高興，甚至認為那可以「讓他們得到和解（make their peace）」，就像「格里戈雷庫斯」軍官所說的。

又或者他們只是覺得我作為一名間諜實在太過親切了？

* * *

我在和安德烈共進晚餐時尋求他的忠告。我應該如何看待我和這幾位「大好人」的會面？他同意我朋友西爾維婭的反應：我不能為國安局辯護，而必須做其他事。「不管妳做什麼，就是不應該為他們漂白，不應該正當化他們的存在或表現得太過體諒。」我後來想，我的終極目標不是漂白或正當化他們，而是把他們理解為一個社會體系的一部分。這是民族學享有的特權。但我們只有現在才能這樣做。冷戰期間，我們沒有接觸他們的途徑，當時的脈絡也太過兩極化。所以任何新的理解條件（還有我和這些人私底下進行會面的條件）都是在冷戰結束後——至少是冷戰在二十世紀所採取的形式結束後。這當然會改變此刻的我們對當時的看法。

「不應該為他們漂白或正當化他們的存在。」這句話反映出我身處在一個困境中，被夾在兩種讀者截然不同的期望之間，他們是美國讀者和羅馬尼亞讀者。前者（至少我的學術界讀者）不一定會預期我基於我的安全檔案，做出不利於國安局的判斷，雖然我那樣做的他們也不會覺得奇怪。相反的，很多羅馬尼亞讀者正是期望我這樣做，這是我在紐約和一名羅馬尼亞同事談話時曉得。她讀了這一章的草稿，希望我有所評斷。「妳可以有些微差異，但妳必須有個立場。妳不能擱置判斷或者棄權。」她對祕密警察灌輸我的那一套嗤之以鼻。她因為研究過他們的檔案，而對這些套式很熟稔。「妳因為看見他們太過興奮，而沒有把他們的陳腔濫調——例如有關一九五〇年代的那些內容——像妳在其他作品中那樣仔細檢視。」最起碼我著作的英文版本和羅馬尼亞文版本應該有不同的結尾。她似乎對我給了那些祕密警察一個大好機會這點感到不悅，我讓他們能直視我的眼睛對我說：「我並沒有傷害你。」但在此同時，前國安局軍官和他們在其他地方的「格別烏」兄弟（例如保加利亞、馬其頓），卻搞亂東歐許多經濟體，從內部動搖歐盟。對他們太過寬厚是危險的。

我了解也尊重這名同事的立場，但我的心態仍很矛盾。所有國家都有情報機構，沒有一個熟悉胡佛主導下的聯邦調查局的人能自信滿滿地指責別人，自身卻豪不動搖。國安局確實劣跡斑斑（即便本書沒有很突出這一點），而在一九七〇和八〇年代要得到這種判斷確實也是不可能的，因為當時那些想要返回羅馬尼亞或保護他們在國內朋友的學者，都會選擇閉上嘴巴。一九八九年後，譴責整個共產主義體系——特別是譴責可恨的國安局——幾乎成為一種潛在的要求，它變成主要的公共意識形態。

然而在近三十年之後，選項變得更開放了。很多羅馬尼亞人忘記了國安局曾經很壞，而他們的子女對這個問題也不感興趣。有一晚，我和三位朋友聊天，她們是和我年紀差不多的女性。我們聊到了監視，她們其中一位的丈夫是記者，每次他和其他東歐集團國家的記者會面，就會上交一份報告。但他並沒有認為這樣做是不恰當或者是負擔，而是視之為分內事的一部分。我問她們如果時光回轉到一九八九年之前，也就是她們早前生活過的那個社會，她們會想改變社會什麼地方，她們回答說：「沒有。」記憶有時是短暫的，相應的，對國安局的觀感也是可塑的。

「不要傷害人」

以下內容摘錄自一次電話竊聽，是在一九八五年六月，我和比爾曼夫妻計畫偷偷去一趟克盧日市的通話內容：

標靶（指拉爾夫·比爾曼）：妳什麼時候會到那裡？
凱：星期一下午。
標靶：那就是我到時候要去接妳的地方嗎？
凱：對，那地點很棒，不會有問題。
標靶：妳確定嗎？
凱：確定。
標靶：我最在乎的是一切都是安全的。

「我的座右銘是不要傷害人」，「格里戈雷斯庫」軍官曾這樣對我說。而我見過的另外兩名軍官，至少其中一位也說過類似的話：「我對妳造成什麼傷害？」檔研會的克里斯蒂娜指出，祕密警察對以前被他們監視過的人常說的一句話也是：「我不認為我對你有過任何傷害。」現在我要問自己這個問題：他們對我造成什麼傷害？我的回答是：首先，他們必然改變了我的研究方向，因為他們散播對我不利的謠言導致我的田野工作無以為繼。而當我最終意識到我的友誼對一些朋友造成災難性後果，讓他們被牽連與成為線民時，我深深感到難過。傷害他們就等於是傷害了我。

但其次（也是更重要的）是，這個問題以不著痕跡的方式把重點放在國安局軍官和我身上，而不是放在監視體系本身（國安局軍官在這個體系中只不過是一些齒輪）。即便祕密警察沒有傷害到我個人，他們參與其中的體系卻傷害很多我關心的人，更不要提四十多年來成千上萬被他們荼毒的羅馬尼亞人。我們無法究責個別的軍官，他們的罪責只在加入國安局，我們只能究責整個機制和它所服務的黨。這個鎮壓系統致力於肅清國家的敵人和維護羅馬尼亞人的安全，卻對人民帶來大量傷害。因此去問祕密警察對我造成什麼傷害，是搞錯了重點。

除了前面提過的幾名線民外，國安局對我的朋友造成傷害的例子來自比爾曼夫妻。二〇一〇年，我和比爾曼夫妻在萊比錫會面，一起讀了我安全檔案中有關拉爾夫的部分。拉爾夫決定調閱自己的安全檔案，他認為那可能也會對我有用（我有勸過他打消主意）。二〇一五年一月，他收到五份卷宗，其中三份（共七百七十四頁）包含了他在一九八五到八九年間的

DUI檔案，他在其中被稱為「馬努」（Manu）。他把內容分享給我，我讀完以後失眠很多天，也讓我再次追問什麼是「傷害」。

第一份檔案完全是有關他的家人和我的關係，第二份檔案是竊聽報告（我偶爾出現在其中），而第三份則直接以我為調查動機。第一份檔案的日期為一九八六年九月二十六日，檔案開宗明義提出建立拉爾夫DUI檔案的建議，要對他進行正式監視。這樣做的理由何在？自從一九七四年我跟拉爾夫認識以來，他都沒有向國安局報告我們的友誼，但在一九八五年，規定每位羅馬尼亞人報告他們和外國人談過話的法律獲得重申（該條法規在一九七一年立法）。祕密警察用我在去過克盧日市後打給比爾曼夫婦的電話逐字稿，作為支持他們建議的佐證。我在電話中問比爾曼夫婦是否安好，以及我們的見面會不會造成任何不好後果（安全官將這段話畫上底線），他們回答說不會，我便繼續說：「我老是擔心電話會被竊聽。幸好這完全沒有根據。」（我又錯了）然後安娜說：「我準備好靴子了，等不及要和妳碰面。（The boots are ready. I can't wait to get together.）」祕密警察認為我們這段話使用了約定好的暗語：

> 這段談話明顯反映出，那名外國人關心她在羅馬尼亞人脈的安危……與此同時，這段話透露出使用約定好的（conventional）字眼的特徵。不然她們怎麼會在六月談到靴子？

拉爾夫檔案的其他文件中，包含一份較早期的軍官報告。在我看來這一份報告很關鍵：

> 我提過，在韋德瑞・凱薩琳採訪比爾曼・拉爾夫這段期間，自詡為自由歐洲的廣播電臺曾經對我們國家（包括拉爾夫工作單位）有過不適當的評論。

這樣的擔憂出現過一次以上。國安局顯然認為是拉爾夫把工作單位的祕密情報提供給我，我又提供給自由歐洲電臺（羅馬尼亞共產黨和它的鎮壓機器一向對這電臺深惡痛絕）。在國安局看來，這是非常嚴重的冒犯。

我和比爾曼夫妻的友誼，不是讓他們本身落入監視（這在檔案前幾頁有提到），就是被祕密警察當作吸收他們為線民的藉口。確實，拉爾夫出於某種原因早在祕密警察因為我而正式監視他以前，電話就被裝了竊聽器（是他的族群背景嗎？還是因為他有親戚逃到西方？）否則祕密警察不會知道我們在一九八五年六月四日的出遊計畫。拉爾夫的檔案顯示，從他和安娜假裝讓我搭順風車那一刻開始，國安局便對他們開始採取廣泛的措施，包含在他們身邊部署線民、安裝竊聽電話、攔截通信、跟蹤、查出他們的朋友圈等。一九八六年九月二十六日，他們的家受到搜查，被裝上各種竊聽偷窺設備。這讓他們不只被竊聽電話，家裡的種種舉動也一目了然。而祕密警察也對拉爾夫住在弗拉伊庫村的年邁母親進行監視，又設法從比爾曼夫妻常來往的人中吸收新的線民。到了這時候，拉爾夫被要求當告密者的壓力，已經大到在他身上引發胃潰瘍。祕密警察最終在一九八七年透過一招狡詐的詭計，讓他寫了一份長篇報告，承認我們的友誼關係，與解釋為什麼沒有更早報告。不久之後，拉爾夫的DUI檔就關閉了，伴隨而來的是安全局提出吸收他為線民的建議。一年後，拉爾夫因為安娜逃亡到國外，受到的壓力加劇。國安局計畫在他得到移民批准後讓他接受培訓，以便他為國安局在德國進行間諜工作（這十之八九也是他能獲得移民批准的條件）[21]。

沒有什麼比讀拉爾夫的檔案讓我對祕密警察更加惱火。很明顯的是因為我的關係，他的房子和電話才會被大量裝上竊聽器、郵件才會被拆閱、他的朋友和家人才會被調查。也是因為我，他才會在某一次被警察帶走，驚恐萬分地受到幾小時威嚇，他太太則在等他回家過程如坐針氈。我會稱這種經歷為「傷害」。如果我是一名期望政府保護而非迫害我的公民，我一定會將這樣的對待視為傷害。一九八六年，拉爾夫聽到了傳聞說「比爾曼夫妻將永遠無法一起到國外旅行」。先前，拉爾夫、安娜和他們兩個小孩會定期到匈牙利和東德度假與探望親戚，但從當時開始他們只能每兩年分開出國一次，每次帶一個小孩。因為我的緣故，他們失去國安局的信任，這大大促成他們一起逃亡到國外的想法。結果，拉爾夫和女兒有一年半時間處於不間斷的監控底下，完全不知道何時能離開，或者一家人是否有機會再團聚。安娜和拉爾夫都因為分隔兩地而柔腸寸斷。

回顧我的朋友因為我而受到的折磨，我必須譴責統治機器對待羅馬尼亞人民的方式。不管個別的國安局軍官抱持什麼樣的動機，他們都是在為一個可恨的壓迫體制服務，那個體制支援西奧塞古與其黨羽不人道的政治工程。由於這個運作機制受到保密措施的保護，我們只有在回顧時才能感到憤怒。在過往，大部分的人完全不知道它在做什麼，比爾曼夫妻不知道，我不知道，而那些自認為知道的人也只有最模糊的認知。這點可以從從大部分人後來讀到自己安全檔案時，對自己被監視的程度感到難以置信這件事上可見一斑。在那個年代很多人受到祕密警察的活動影響，其中包含監聽、監看、編造陰謀、操弄線民網絡與根據有罪推定原則行事，很多人的人生被倍數化（doubled）。這種事之所以可能，是因為保密誓言和工作區隔化（work compartmentalization）的存在，同時也讓我們憤怒的理據無法確立。但由於檔研會現在的對外開放，這種憤怒變得有可能。

然而這些正面與負面的論斷，忽略了伴隨我的告密者而產生的有關傷害與責任的複雜問題。因為他們也許會主張我才是傷害他們的人（像瑪麗安娜那樣），我的無知和天真、我隱瞞朋友身分時的笨拙、我的過度熱情和早熟的情感投入，全都對他們構成傷害。當人際關係的微妙和譴責的衝動發生碰撞時，其中的複雜性便受到了隱蔽。二〇一六年有一次當我和比爾曼夫妻談論拉爾夫的安全檔案時，我們詳談我們的友誼帶給他們人生的影響。我問他們會不會寧可我們從沒認識過。他們已經自己想過這個問題，得到的答案是堅決的「不會」。

* * *

透過記述我和祕密警察的談話，我試圖讓國安局的監視機制曝光，而沒有讓行動者本人曝光。另外，就像希拉．菲茨帕特里克（Sheila Fitzpatrick）在《檔案館裡的間諜》（*A Spy in the Archives*）一書中所寫的那樣，我顯示冷戰期間在蘇聯集團國家從事人類學研究有多困難（在冷戰之後也是，如果有人像我一樣要用自己的安全檔案進行研究）。但更重要的是，在面對我的檔案和祕密警察時，我明白了自己在很多方面都是受國安局擺布的傻瓜。他們發給我簽證、准許我入境，然後把我變成他們的「土著」（"native"），變成他們的特羅布里恩群島島民，[16]讓我受到比我對羅馬尼亞人更強烈的檢視。他們跟蹤我、讓我認識新的朋友，然

16 編按：特羅布里恩群島（Trobriand Islands）島民為人類學家馬林諾夫斯基（Bronislaw Kasper Malinowski）著名人類學研究個案。

後又在這些人中挑選新的監視目標和線民。他們也讓我去幫他們研究老百姓對政府的觀感（這些觀感有時候連他們都查不出來）。國安局把我當作工具，這大概是他們沒有把我驅逐出境的另一個理由。

我以博士生的身分來到羅馬尼亞，要求本地人和我分享他們的生活，而作為回報，我全心全意和我的新朋友交往。但這種誠意足以彌補一些人因為我而受到的苦難嗎？我那時對發生的事情沒什麼知覺，不知道有一張蜘蛛網正在我四周編織起來，要捕捉那些和我走得近的人，並讓其他人不敢靠近。「她是個間諜！」因為知道自己不是間諜與不相信自己受到嚴密監視，我不經意地把一些朋友放在餐盤上端給國安局，最顯著的就是比爾曼夫妻和瑪麗安娜。雖然我並沒有折磨或威脅他們，但我卻讓他們的生活變得艱難，很值得被瑪麗安娜說：「妳看妳對我造成了多大傷害！」神奇的是，即便在這種環境下，我還是能和他們保持長年交情，而這些持續的友誼在我生命中占有重大意義。這證明國安局並未能達到阻隔羅馬尼亞人與外國人的目的。

第四章　反省

惡魔並不引人注目，總是個平常人，
他和我們同床共枕，同桌吃飯。

——奧登（W. H. Auden），〈梅爾維爾〉（Herman Melville）

在自願和祕密警察見過面後，我發覺自己必須用一種和一開始不同的角度去理解他們，一種比我前一本著作《祕密與真相》更全面觀照的視角。我對我的辦案軍官的強烈好感，清楚反映這一點（這些人是建立我的檔案、創造出我的分身「薇拉」，和逼迫我朋友成為線民的人）。在以下的反省中，我將會把我過去從事研究的兩個時段：一九七〇年代至一九八〇年代，與二〇〇八年至二〇一六年放在一起，對那個投注很多時間在我身上的機構提供一些初步想法。

＊＊＊

我是在過了一段時間之後（事實上是幾個月），才意識到這些會面發生了什麼事，以及我為什麼在前兩次會面後深感困惑。我本來以為是我在追蹤他們、直面他們（雖然不是以有敵意的方式），但實際上卻是他們在吸收我——不是吸收我當線民，而是讓我以更正面的態度看待他們。想到這點時我感到非常驚訝。這就是當時我為什麼突然不再對他們那麼譴責，老是回想起他們的熱情與笑容，又對把他們的名字刊登在我書上深感後悔。雖然現在已經來到他們應該採取守勢的後社會主義時代，但他們絕對沒有在採取守勢。這不是我本來就該料想到的嗎？

「布利達魯」軍官對他的目的最直言不諱：在一九八〇年代，他想讓我正面地評價羅馬尼亞，如今他想讓我正面地評價國安局。但另外兩位掛著笑臉的軍官一樣是在從事吸收行動，更好的說法大概是魅惑行動（a seduction），這畢竟是他們的專長。他們已經打磨他們的新形像二十五年了，我現在所看到的人，無疑和他們在撰寫我檔案時的模樣非常不同。當然，我也是在設法吸收他們。我喋喋不休地說話、笑僵了的臉，還有把他們的工作與我的工作相提並論，這些行為都別有用意。無論我是否有成功影響他們都無關緊要，因為他們並沒有在寫一本關於前間諜的書。但我卻在寫一本有關前祕密警察的書，將會用我的學術權威描繪他們的形象。他們有想要吸收我與讓我認同他們觀點的絕佳理由。

和維爾吉柳的一席談話，讓我這種想法變得可信。他說當前此刻前祕密警察正在為他們的公共形象進行激烈鬥爭。這些原本是國安局特務的人，如今都成為「情報軍官」（information officers）——這種較不駭人的稱呼讓他們顯得較為和善。他們表示：「我們蒐集情報是為了保護羅馬尼亞。」有些人並雇用昂貴的律師對付那些指出他們曾經是祕密警察的控訴，好讓自己的名字不會公諸於眾，也不會失去曾經可能擁有的特權（例如在一九八九年，因為冒充「革命分子」而獲得的年金）。像「布刊達魯」軍官那樣拒絕抗爭的案例現在變得十分少見，有些軍官甚至計畫告到歐洲人權法庭。維爾吉柳認為他們在乎的主要是他們自己個人的形象，而不是國安局的形象，但他們的確也參與了和國安局有關的兩個組織，那兩個組織按照昔日對內與對外情報部門來區分[1]。歷史學家霍爾（Richard Hall）也在他的部落格撰文談論國安局改變中的形象。他把他們一些新的面貌列在二〇一三年十二月的網路新聞稿[2]。這場公共形象的戰爭當然延燒到我身上，在弄清楚我並不想找他們麻煩後，他們便開始迷惑我。正如我發覺他們訊訓練有素的動員能力，讓他們在做這件事時能駕輕就熟。

我猜想這場形象戰爭，和前國安局軍官在一九八九年後迅速重返（甚至可說是接管）羅馬尼亞經濟有關。這個過程的開端被記錄在奧普里亞（Marius Oprea）的《國安局的繼承人》（*Heirs of the Securitate*）一書中[3]。在那之前，他們便已經是經濟機構的重要人物，同時經營本國貨幣與外國貨幣的生意（這部分有助於支撐羅馬尼亞瀕臨崩潰的預算）。其中一個例子是瑪麗安娜的招募人和我的辦案軍官廷卡。他在一九九〇年從克盧日市退休，一九九五年被國安局的後繼者「羅馬尼亞情報局」（SRI）召回，委任為外西凡尼亞情報部門的主管。之後他往西搬到奧拉迪亞（Oradea），開了一間銷售電子遊戲的公司，生意相當興隆。他用賺來的錢連本帶利開了兩間賭場，後來還當上法學院的教授和院長，直到二〇〇七年才被踢走。他可說是時來運轉，而像他這樣的人並不少。

就像前共產集團其他國家一樣，前祕密警察在羅馬尼亞經濟私有化的過程中分了一大杯羹，我從一席談話中得知這件事。因為很多祕密警察是學法律的，像我所見過的三位之中就有兩位是法學背景。在一九八九年之後他們很容易被承認為律師，於是他們便利用這種優勢保護彼此，以防止別人罷免他們。他們從前在經濟中的角色（掌管重要的國內和國外企業），讓他們建立了優越的人脈，這些人脈讓他們在新經濟中照樣生意興隆。有一位人脈關係極好的朋友，在二〇一六年一次午餐聚會時便悄悄對我說：「他們在運營著這個國家！（They're running the country!）」在這裡的「他們」不只是指前國安局軍官，還是他們在一九八九年之

後的後繼者。所以我和祕密警察的會面是發生在這樣的脈絡下

我對這一切有何感想呢？就像任何民族學家一樣，我首先是去蒐集朋友和同事的感想。

恐懼帝國

民族學家的一個毛病就是會過度採納主要訪問對象／朋友的觀點，而未意識到他們或許集體擁有強烈的偏見，並努力想讓我們相信[4]。其中一種這樣的觀點，我們或許可以稱之為「恐懼帝國」範式（"empire of fear" paradigm）。受到冷戰思維影響，這種觀點認為共產政權奠基於恐怖與鎮壓，而祕密警察是其主要打手。雖然當美國大使館的人向我傳輸這一套想法時，我將之視為一種冷戰意識形態而不屑一顧；但隨著我在一九八〇年代逐漸發現祕密警察對我的嚴密監視程度，並吸收了我周遭人們的世界觀，我慢慢接受這種說法。我是要到開始研究我的安全檔案後，才發覺這種範式妨礙我看出國安局在羅馬尼亞社會中扮演的複雜角色。雖然在這個問題上我的資料很有限，以下我將會提出一些初步看法，指出共產政權的祕密警察組織是如何運作，而冷戰的刻板印象和異議分子的證言，又如何掩蓋這種運作方法。

在我從事田野工作期間，「恐懼帝國」的範式和國安局心狠手辣的形象，在羅馬尼亞廣為流傳。無可否認的，國安局曾經運用各種手段在人們心中引起恐懼和焦慮，但透過一些談話我得知事情並非這麼簡單。例如歷史學家歐普拉（Marius Oprea）告訴我（他一直在挖掘一九五〇年代被國安局殺害的人的屍體），有一些前軍官和他談過話，贏得他的同情。他們很多人當初都是來自農村的年輕人，加入國安局只是為了想過上好一點的生活、能夠體面一點。他們時常不喜歡做他們奉命去做的事，在一九八〇年代期間尤其如此。但歐普拉也指出國安局早年完全濫用暴力的情況。每次在他挖掘屍體時，死者的親戚和村民會重新經驗到國安局當年殺人時的恐怖感。有次一位村民告訴他：「時至今日，我聽到汽車引擎聲仍然會害怕。因為在那個年代只有國安局有汽車。」小時候每當那位村民聽見車聲，他就會尿濕褲子。這種反射動作可以維持幾十年，哪怕國安局已經改頭換面。

我問朋友利維烏，他對「布利魯達」是什麼感覺。「他不是壞人。他和妳的好友『格羅查』特別親近。他們是酒友。」他又提到他認識的另一些祕密警察也是正派人物，他和他們相處愉快（利維烏是一間研究中心的所長，時常要與祕密警察連繫）。我對他說：「當我在共產主義時代的羅馬尼亞做研究時，人們把國安局說成妖魔鬼怪，我也相信了。」他反應激烈地回答：「不，不！完全不是那個樣子！」[5]

接著我去找拉杜，問他對「布利魯達」的觀感（兩人在唸大學時便認識），而他的話和利維烏如出一轍。「他不是壞人。」我告訴他，和這些軍官會面後我感到很困惑，因為我發現他們親切、友好和聰明。而他說：「最大的錯誤就是認為一九五〇年代的國安局可以代表整個共產主義時期的國安局。很多早期的國安局軍官是猶太人和匈牙利人，不是羅馬尼亞人。很多可怕的事在那時候上演，像是任意逮捕、把人關進古拉格、用暴力手段施行農業集體化，摧毀農民原有的生活方式。經歷過這些事的人往後延續這個印象。但那些舊的祕密警察在一九六〇年代受到清除，整個國安局的可怕程度大大降低了。」由此可見，除了祕密警察自身之外，有些羅馬尼亞學界人士也持有相似觀點。

＊＊＊

當我跟另一位朋友桑杜（Sandu）＊談到我和祕密警察會面對我造成的影響時，他回答：「他們讓你對祕密警察的印象複雜化了！雖然西奧塞古是個白痴，但共產黨實施的人事政策很聰明。他們都會把大學和工廠裡最優秀的人才吸收到黨和國安局，專挑受過教育和有眼界的。在談到對國安局的看法時，妳必須具體指出是哪個時期的國安局，以及是從誰的觀點看。起初國安局的軍官都是來自『維安警察』〔Siguranța，兩次世界大戰之間的情報機構〕，而這些人都非常野蠻。這是因為他們必須向黨證明自己有能力，位置才坐得穩。就像任何機構那樣，有不同種類的祕密警察，有些是好人，有些是壞人。」我說，保安局的人會不會讓機構的行事作風定調，讓後來想向上爬的軍官競相殘忍野蠻？他認為這有可能。

這段談話讓我對祕密警察在一九四〇和五〇年代的野蠻有了不同看法。這種野蠻是讓「恐懼帝國」範式確立起來的部分原因。參考和我見面的祕密警察說法，那時的國安局之所以野蠻，是因為其中有大量匈牙利人、猶太人和俄羅斯人存在，但這些人後來被排除，讓和藹可親、聰明而不野蠻的羅馬尼亞祕密警察得以出頭。這種涵蓋一切的民族主義式解釋，經常出現在我的羅馬尼亞朋友口中。它暗示羅馬尼亞人當不成共產黨員，他們缺少暴力、貪婪與殘忍的心性，彷彿共產黨和國安局成員，有多數不是羅馬尼亞人似的。但桑杜提供給我一個更好的解釋。一九四〇年代羅馬尼亞共產政權在剛上臺時（就像後來那個在一九八九年出現的新興國家一樣），由於缺乏人手而無法重新打造新的行政系統和情報系統。確實，當初在共產黨中有相當高比例的匈牙利人和猶太人（俄羅斯人也不少），新成立的國安局也是這樣。但要訓練新招募的人員，黨必須留住一些「維安警察」老人，積極邀請他們入黨，以防止他們投靠西方情報機構。而為了向新的統治者表示忠誠，這些舊有幹部賣力表現自己，殺人和暴力成為他們可靠性的標記，他們用盡手段都要查出情報。他們十之八九建立了不可取的行為模式，諸如喜好殘忍和急於逞威風。例如在一九五一年，一名祕密警察在反共分子蘇斯曼（Teodor Susman）死後切下他的陰莖，放在手中轉動。

隨著時間推進，當新招募的幹部已經充足，舊的幹部就會逐漸被打發走。因此經過十到十五年後，國安局全都由新的軍官所組成。到了一九六四年，安全官已經全數在布加勒斯特的軍官學校受訓，而不像其他東歐國家的情報員是在莫斯科接受情報訓練。而到這時候，逮捕和毒打的「配額」大概已經全滿，新的黨書記西奧塞古開始實施新的政策。在一九七〇年代，國安局軍官教育水平的提高，在全世界的祕密警察中是一種普遍現象，這是因為情報內容和獲取情報技術的複雜性都有了改變。沒有受過教育的老粗再也無法跟進時代，而紛紛被懂得操作更精良工具的軍官所取代。

因此在早期，共產黨的統治確實是以暴力和野蠻為特徵，但這種情況在後來逐漸減少。即便受過暴力對待的人，可能都已經留下不可抹滅的印象。但這裡並不是在否認暴力可以有很多不同表現形式。後來的軍官所採取的聰明的心理／情感操縱方法，一樣可能會為受害者帶來極大創傷，這種情形我們已經從瑪麗安娜身上看到過。另外，新的祕密警察也繼承舊國安局讓人聞之色變的形象，尤其在那些吃過它苦頭的人眼中是如此。這種恐懼不是沒有根據的，因為即便外在環境的趨勢是減少暴力，但祕密警察幾乎沒有放棄使用暴力。在一九七〇年代晚期和一九八〇年代，都有大量報告顯示擁有大學學位並不代表祕密警察不會使用野蠻手段。這種命運曾發生在那些在一九七九年，試圖創建自由工會的人們身上（早於波蘭團結工聯運動一年），也曾落在一九八七年在布拉索夫（Brașov）發起罷工的曳引機工廠工人身上。那些人大部分都被毒打、監禁或在「不幸」的意外中被謀殺。而膽敢發言反對政府的人也是如此，例如異議工程師烏爾蘇（Gheorghe Ursu），就在一九八五年被祕密警察關押期間被毆打致死。因此直到共黨政府下臺前，祕密警察都能引起民眾心裡的恐懼，哪怕他們的暴力行為已經大大減少。

可視的和隱形的

祕密警察是隱身的大師，這也是他們能引起人們恐懼的力量之一。我同樣有感於這種力量。一名同事問我為什麼想見祕密警察？我說不太上來。對，為什麼呢？然後我想到這可能跟「德拉戈米爾」和「布利魯達」感興趣的事情有關：隱形。透過看見他們，我希望能阻止他們再逃回暗影中。我想揭發他們的祕密，哪怕只是為對我自身揭發。然而，我卻發現自己反過來成為被他們凝視的俘虜。對於「格里戈雷斯庫」和「德拉戈米爾」（尤其是後者），我記得最鮮明的是他們的眼睛，他們的眼睛感覺睿智而溫暖（不過我必須努力抗拒他們的魅力，否則我就會犯下和小布希總統一樣的致命錯誤：他在望向前「格別烏」軍官普丁的眼睛時相信，自己已經看見對方的靈魂）。

情報機構的不可見具有一定的奇特性，特別是國安局、東德「史塔西」和「格別烏」這些鎮壓性質的情報機構，因為它們會讓你產生特殊的緊張心理（至少在我身上是如此）。當我知道我能鎖定他們的位置後，我希望能見到他們的心理就變得狂熱。因為有一件事是我無法忍受的：他們看得見我，甚至能透過我飯店房間的攝影機看到我穿內衣褲的樣子，但我卻看不見他們。想到這點就讓我非常憤怒。而利恰努也曾經寫過類似想法：「閱讀我的檔案時，我無法得知他們的表象。他們是純粹抽象的。我不知道他們幾歲、是不是高個子、是不是金色頭髮、會不會出現面部神經抽動、來自什麼樣的家庭……他們就像一齣驚悚電影裡的角色，觀眾看到的只有鞋子、帽子、戴了手套的手上拿著一根點燃的香菸，或者是一道背影，又或者什麼都沒有！他們的本體是玄祕（the occult）。他們權力的印記就在於：**他們看得見你，但你看不見他**。」[6]利恰努為此不得不創造出他在檔案中遇到的軍官，設法想像這名軍官如何解釋自己的所作所為。但因為我是民族學家而不是哲學家，所以我要把他們找出來。

在格卡瑞克塞（Saygun Gökarıksel）對波蘭祕密警察的「臉」（face）和「損毀」（defacement）等概念提出令人回味的反思中，他描述在二〇〇六年與二〇〇七年間在很多波蘭城市舉辦的展覽。他們以巨大的看板展示每座城市祕密警察的照片、姓名和描述[7]。主辦這些展覽的國家記憶中心（the Institute of National Remembrance）如此傳達他們的目的：「把你們曾經在街上看過，又不知道其為邪惡加害者的人們揭發出來。」「臉」的概念同樣在共產黨政策中作為重要手段，像是揭去間諜、破壞分子和人民敵人的面具等。也就是說，揭開敵人面具與暴露他們的「臉」，是共產黨確立自身統治正當性的必要手段。在一九八九年後，東歐國家對壓迫體制所實施的揭露計畫（unmask）更直接繼承這種做法。

格卡瑞克塞提醒我們臉在社會溝通上的重要性，以及它在政治景觀與社會篡改中扮演的角色。事實上，在波蘭城市卡托維茲（Katowice）展出的軍官面孔與其他照片，不只一次遭到破壞與損毀。格卡瑞克塞寫道：「在可見與不可見的十字路口，對於臉的展示，將真相（truth）與可見性、透明性或祕密的揭露聯繫在一起。」[8]此外，哲學和神經科學都把臉和道德行為連在一起。要做出符合道德的行為，一個人必須能「面對」他人（face others）[9]。這是否解釋隱密之所以作為國安局工作的條件之一？因為非國安局的人們通常會將祕密警察視為不道德的？

格卡瑞克塞的研究讓人想到一些有關國家本質的論述。有些論者反對一般把國家視為實體的觀點，主張應該將國家視為一種面具，其功能就是進行遮蔽。也就是說國家的面具後面沒有所謂現實，只有展演（performance）。或者按照科羅尼爾（Coronil）的說法，國家是「面具和其遮蔽物的統一，是可視的也是隱藏的。國家就是在遮蔽的過程中被創造……可見性和不可見性作為國家的一體兩面。」[10]或許我和祕密警察會面的經驗就反映出這點。這些會面不但沒有揭露新的事實，反而引發我的困惑，讓我感到有些掃興與失落。但這不是重點。重要的是祕密警察利用他們的不可見性，宣傳他們無所不在的假象，透過散布恐懼來支持共產黨政權。這是我在羅馬尼亞期間吸收到的假象，也因為這個理由，我跟他們見面時才滿懷焦慮（正如「格里戈雷斯庫」軍官很合理地指出，我把他找出來的舉動非常勇敢）。

雖然在《祕密與真相》一書中，我毫不懷疑國安局的不可見性，但現在我卻開始明白它在某種意義上不完全是隱形的：人們其實看得見負責他們工作單位的祕密警察，祕密警察也會在異議分子可能聚集的地方出沒。祕密警察被稱為「藍眼睛的男孩」，在安娜．布蘭迪亞娜的詩〈一切〉（Everything）中，祕密警察則被稱為「勝利大道上的男孩」。安娜在回憶錄中指出，那些在勝利大道上巡邏的國安局特殊人員非常好認，他們穿相同的衣服、剪相同的髮型，甚至身材和髮色也一樣，有著同一副毫無表情的臉、眼睛一眨也不眨。「他們並沒有隱藏自己，沒有在偽裝下行動。相反的，他們必須被看見和辨認，他們的存在必須被知道。他們的存在本身足以引起一切……國安局已經變成一種預防性機構。它創造出最有效、最有害和最有瓦解力的恐懼——預防性的恐懼」[11]。透過被看見，祕密警察的特殊單位引發人們的恐懼，讓祕密警察無處不在的假象得以延續。然而這個假象是透過組織的不可見性才得以蓬勃興盛，他們的祕密行動仍然是不可見的。國安局之所以興盛，是源於不可見和可見性的辯證關係。

值得注意的是，國安局是透過祕密警察開發與建立的關係網絡，而得以繁榮茁壯。

人群中的祕密警察

二〇一四年六月地一個晚上，我和安德烈一起吃晚餐。一如往常的，他告訴我一些有趣的故事，這次是有關祕密警察。有一名羅馬尼亞的異議詩人迪內斯庫（Mircea Dinescu），在一九八〇年代晚期不斷受到跟蹤。有一天，他到菜市場買菜，他去到一個番茄攤位，要求買一公斤的番茄。但攤販告訴他賣光了，他堅持要買：「我是個詩人，你可以幫我忙嗎？」

那名攤販回答：「如果你是詩人，你最好有迪內斯庫的膽量……」「但我就是迪內斯庫。」聽到他的話，攤販非常激動，大聲對妻子說：「拿一公斤番茄給迪內斯庫。」於是迪內斯庫帶著他的一公斤番茄回家。跟蹤他的祕密警察就守在市場門邊，當他們知道他買到什麼時，他們非常惱怒（這表示在當時，就算是祕密警察也不一定買得到他們想要的所有食物），說道：「這裡的人有番茄！求求你也幫我們買一些好嗎？」迪內斯庫就往回走對攤販說：「我需要幫跟蹤我的人買一些番茄。」然後幫祕密警察也買了一公斤番茄。

安德烈談起自己的經驗。他曾經被軟禁在家中，祕密警察每天都守候在門口。他們其中一位祕密警察想讓他停止抱怨，去看書房裡的書或寫些別的東西，但他靜不下心來。於是他們便跟他說，他們準備把他轉移到另一座城市，希望他離開時能靜悄悄的。他說：「如果你們答應不再監視我的家，我就會安靜地離開。我太太和子女住在這裡，我不想要他們整天受到騷擾。」那名祕密警察說他會看看他能做什麼。兩天後他回來說：「可以了，只要你靜悄悄地走，我們就會停止監視你家。」安德烈總結道：「所以他們是可以商量的。」但又補充這並不表示所有祕密警察總是準備好跟你商量[12]。他稍後又談到在一九五〇年代時，政治警察都非常兇狠，你不可能跟他們談條件。但在一九六五年，當西奧塞古成為了黨書記，他繼承前任書記已經開始改變的政策方針，減少對人民的壓迫，而祕密警察的行為也相應改變，開始有更多商量的空間。

＊＊＊

二〇一四年六月底，我和安德里安（Adrian）*吃了一頓讓我徹底改變想法的晚餐。我跟他說我和祕密警察見面後不知道如何看待他們，他的反應讓我感到吃驚。類似於其他許多人，安德里安認為到了一九八〇年代，恐懼已經不是驅動大部分人和祕密警察建立關係的力量。他說祕密警察在一九八三年前後曾嘗試過吸收他。起初他們透露一些有關他私生活的事，讓他驚訝地自問：「他們還知道哪些事？」不過在那之後，他們主要是用正面方法吸引他，而非對他進行威脅：「『你的事業會突飛猛進、你將可以出國旅遊』，諸如此類的。」他們大約找過他三次，後來都沒有用最初的招式，而是改用物質作為誘因。

不過他接著說：「我們不能淨是強調恐懼和恐怖，人們也認識他們。他們是鄰居、學生時代的同班同學，甚至是親戚。他們和大家混在一起。他們需要人們幫忙，人們也需要他們幫忙。那是一種類似協商的關係。」他回憶道：「我在畢業幾年後碰到一位同班同學，問他從事什麼工作，他說他在國安局。我問他：『你都做些什麼？』他回答說：『不是你想的那樣。首先，有很多國營公司的管理者都會簽一些不利於國家但可以牟取暴利的合約，所以我們必須花很多時間阻止這種事。另外我們也會收到民眾寫信來抱怨、指責別人。』」他稱這些不是線民、和國安局沒有正式關係，但卻會寫信向他們舉發事情或請他們解決難題的人為「志願者」（volunteers）。我問：「這不就像那些寫給黨的信嗎？這些人相信黨可以幫他們解決問題，所以寫信給黨，信有時候會被刊登在報紙上。那為什麼又會有人寫信給國安局呢？」「因為國安局動作更快也更有效率。如果你向黨或警察寫一封抱怨信，你可能會要出庭花費大量時間。國安局可以用更快的方式解決問題。」換言之，隨著國安局對人們的問題作出回應，社會問題也被組織化。這讓我想到東德情報局每週兩次的對外開放時間，其作用也是為了解決人民問題。

安德里安談到的是一九八〇年代的情形，當時羅馬尼亞經濟狀況愈來愈糟，西奧塞古政權束手無策。在這種情況下，「志願者」主動提供情報給祕密警察，讓他們不需要經過整個吸收線民的程序，就能獲得資訊。有愈來愈多公民成為壓迫機器的積極參與者（儘管我不認為他們會如此看待這件事），不再是他們一般自認的受害者。安德里安的印象是，祕密警察與他接觸時並沒有真的逼迫他，這讓他認為他們有很多其他人選。他說：「人們必須創造一種常態視野（horizon of normality）。他們不能老是生活在不確定性中。」在這種情況下，他們求助於任何可能幫助他們的人，他們在一個庇護系統中「自願」當作被庇護的人。庇護和交換恩惠本來就是羅馬尼亞社會的主要特徵，自此它們更成為迫切的需求。很多蘇聯歷史學家都在研究人們寫給黨或祕密警察的書信、投訴和情報，把它們視為地方行政管理失能時人民對中央介入的期許[13]。如果這一類「志願者」在一九八〇年代大量增加，那或許顯示地方的行政管理功能隨著經濟危機而惡化。既然祕密警察比其他大部分機構，有更多可以使用的資源，那為什麼不善加利用與他們的關係？人本來就會動用所有可能的社會關係來解決問題。

其中一個例子來自我對拉杜的訪談。在談到「布利達魯」軍官時，他說：「有一件事我要歸功於『布利達魯』。有一段時期羅馬尼亞和匈牙利的關係非常糟，你幾乎不可能申請到批准前往匈牙利的簽證。我有一位匈牙利裔同事的媽媽住在布達佩斯，病得很嚴重。他想要去陪她，希望我能幫忙。於是我就請太太聯絡『布利達魯』，她和他比較熟。不到兩星期，簽證就下來了。」對祕密警察來說，把網絡延伸到民眾之間非常重要，所以有時他們會幫民眾的忙[14]。事實上，祕密警察已將幫助人民視為一種有用的方法一段時間了。在一九六八年，國安局的刊物便曾指出，人們會答應成為線民的理由之一是他們可以得到協助，走出困境[15]。

在和安德里安談話時，我問他：「當他們嘗試吸收你時，你不會害怕嗎？」「會，因為我不知道他們有多堅持，不知道他們掌握我多少資料。」「所以我們的害怕不只是出於想像。那他們對你的招募是如何結束的？」「我讓他們知道他們不可能成功的。所以他們說：『你不可以對任何人說出去。』我照辦了。我只把這件事告訴我太太，現在又告訴妳，除此之外我沒告訴過任何人！」「你為什麼要聽他的命令？」「說來奇怪，我對他願意放過我心懷感激，便想以不讓事情曝光作為回報。我感覺我們雖然沒有達成合作協議，但仍有某種協定存在。革命之後我在街上看見他，他直接從我身邊經過，沒正眼看我。」

最後他指出，羅馬尼亞知識分子（也是反共論述的主要看守者）不願意按照祕密警察真正的樣子去理解他們。他們死守著國安局舊有的形像，認為國安局是一個具有一統性和同質性的機構，專門靠恐怖與強制手段行事。這符合國安局是以製造恐懼為目的的宣傳。至於為什麼反共論述在革命之後那麼具有支配性，安德里安說：「那是為了掩蓋新政權和共產政權之間強烈的連續性。我覺得人們現在看待國安局的方式，將其視為一個具有重要功能的表象系統的一部分。某方面而言，維持國安局的恐怖形象對權力場的運作是有幫助的，它首先可以將共產時代的邪惡，歸咎於一個機構或少數的瘋子。」這段話很有意思，可以讓人用新的眼光看待三名軍官試圖吸收我的苦心。因為羅馬尼亞跟很多東歐國家不同，它的政權在一九八九年後多半是落入共產主義繼承人的手中。

* * *

跟安德里安的這段談話突破了我和我研究主題的關係。它提醒如果我一味接受冷戰時期兩邊陣營所宣傳的圖像（即國安局是隱形而可怕的），我將永遠無法了解國安局這個機構。我本來以為我會追蹤祕密警察，是因為他們的不可見讓我害怕，但現在我必須承認祕密警察只有對我是隱形的。很多羅馬尼亞人至少認識幾位祕密警察，甚至和他們維持友好關係。人們尋求他們的幫助、在工作地點看見他們、和他們住在同一棟大樓，或許也會和他們在家庭聚會談話，並且為了要不要當線民和他們談判——所有這些我都做不到。因此我們必須把祕密警察視為在社會上從事特定工作的人，他們同時扮演了監視／鎮壓和解決人民問題的兩種角色。而在一九八〇年代，隨著社會問題的難度不斷增加，也應該有愈來愈多人向祕密警察尋求幫助。

這種情形之所以可能，是因為祕密警察沒有和民眾區隔，而是和他們打成一片。人民和祕密警察的關係，就如同羅馬尼亞人一輩子都在努力打造的有用與正面社會關係一樣，這些關係是他們公民文化的基礎。在社會主義統治下的羅馬尼亞如同許多東歐國家，是透過稠密的社會網絡來運作。這樣的網絡藉由逐步建立信任，在充滿猜疑的大環境中發揮功效。而儘管在共產黨執政以前，這種情形在某種程度上便已存在，但新政權同時減少了信任的可能性，也大大增加猜疑的可能。信任和懷疑、公開與保密的辯證，便是羅馬尼亞人民生存的中介，隨著他們對被監視程度的知覺以及安全官在他們日常生活中發揮用處的轉變，而跟著產生變化。

因此，我們與其去想像一個隱形的、能任意宰割人民的國安局，倒不如想像一個稠密而多樣的關係場域。在那個場域中，祕密警察與朋友、鄰居和親戚相互聯繫，祕密警察除了和線民發展複雜的關係，也向主動提供他們情報的「志願者」略施恩惠。有時線民會充滿恐懼，但有時他們和軍官的關係也會好到軍官會去參加他們的喪禮。而由於祕密警察有很多工作內容要保密，他們也會延續隱形與兇狠的形象，即使那種形象不完全扣合現實。也因如此，祕密警察不是處在社會之上（above），而是內在於社會之中（inside），以一種總體而言具有破壞性的方法把觸角悄悄伸入人們的社會關係中。一位當軍官的朋友告訴我：「他們的工作是要控制社會，方法是運用網絡。」簡言之，祕密警察就像其他人一樣，依賴社會性（sociality）與對社會關係的精密管理。這意味著羅馬尼亞共產黨政府不（只）是一張面具，藉由恐怖和鎮壓來支撐體制，而更像一種根植於「財富在人」（wealth in people）概念的從屬形構[16]。這種形式的財富，被國安局和它的後繼者掌控在手中。

如果說祕密警察只是部分隱形，他們的線民卻因為發下保密誓言而變得完全隱形，有些人甚至因為害怕被發現或驅逐，在共產政權垮臺後都仍守口如瓶（例如「班尼亞明」和瑪麗安娜）。在一個以稠密人際網絡為基礎的社會，祕密警察要達成其行動最隱微的影響，正是仰賴於線民的隱蔽性。他們利用隱藏的線民重塑社會關係，以達到國安局自身的目的，並讓人遠離他們原先依賴的有機聯繫。因此不可見性在國安局的工作中確實扮演重要的角色，但並非如人們普遍所理解的那樣。西奧塞古政權的權力較少奠基於恐懼心理、祕密和隱蔽，更多是透過掌握羅馬尼亞人的社會性，這種社會性是一種異常強大的資源。

＊＊＊

我本身便感受過這種社會性的力量。回想我和羅馬尼亞這麼多年來的連繫，我明白雖然當初自己來這裡時，是帶著美國的時髦理論，並且利用它們來形塑我蒐集到的原始材料。然而，我之後每一項研究計畫的主題和處理方式，都愈來愈受到我在田野中的關係所影響。我那本談集體化和財產返還的書，是取材自西奧塞古倒臺後村民告訴我的事，並非源自我的理論興趣。而我探討國安局的著作則是受到一名羅馬尼亞同事的建議，否則我絕對不會受這個題材吸引。

這種改變伴隨另一個變化。我作為一名學者的其中一項特質是一直傾向於關注大方向（“the big picture”），有時不惜犧牲日常生活中的重要細節。我是花費了一番心力，才將重心從令人信服的概論與宏觀的模型，轉移到支持（或不支持）這些概論的具體情況。在這一點上我並非特例，但作為一種特質，它同時是我早期從事研究的強項和弱項。然而在經過四十多年的田野工作後，我逐漸明白沒有資料的宏觀模型將一無是處，而資料總是來自對社會關係的實質投入。同樣情況也出現在我和祕密警察的關係中。一開始時（在撰寫《祕密與真相》一書時），我主張國安局在羅馬尼亞的統治系統中很重要，也強調祕密與恐懼在國安局扮演的角色。後來我試圖透過我的安全檔案來看它實際如何運作。最後，我決定應該透過和一些活生生的祕密警察見面，來測試祕密統治之說和我自身的恐懼。實際和祕密警察見面以及和別人談論這些，帶給我原先不曾有過的洞見。但要耗費這些心力很累人，我也必須用我自身當作研究工具。由於我以最發自內心的方式感受到我對國安局的恐懼，又在三次會面中產生巨大的感受落差，因此我被迫以不同方式去理解國安局這個組織，逐漸看出祕密警察就像其他人一樣，是鑲嵌在社會關係中。

儘管民族誌學缺少信任一樣可能存在，但信任關係能同時增加我們獲得資訊的品質，並擴大我們利用自身與我們的情感反應作為研究工具的可能性。仰賴社會關係來加深知識的方法，將我更推向羅馬尼亞的運行軌跡，也讓我打開心扉傾聽那些想訴說他們生活的人們。這是一種極端個人化的工具，在長期的積累中逐漸增強功能，而這也是民族誌研究和監視活動的差別。如同我在前段提及，雖然民族誌研究和監視活動都會創造出在本質上模稜兩可的關係（訪談人會努力取悅對方，尋找和擴大共同基礎，而線民也是），但國安局的監視並不需要採取額外的一步，那就是去研究自己的反應。有時民族學家發展出的不過是跟職業關係相適應的準友誼關係（quasi-friendship），但有時她的友誼也可以是真誠而深邃的。我跟瑪麗安娜和「班尼亞明」之間的相互依戀，讓我們可以詳談他們當線民的事；而我和比爾曼夫妻的強烈紐帶，則能讓我從拉爾夫的檔案中，看出他們和我的認識讓他們的人生受到多大傷害。我們在不斷努力以全身心去感受的同時，又退後一步分析我們的感受，正是這一點讓民族學家有別於國安局的監視。

標靶的功能

當我第一次讀我的安全檔案時，讓我感到驚異的，是國安局投入的手段和那位作為「標靶」

的微不足道的人之間，有多麼不成比例。當然，為了證明自身的存在價值，國安局人員必須創造一個永遠的「工作對象」（work object），虛構它，給予它那個倒霉的「標靶」在大多時候缺乏的一致性和威望。

利恰努，《我親愛的告密者》

當事情出了差錯，要求解釋的迫切性會有幾個出口：一是歸因於上帝或命運，或任何決定這個結果的外在力量；二是歸因於我或我們能力不夠；三是歸咎於暗中破壞的敵人。國安局的體系是奠基於最後一種選項，它將失敗向外投射，而不是歸因於自身能力的侷限性（像第二種選項所說的那樣）。第三種選項是不合法統治常見的解釋方法：由於統治者在沒有獲得民眾支持下取得政權，他們完全有道理害怕人民會挑戰他們制定的社會秩序。而他們發展出的一種結果，可能是對破壞者進行持續搜捕，或者搜捕被填入這種角色空缺的人。這些人會變成「標靶」，其中一些則被稱為間諜。這就是我在共產主義羅馬尼亞間諜身分的由來，而它們有助於回答我常提出的一個問題：一個被密切跟蹤十五年的間諜，如何能持續獲准重新入境？以下是一個概要性的可能答案。

歸根究底，標靶和間諜都不是有特殊特質或行為的人，而是一種功能（functions）[17]。

他們以此身分體現政權害怕的敵人，並占據在必須被圍堵的危險位置。在標靶功能（target function）上所凝聚的恐懼和危險，某種意義上正當化壓制型國家機器的存在。後者凝固標靶功能的方式，有助於終止不合法政權會引起的潛在反抗與無限增值的反對聲音。利用標靶功能遏止抵抗的方法之一，是把它導入幾種已知的類型：資產階級、異議分子、破壞分子、「領土收復主義者」、間諜，也就是各種共產黨「建構」（made up）出來的人（如同哈金所說）[18]。圍堵他們的工作會由國家機器內部的一個機構執行，也就是由國安局執行。國安局穩定統治秩序的工作非常重要，而被跟蹤的標靶是否真為間諜和破壞分子則較不重要。只要把反對特徵聚集在這些名目之下，就有助於圍堵它們構成的危險。

標靶功能不只催生國安局和他龐大的線民部隊，也讓一群相對微不足道的小國祕密警察得以合理化自身存在，並透過跟蹤來自較大國家的標靶（像我之類的人）成為「大人物」。他們對標靶功能的壟斷，可能會讓他們在與其他國家機構的權力鬥爭中占有優勢。

* * *

雖然標靶主要是一種功能，但占據這個角色的人卻經歷密集的監視。我在本書中描述遭受監視是什麼感覺。「我們現在全都處於監視之下」，我在本書一開始便寫道。但並不是所有監視方法都會產生相同經驗。國安局的監視形式至少有兩個特徵，讓它有別於二十一世紀的高科技監視。首先，它勞力密集、較少依賴科技，而較多依賴線民對標靶的社會關係的操弄，透過欺騙來汙染標靶。這種形式的監控對民族學特別有害，因為民族學非常依賴信任與人際連結。

其次，這種類型的監控對身分有重要影響，它一方面透過破壞標靶社會網絡的穩定性來動搖標靶身分，一方面又用眾多化名與間諜活動的邪惡假設，讓標靶的身分變得破碎化。占據標靶功能的人以為她知道誰是自己的朋友，並由此得到一種錨定感，但這只是一種假象。她到最後會懷疑自己是誰。反觀高科技監視不需要透過影響標靶的社會關係，而只需要繪製這些關係的地圖，便可以看出潛在的不忠模式。它不會像國安局的監視那樣工具化（instrumentalize）人們的社會關係。等到我們有權調閱我們在美國國安局（National Security Administration）的檔案、臉書和其他檔案後，我們將能對高科技監視有更多的體認。我在本書中的故事，大概可以讓讀者在面對這種不可避免的心煩時刻時做出一些心理準備。

＊＊＊

對於為什麼我被認為是間諜，但羅馬尼亞學術交流計畫卻一直讓我入境的問題，標靶功能的概念提供我一種答案。而利恰努以另一種稍微不同的方式解釋這個概念。他指出印度學家齊默爾（Heinrich Zimmer）講過一則古印度教經典中的故事：有一隻獅子因為在洞裡受到一隻老鼠騷擾，而和一隻公貓交朋友，希望公貓能殺死老鼠。但那隻公貓卻沒有殺死老鼠，只是阻止牠生事。因為牠知道自己的命要靠老鼠的命來維繫。然而有一天公貓被老鼠惹毛，失去了理智，而把老鼠殺了。等到鼠患被除去，獅子就把公貓踢出洞去。齊默爾在評論這則故事時指出，蓋世太保和「格別烏」將這則故事的教訓銘記在心，所以總是留幾隻「老鼠」活口，以確保獨裁者對他們的重視[19]。

所以這就是我的最終身分：我是那隻老鼠。各位也許覺得老鼠是太微不足道的角色，但事實卻非如此。那隻老鼠（即標靶功能）對維繫羅馬尼亞共產政權不可或缺。雖然高科技監視和國安局較為勞力密集的監視有種種差異，但兩者都有賴於老鼠的存活，才能繁榮興盛。這兩者都需要一個機構來找出敵人（間諜、恐怖分子）與揪出他們的祕密。如果說以國安局的情況來說，這表示所有外國人都會變成間諜，而猜疑的氣氛不知道為什麼卻會鼓勵人們去從事祕密行動或逾越規矩，那麼，高科技的監視是否也會催生出它試圖要消滅的威脅？

我所佔據的標靶功能，有助於統一在本書中出現的眾多自我。這些自我包括我的邪惡分身「薇拉」和她的化名同胞（軍事間諜、沒公開身分的匈牙利人、異議分子的朋友，以及社會－政治資訊的蒐集者），還有民族學家凱絲、凱薩琳・韋德瑞，以及她們在工作中採用的身分（已婚婦人、摩托車騎士、也為別人取化名的人）。發現標靶功能的統一效果，讓我可以抵抗祕密警察在創造我多重間諜身分時，對我身分造成的破碎化。「薇拉」幫了我一個忙，她跟凱薩琳・韋德瑞不同：凱薩琳・韋德瑞對自己的多重身分感到忐忑不安，但薇拉明白這些分身呼應我們所有人都有過的經驗，儘管我們很少會像她一樣把這些經驗寫成白紙黑字。「薇拉」從一開始就知道，凱薩琳相信人有一單一自我、或有一獨一無二穩固身分的這種想法是錯誤的，而她也樂於看見她在羅馬尼亞的生活，逐漸顛覆凱薩琳的觀點。

尾聲

二〇一三年十月十二日，我在弗拉伊庫村辦了一場宴會，紀念我四十年前第一次抵達這座村莊。名單上有二十三位客人，包含我以弗拉伊庫村為基礎寫下的書中幫助我最多的人，有的則是他們長大了的孩子。其中有些人我認識了幾十年，是我珍視的朋友。梅妮的兒子弗洛林是宴會的共同主辦人，他在奧勒什蒂耶幫我找了一間可愛的餐廳。我們走進一間裝飾漂亮的寬敞包廂，裡面有一張長桌子，上面擺滿酒食。音樂在背後響起，混雜著傳統羅馬尼亞音樂和抒情的流行歌曲。我穿著我最迷人的青棕色絲綢外套，很不尋常地化上妝。在宴會開始前我發表簡短演說，解釋這場宴會的目的，並以某種方式提及在場每個人的名字。我說全世界只有在弗拉伊庫村我會認識一個家庭的五代人，這個家庭就是梅妮的家庭。她的小曾孫坐得像個小佛，慈祥地望著我們，那是我第一次看見梅妮媽媽時她臉上的神情。

宴會氣氛一開始很平靜，後來逐漸熱烈起來。那晚我繞著桌子走了三圈，和每個人都

梅妮（左）與凱薩琳，攝於二〇一二年。Nicolae Mărgineanu 拍攝。

在四十週年宴會上。Vasile Vasiu 拍攝。

談上幾句話。最後弗洛林做了簡短演說，又建議眾人不要一起舉杯敬酒，改為由我最後一次繞桌，用香檳向每人敬酒。我這樣做了，跟他們說我受到他們多大幫助，並向他們致上謝意。他們有些人指出我在村子的存在對他們而言意義重大。那時我已經喝多了，我的情緒開始洶湧而出。當我去到博塔叔叔的孫子奧努（Onu）和西武（Sivu）與他們太太面前時，我幾乎在哭泣。我也邀請了「班尼亞明」來宴會，而我們兩人都哭了。

我會突然想哭，是因為放下內心的一顆大石頭。過去幾年來，我都擔心我的安全檔案會讓我和一起享受過無數美好時光的羅馬尼亞人變得疏遠。我很驚喜地收到我的客人送的一些禮物，包含一些花束、一件漂亮的麂皮背心和一件皮夾克。看來在經過四十年以後，我是要和弗拉伊庫村說再見了。我想起我和這個國家長期聯繫所獲得的東西，其中最為重要的，是我對人際連結的價值有了無比豐富的領略。這些長久的連結讓人有滿足感，和我在美國的生活形成強烈反差——我在美國的人際連結因為我一再的遷移而四分五裂。

雖然我的安全檔案讓我在理解過去的軌跡時遇到很多阻礙，但它也出乎意料地具有啟發性。運用他們重訪那些軌跡時，會產生一些讓人不悅與矛盾的反應（例如困惑、沮喪和憤怒），那是我必須去馴化的。對於我的線民，我嘗試以感激來緩和憤怒。我感激他們願意教我的事物，儘管他們當時感到痛苦。而對於我的軍官，為了掌握保密的文化和機制，我必須以好奇心淡化恐懼。然而，對於從一九四八年到一九八九年以及其後整個國安局所扮演的角色與發揮的作用，我不認為有理由要節制我的批評。

我並沒有因為探索過國安局和它在羅馬尼亞共產政權中的地位，而感到志得意滿。相反的，我認為我幾乎還沒開始辨別它在暗影中潛藏的事物。那些暗影是打造國家的典型素材，而國安局和它的後繼者是打造國家的佼佼者。隨著全球政治經濟的變化，打造國家的向量（vectors）將會隨之變化，並從中衍生出愈來愈多不同的自我、愈來愈多分身和謎團。透過研究國安局檔案來探照此種過程，我希望不僅能闡明羅馬尼亞社會主義是如何運作，還能解析新型態的治國術（statecraft）是如何運作。這種治國術揚言要透過愈發嚴密的監控，來保障國家更大安全，而它如今正蔓延至全世界。

註釋

序

[1] 羅馬尼亞國安局由蘇聯「格別烏」幫助，在一九四八年成立，分為對外和對內兩個情報部門。兩者（又特別是前者）在一九七八年之後經歷大幅度的重組，這是因為其副首長帕切帕將軍（Gen. Ion Mihai Pacepa）在一九七八年叛逃到美國，那是迄當時為止蘇聯集團叛逃的最高階將領。

[2] 我不知道情報機構追蹤一個對象追蹤至其國內的情形有多常見。透過一項根據《資訊自由法》的申請，我收到一份十六頁的聯邦調查局檔案。在一張有多處塗白的紙張上有這樣一個批註：「xxxx認為有好幾位羅馬尼亞情報局的特務也被派出對韋德瑞採取行動。」

[3] Haggerty and Ericson也把同一種當代監視的產物稱為「資料分身」（data double）。見Kevin

D. Haggerty and Richard V. Ericson, "the Surveillant Assemblage," *British Journal of Sociology* 51（2000）: 613.

[4] 這個組織是由政府與私人共同出資，在一九六七年成立，用以促進對蘇聯集團的學術交流。在這之前，福特基金會從一九五六年起曾經發起一個派學者用旅遊簽證進入蘇聯集團的計畫。這個構想是為了進行學術交流，但因為麥卡錫參議員的緣故，它們不能像「傅爾布萊特獎金」（Fulbright grants）那樣不受政府監管，因而變得太政治化，無法為學術的目的服務。見David C. Engerman, *Know Your Enemy: the Rise and Fall of America's Soviet Experts*（Oxford: Oxford University Press, 2009）.

[5] Herta Müller, "Securitate in All but Name"（interview）, Signandsight.com, 31 August 2009, http://www.signandsight.com/features/1910.html.

[6] Gabriel Liiceanu, Dragul meu turnător [My dear snitch]（Bucharest: Humanitas, 2013）, 196.

[7] 另一種可能讓人類學家體會被監視感覺的材料是聯邦調查局的檔案。George Stocking就是根據他自己的聯邦調查局檔案寫成*Glimpses into My Own Black Box: An Exercise in Self-Deconstruction*（Madison: University of Wisconsin Press, 2010）.

[8] 例如，波蘭在一九九七年通過了一條法律，規定只有記者、尋求開釋的受害者和研究人員

可以調閱祕密警察檔案；被指控和祕密警察勾結的人有可能不被批准調閱他們自己的檔案，但如果獲准調閱的話，則不准影印或做筆記（這在羅馬尼亞是容許的）。在匈牙利，經過一段開放部分檔案的時間之後，總理維克多（Viktor Orbán）建議把檔案交還本來保管他們的人保管，換言之是完全解散祕密警察檔案館。祕密檔案在東德特別容易找到，因為社會大眾起而行動，阻止了對祕密檔案的銷毀（這種銷毀發生在很多其他地方，包括羅馬尼亞）。在捷克共和國和斯洛伐克，國民可以調閱他們的檔案，但已遭摧毀的檔案比德國多很多。

[9] See, e.g., Florin Poenaru, "Contesting Illusions: History and Intellectual Class Struggles in（Post）socialist Romania"（PhD diss., Central European University, Budapest, 2013）; and Lavinia Stan, ed., Transitional Justice in Eastern Europe and the Former Soviet Union: Reckoning with the Communist Past（London: Routledge, 2009）.

[10] 那本書和這本在很多方面都有不同，包括有更多的學術參考資料，討論了隱密性與權力的關係，與監視工作的區隔化，主要是根據檔案館和圖書館而不是訪談和田野調查寫成。兩書的主要實質不同是對於祕密警察的隱密性的不同見解（見本書第二部分）。

[11] 例子包括桑普森（Sampson）和貝克（Sam Beck）這兩位人類學家，以及「傅爾布萊特」交

流計畫的好些學者。貝克研究經濟專業化，需要對羅姆人（Roma）（即吉卜賽人。）進行田野研究——這是一個不受當局歡迎的課題，所以他最後也被列為不受歡迎人物。

[12] 例如David Price, *Cold War Anthropology: The cia, the Pentagon, and the Growth of Dual Use Anthropology*（Durham, NC: Duke University Press, 2016）; Frances Stonor Saunders, *The Cultural Cold War: The cia and the World of Arts and Letters*（New York: New Press, 1999）; and Engerman, *Know Your Enemy*（e.g., 91, 242–43）.前往蘇聯的交流獎金得主中，有和中情局掛鉤或有掛鉤嫌疑者的人數恐怕比前往東歐的多得多。

[13] Price, Cold War Anthropology, ch. 8.

[14] Archive of the Consiliul Național pentru Studierea Arhivelor Securității（ACNSAS）, Fond D, 12618/5, p.23.

[15] Information from Steven Sampson, email communication.

[16] 在著名文章〈論民族誌權威性〉（On Ethnographic Authority）中，克利福德（James Clifford）談到我們可以怎樣獲得其他文化的知識時，強調兩個或以上的自覺主體一起討論一個真實（reality）。他主張，這樣得到的結果不是一個以經驗為基礎的詮釋，而是一種對話式和複音性的解釋。我發現這種觀點在使用於我的田野處境時是完全不充分的。James

Clifford, "On Ethnographic Authority," in the *Predicament of Culture*（Cambridge, MA: Harvard University Press, 1988）, 21–54.

[17] 社會學、政治學和人類學對保密現像有很豐富的研究，人類學尤其如此，它有著對新幾內亞和非洲等地祕密會社的大量研究。另參見M. Jones, "Secrecy," Annual Review of Anthropology 43（2014）: 53-69.由於我在*Secrets and Truths: Ethnography in the Archive of the Romanian Secret Police*（Budapest: Central European University Press, 2014）已經處理過這個問題，我在這裡的講述將會是粗略的。

[18] István V. Király, *Fenomenologia existențială a secretului* [The existential phenomenology of the secret]（Bucharest: Editura Paralela 45, 2001）, 84.

[19] Cristina Vatulescu, *Police Aesthetics: Literature, Film, and the Secret Police in Soviet Times*（Stanford, CA: Stanford University Press, 2010）, 4–5.

[20] Pierre Bourdieu, *On the State: Lectures at the Collège de France*, 1989–1992（Malden, MA: Polity, 2014）, 3–10.

[21] Quotes from Philip Abrams, "Notes on the Difficulty of Studying the State," Journal of Historical Sociology 1（1988）: 68, 76, 69, 82.

[22] Abrams, "Notes on the Difficulty of Studying the State," 77.

[23] John Borneman, Joseph Masco, and Katherine Verdery, "Espying Spies," Cambridge Journal of Anthropology 33（2015）: 131.

[24] See, for example, Steven C. Caton, *Yemen Chronicle. An Anthropology of War and Mediation*（New York: Hill and Wang, 2005）（for Yemen）; John Borneman, *Syrian Episodes: Sons, Fathers, and an Anthropologist in Aleppo*（Princeton, NJ: Princeton University Press, 2007）; John Borneman and Abdellah Hammoudi, "Fieldwork Experience, Collaboration, and Interlocution: The 'Metaphysics of Presence' in Encounters with the Syrian Mukhabarat," in *Being There: The Fieldwork Encounter and the Making of Truth*, ed. John Borneman and Abdellah Hammoudi（Berkeley: University of California Press, 2009）, 237–58（for Syria）; and some of the papers in Martin Sökefeld and Sabine Strasser, eds., "Under Suspicious Eyes: Surveillance States, Security Zones and Ethnographic Fieldwork," special issue of *Zeitschrif für Ethnologie* 141（2016）（ranging across South Asia, Africa, and elsewhere）. 一個人不必是在東歐工作才會被懷疑是間諜。我和其他人的不同之處是我不只被監視，還被寫入檔案。

[25] Talal Asad, "Thinking about Terrorism and Just War," *Cambridge Review of International Affairs* 23

（2010）：7.

[26] Timothy Garton Ash, The File: A Personal History（New York: Vintage, 1998）, 42.

[27] 我本來還可以進一步顯示在猜疑氣氛中長大，會對羅馬尼亞人的身分有什麼影響，但那需要進行一種不同種類的田野工作。

[28] Ian Hacking, "Making Up People," London Review of Books 28（17 August_2006）:23–26.

第一章：一九七〇年代

[1] 施堅雅把我們一九七三年至一九七四年的通信保存至過世（二〇〇八年）。我非常感激他的遺孀蘇珊．曼（Susan Mann）把這些信寄還給我，大大加強了我對這段期間的回憶

[2] Franz Boas, "Scientists as Spies," *The Nation* 109, no._2842（1919）: 797.

[3] 參見David H. Price談這個主題的優異著作，特別是*Cold War Anthropology*。引起人類學家憤怒的其他計畫還包括拉丁美洲的「卡米洛特計畫」（Project Camelot）和美國在阿富汗戰爭中的「人文環境系統」。

[4] Lily Tomlin, *The Search for Signs of Intelligent Life in the Universe*, written by Jane Wagner（New Almaden, CA: Wolfe Video, 1992）. 莉莉・湯琳的用詞不是「疑神疑鬼」（paranoid），而是「不相信」（cynical）。

[5] 這些少數民族在十二世紀和十八世紀期間分兩波移入外西凡尼亞，起到了防衛邊界和改善農業的功能。他們都是羅馬尼亞公民，但非常重視自己的德裔血統。

[6] 二〇一〇年，羅馬尼亞民族學家布代安卡（Cosmin Budeanca）在弗拉伊庫村進行了一些訪談，問人們對我的觀感。「他們說她是間諜，但過了一陣子之後他們習慣了她。她待了一段長時間，而他們完全習慣了她。」布代安卡聽到的另一種反應是對間諜之說較為存疑：「人們說她是間諜，但如果她是間諜，他們就不會准她入境這個國家。她根本沒有什麼好刺探的，因為我們只談集體農場的事。所以如果她獲准從布加勒斯特到這裡來，她為什麼會是個間諜？……她想要幹什麼？推翻我們的政府？」我感謝布代安卡博士和我分享他的訪談。

[7] 為了區分同名的人（例如瑪麗亞），羅馬尼亞人常常會連帶說出他們是誰的配偶或子女，所以「瑪麗亞・魯・雷盧」（Maria lu' Relu）就是「奧雷爾的妻子瑪麗亞」（Maria, Aurel's wife）的意思。

[8] 這電影是由檔研會的克里斯蒂娜・阿尼沙斯庫博士（Dr. Cristina Anisescu）安排拍攝，作為該機構的年輕人的外展活動的一部分。影片由製片人默爾吉內亞努（Nicolae Mărgineanu）製作，內容包括跟我在克盧日市和弗拉伊庫村的好些朋友和同事談話，以及訪談我，談我在羅馬尼亞的早期工作。

[9] Katherine Verdery, "Homage to a Transylvanian Peasant," East European Politics and Societies 3（1989）: 51–82.

[10] 因為希望把我的故事建立在我和田野地點其他人的對位上，我本來沒有打算在一本談羅馬尼亞的書中，用少數民族成員當另外的主要角色。但當我問最理所當然的羅馬尼亞朋友人選時（也就是跟我有重要和長期關係的那些），他們全都（出於不同理由）表示不願意以這種方式曝光。所以我不希望羅馬尼亞讀者因為我常常提到比爾曼夫妻就認為我喜歡他們多於我的親密羅馬尼亞朋友。

[11] 在這些文件中，第三處（Directorate III）——在縣是「第三科」（Service 3）——是負責全國反間諜事宜的國安局部門。它的下級單位中有一個「T」單位負責安裝和利用竊聽設備和其他科技，有一個「S」單位負責監視信件和手寫文件，有一個「D」單位負責散播不實資訊，有一個「F」單位負責跟蹤和調查。

[12] 我總是把我一式三份的筆記鎖在行李箱，直到去布加勒斯特為止（大約一個月去一次）。在布加勒斯特，我會在不同天用外交郵袋把三份筆記寄出，從不會使用羅馬尼亞郵遞。不過正如David Price指出的，這並不保證它們不會被美國政府的間諜偷看。（*Cold War Anthropology*, 246）.

[13] 雖然在摘引時我並不總是會改正我的檔案中的錯誤資訊，但我必須駁斥這一個。「歷史事實」是，直到第一次世界大戰之前，有很多匈牙利人住在弗拉伊庫村和四周。（見Katherine Verdery, *Transylvanian Villagers: Three Centuries of Political, Economic, and Ethnic Change* [Berkeley: University of California Press, 1983]）戰後有少許繼續留著。

[14] Herbert Reinke, "Policing Politics in Germany from Weimar to the Stasi," in *The Policing of Politics in the Twentieth Century: Historical Perspectives*, ed. Mark Mazower（Providence, RI: Berghahn, 1997）, 101.

[15] 他們包括一個由John Cole主持的大型群體計畫（成員有Sam Beck、John Cole、David Kideckel、Marilyn McArthur、Stephen Randall、Steven Sampson），還有Andreas Argyres、Margaret Hiebert（Beissinger）、Gail Kligman和我。

[16] 這可以把社會主義的民族學家和殖民時代的民族學家區分開來。Talal Asad認為，殖民時

代的民族學家對殖民當局只有相當有限的用途，見其*Anthropology and the Colonial Encounter*（New York: Humanities Press, 1973）.

[17] 唸作DAH-veed pro-DAHN。一九〇二年出生在離弗拉伊庫村不遠的一條村，他以羅馬尼亞民族運動和外西凡尼亞封建主義寫出過一些權威性作品。

[18] Sheila Fitzpatrick, A Spy in the Archives: A Memoir of Cold War Russia（New York: I. B. Tauris, 2014）.

[19] 在我和國安局軍官「布利達魯」會面時（見第三章），我問他記不記得這個抄錄員的性別。他相信抄錄員應該是個女的。

第二章：一九八〇年代

題詞轉引自Ira Jacknis, "Margaret Mead and Gregory Bateson in Bali," *Cultural Anthropology* 3（1988）:172.

[1] Emily Gerard, *The Land beyond the Forest: Facts, Figures, and Fancies from Transylvania*（Edinburgh: W.

Blackwood, 1888）, 124.

[2] Vatulescu, *Police Aesthetics*, 32.

[3] George Ardeleanu, N. Steinhardt și paradoxurile libertății [N. Steinhardt and the paradoxes of liberty]（Bucharest: Humanitas, 2009）, 276.

[4] Tănase, Acasă se vorbeşte în şoaptă, 20, 57.

[5] Herta Müller, *The Appointment: A Novel*（New York: Metropolitan, 2001）, esp. 204–14.

[6] Liiceanu, Dragul meu turnător, 340–41.

[7] Katherine Verdery, National Ideology under Socialism: Identity and Cultural Politics in Ceaușescu's Romania（Berkeley: University of California Press, 1991）.

題外話：對閱讀一己檔案的反省

題詞引自Radu Ioanid, "Anatomia delațiunii" [The anatomy of denunciation], *Observatorul Cultural* 139（22 October 2002）.

[1] Gilles Perrault, *Dossier 51: An Entertainment*, trans. Douglas Parmée （London: Weidenfeld and Nicolson, 1971）.

[2] Müller, "Securitate in All but Name"; Andrei Şerbulescu （Belu Zilber）, *Monarhia de drept dialectic* [The monarchy of dialectical law] （Bucharest: Humanitas, 1991）.

[3] Tudoran, *Eu, fiul lor*, 9.

[4] Liiceanu, Dragul meu turnător, 51–52.

第三章：揭示

題詞轉引自Michael Taussig, *Defacement: Public Secrecy and the Labor of the Negative*（Stanford, CA: Stanford University Press, 1999）, 2.

[1] Anisescu, "Dinamica de structură şi rol a reţelei," 35.

[2] Monica Grigore, "Ceauşescu şi redefinirea raporturilor dintre partid şi Securitatea" Ceauşescu and the redefinition of relations between the Party and Securitate], Arhivele Securităţii （2004）: 412.

[3] Figures courtesy of Florian Banu, April 2015.

[4] Maria Łos, "Lustration and Truth Claims: Unfinished Revolutions in Central Europe." *Law & Social Inquiry* 20（1995）: 133.

[5] Gabriella Turnaturi, Betrayals: *The Unpredictability of Human Relations*, trans. Lydia G. Cochrane（Chicago: University of Chicago Press, 2007）.

[6] Ana Blandiana, *Fals tratat de manipulare* [False treatise on manipulation]（Bucharest: Humanitas, 2013）, 18.

[7] Nicolae Corbeanu, Amintirile unui laș [Recollections of a coward]（Bucharest: Albatros, 1998）, 237.

[8] Herta Müller, "Every Word Knows Something of a Vicious Circle," Nobel Prize Lecture, 7 December_2009, https://www.nobelprize.org/nobel_prizes/literature/laureates/2009/muller-lecture_en.html.

[9] Mihai Albu, Informatorul: Studiu asupra colaborării cu Securitatea [The informer: A study of collaboration with the Securitate]（Iași: Polirom, 2003）.

[10] 在早前的出版品中，我把這個人誤當成她的父親。

[11] Anikó Szűcs, "Performing the Informer: State Security Files Recontextualized in the Hungarian Art World"（PhD diss., New York University, 2015）, ch. 1.我感謝Anikó Szűcs讓我拜讀她這部未出版的作品。

[12] Blandiana, *Fals tratat de manipulare*, 456.論死亡婚禮，見On the death-wedding, see Gail Kligman, *The Wedding of the Dead: Ritual, Poetics, and Popular Culture in Transylvania*（Berkeley: University of California Press, 1988）.

[13] 該律師還聲稱珀特魯列斯庫得了腦瘤，將會在案件開審前死去。利恰努撤回告訴，但至今仍然不知道珀特魯列斯庫死了沒有，以上細節承蒙利恰努在二〇一七年十一月十二日的電郵告知。

[14] Smaranda Vultur, "Daily Life and Surveillance in the 1970s and 1980s," in *Remembering Communism: Private and Public Recollections of Lived Experience in Southeast Europe*, ed. Maria Todorova, Augusta Dimou, and Stefan Troebst（Budapest: Central European University Press, 2014）, 427–28.

[15] 一旦我和他們每一個建立了直接關係，不再需要透過祕密當中介，我決定按照他們的意願保持他們的匿名性。為進一步遮蔽三位軍官的身分，我要指出，在我每次到訪羅馬尼亞期間，我都被一位以上的國安局軍官「處理過」：在胡內多阿拉縣為至少七位，在克盧日市

為至少六位，在布加勒斯特為至少三位。

[16] 那軍官堅定地拒絕見我。

[17] Slavenka Drakulic, *They Would Never Hurt a Fly: War Criminals on Trial in The Hague*（New York: Viking, 2004），190.

[18] 我在記載裡加進了一些來自第三次會面（二〇一五年四月）的材料。

[19] Jan Willem Bos指出，在一九九一年，新的羅馬尼亞情報局有五成二的軍官是前國安局軍官，到二〇〇七年這個數字下降到五%。要找一個可靠數字十之八九是不可能的。Jan Willem Bos, *Suspect: Dosarul meu de la Securitate*, trans. Alexandra Livia Stoicescu Bucharest: Editura trei, 2013），73.

[20] 羅馬尼亞公主伊萊亞娜（Ileana）和外交部長波克（Ana Pauker）在一九五〇年代早期的一番談話讓人知道不同的時代有不同的思路。公主問波克，為什麼共產黨明明無法說服任何人，卻使用那麼多暴力。波克平靜的回答說：「那不是為了說服，而是為了威嚇。當一個人要重新種植時，他會首先摧毀一切生長起來的東西，包括根和莖，然後推平泥土。只有在這之後可能成功種植。」他繼而指出：不幸的是，共產黨不能直接毀掉老一代，因為他們需要有人去教養小孩，所以老一代得以活命下來。「不過必須威嚇他們，讓他們

不敢干涉共產黨對兒童的訓練。」見Ileana, Princess of Romania, *I Live Again*（London: Victor Gollancz, 1952）, 245.

[21] 共產政權垮臺後，拉爾夫不受限制，可以前往德國。

第四章：省思

[1] 前者的組織稱為「羅馬尼亞情報機構後備和退休幹部協會」，成立於一九九四年，它的網站和刊物《彩繪玻璃窗》在網上可供任何人瀏覽。後者的組織稱為「對外情報中心後備和退休幹部協會」，刊物稱為《潛望鏡》（*Periscop*）。

[2] See, e.g., Richard Andrew Hall, "The Historiography of the Romanian Revolution: The Uses of Absurdity and the Triumph of Securitate Revisionism," *The Archive of the Romanian Revolution of December 1989*（blog）, 31 December 2013, https://romanian-revolutionofdecember1989.com/2013/12/31/the-historiography-of-the-romanian-revolution-the-uses-of-absurdity-and-the-triumph-of-securitate-revisionism/.

[3] Marius Oprea, *Moştenitorii Securităţii* [Heirs of the Securitate]（Bucharest: Humanitas, 2004）.

[4] 這是一個匿名讀者的建議，我在此致上感謝。

[5] 特奧多雷斯庫將軍引用作家Octavian Paler的話說：「並不是每個國安局工作人員都是必然地可憎。」Filip Tteodorescu, *Un risc asumat: timişoara decembrie 1989* [A risk assumed: timişoara, December 1989]（Craiova, Romania: Editura Viitoru Românesc, 1992）, 145.

[6] Liiceanu, *Dragul meu turnător*, 213–14.

[7] Saygun Gökarıksel, "Of Truths, Secrets, and Loyalties: Political Belonging and State Building in Poland after State Socialism"（PhD diss., City University of New York, 2015）.

[8] Gökarıksel, "Of Truths, Secrets, and Loyalties," 377–78.

[9] Stephen Marche, "The Epidemic of Facelessness," *New York Times*, 15 February 2015, SRI, 6–7.

[10] Coronil, "State Reflections," 63.

[11] Blandiana, *Fals tratat de manipulare*, 60–61.

[12] 一九八九年之後，當安德烈獲委任一個政府高職時，這位安全官去到他的辦公室。安德烈問他來幹什麼，他說：「我是來執行你的命令。我們必須一起對抗反革命分子。」

[13] E.g. Golfo Alexopoulos, *Stalin's Outcasts: Aliens, Citizens, and the Soviet State, 1926–1936*（Ithaca:

Cornell University Press, 2003）. Ioana Macrea-Toma officers a fascinating analysis of informing in "The Eyes of Radio Free Europe: Regimes of Visibility in the Cold War Archives," *East Central Europe* 44（2017）: 99–127.

[14] 另一個可顯示羅馬尼亞祕密警察總是和別人有關係的例子是弗洛雷斯庫（Gheorghe Florescu）的回憶錄《一個泡咖啡人的自白》。這書顯示祕密警察掌握多個大型人際網絡，把網絡成員像一個大家庭的人那樣串連在一起，對局外的人維持著緊密和保護性的關係。他指出，到了一九七〇年代晚期，羅馬尼亞的整個經濟都掌握在祕密警察手中。Gheorghe-Ilie Florescu, *Confesiunile unui cafegiu* [Confessions of a cofee-maker]（Bucharest: Humanitas, 2008）.

[15] Constantin Hulubas, "Ce motive a avut informatorul să accepte colaborarea?" [What reasons did the informer have to accept collaboration?], *Securitatea* 36（1976）: 58.

[16] 也就是說最有權勢的人並不必然是擁有大量經濟資產的人，而是那些能控制別人、給他們施恩惠，有把握可得到他們以不同支持方式回報的人。見Humphrey, *Karl Marx Collective: Economy, Society, and Religion in a Siberian Collective Farm*（Cambridge: Cambridge University Press, 1983）; and Katherine Verdery, *The Vanishing Hectare: Property and Value in Postsocialist transylvania*

（Ithaca, NY: Cornell University Press, 2003）.

[17] 我的這種思路是受到傅柯的「作者功能」（author function）觀念啟發。在他的文章〈何謂作者？〉（What is a Author?）中，他主張作者不是一個人，不是一個創造性的位置，而是一種功能：「意義增殖中的儉約原則。」他的前提是意義傾向於過度豐富（特別是當它被認為擺脫了所指和能指間單一關係的束縛時）。作者功能透過把意義和「作者」栓住，有助於減慢意義增殖的過程。類似的，標靶功能透過把反抗跟間諜、領土收復主義者和破壞分子栓住，有助於減慢反抗的過程。Michel Foucault, "What Is an Author?," in *The Foucault Reader*, ed. Paul Rabinow（New York: Pantheon, 1984）, 101-20.

[18] Hacking, "Making Up People."

[19] Liiceanu, *Dragul meu turnător*, 94–95.

Beyond 38

他們說我是間諜：人類學家與她的祕密警察監控檔案

My Life as a Spy: Investigations in a Secret Police File

作者——凱薩琳・韋德瑞（Katherine Verdery）
譯者——梁永安
執行長——陳蕙慧
總編輯——張惠菁
責任編輯——張惠菁、宋繼昕
行銷總監——陳雅雯
行銷——余一霞、林芳如
封面設計——兒日設計
排版——宸遠彩藝

社長——郭重興
發行人兼出版總監——曾大福
出版——衛城出版／遠足文化事業股份有限公司
發行——遠足文化事業股份有限公司
地址——二三一四一 新北市新店區民權路一〇八－二號九樓
電話——〇二－二二一八一四一七
傳真——〇二－二二一八〇七二七
客服專線——〇八〇〇－二二一〇二九
法律顧問——華洋法律事務所 蘇文生律師
印刷——呈靖彩藝有限公司
初版一刷——二〇二二年〇六月
初版二刷——二〇二二年十二月

定價——六五〇元

國家圖書館出版品預行編目資料

他們說我是間諜：人類學家與她的祕密警察監控檔案／凱薩琳・韋德瑞（Katherine Verdery）著.
－初版.－新北市：衛城出版：遠足文化事業股份有限公司發行，2022.06
面； 公分. --（Beyond）
譯自：My Life as a Spy : Investigations in a Secret Police File
ISBN 978-626-7052-35-8（平裝）

1. CST: 羅馬尼亞史 2. CST: 冷戰 3. CST: 情報組織

749.122 111005529

歡迎團體訂購，另有優惠，請洽 02-22181417，分機1124、1135

特別聲明：有關本書中的言論內容，不代表本公司／出版集團之立場與意見，文責由作者自行承擔。

ACRO POLIS 衛城
email acropolismde@gmail.com
facebook www.facebook.com/acrolispublish